Über dieses Buch

Der durch seine im Fischer Taschenbuch Verlag veröffentlichten Bücher »Erinnerungen an die Wirklichkeit« und »Der Atlantisstreit« bekannt gewordene Autor legt mit diesem Buch wieder eine kritische Untersuchung zu einem Thema vor, das sich meist entweder großer Beliebtheit erfreut oder auf krasses Unverständnis stößt: die Astrologie. Im Gegensatz zu den meisten anderen Büchern über Astrologie propagiert dieses keine fertigen Lösungen, sondern wägt alle wichtigen Ansichten gegeneinander ab. Gegner und Anhänger der Sterndeutung werden gleichermaßen kritisch unter die Lupe genommen, wobei dem Leser durch viele Beispiele Gelegenheit gegeben wird, die verschiedenen Thesen zu prüfen und sich selbst ein Urteil zu bilden.
Die geschichtlichen Hintergründe des Meinungsstreites um die Sterndeutung und die volkskundlichen Querverbindungen zur Astrologie werden ebenso dargestellt wie moderne astrologische Vorhersagen. Darüber hinaus werden die Grundlagen der Sterndeutung und das Fachvokabular in beeindruckend klarer Form erläutert.
Besonders eingehend beschäftigt sich der Autor mit den Fragen: Sind Zufälle berechenbar? Gibt es ein »Schicksal«, das vom menschlichen Willen unabhängig ist? Löst die Astrologie das »Geheimnis der Zeit«?

Der Autor

Gerhard Gadow, geb. Oktober 1951, humanistisches Gymnasium, Studium an der Freien Universität Berlin. Erste Buchveröffentlichung: »Erinnerungen an die Wirklichkeit« (Berlin 1969), eine in Presse, Funk und Fernsehen vielbeachtete Kritik an den Thesen Erich von Dänikens sowie seiner Vorläufer und Epigonen. Zweites Buch: »Der Atlantisstreit – Zur meistdiskutierten Sage des Altertums« (Fischer Taschenbuch 6210), eine reich illustrierte Untersuchung der verschiedenen Atlantistheorien.

Gerhard Gadow

Die Feen an der Wiege

Bestimmen Gestirne unser Leben?

Fischer
Taschenbuch
Verlag

Originalausgabe
September 1979
Fischer Taschenbuch Verlag

Umschlagentwurf: Jan Buchholz/Reni Hinsch
Unter Verwendung eines Fotos
der Photo Researchers, Inc., New York

Fischer Taschenbuch Verlag GmbH, Frankfurt am Main

Gesamtherstellung: Hanseatische Druckanstalt GmbH, Hamburg
Printed in Germany
780-ISBN-3-596-23015-2

Inhaltsverzeichnis

Vorwort

Jeder kennt sie: die Feen der Märchen und Sagen, die guten und bösen Geister aus der Vorstellungswelt der Kinder und unserer Vorfahren. Der Glaube, daß sich unsichtbare Mächte an der Wiege des Neugeborenen versammeln, um diesem sein Schicksal zuzumessen, ist Jahrtausende alt und überall auf der Erde zu finden. Ähnlich ist es mit der Überzeugung, daß es einen geheimnisvollen Zusammenhang gibt zwischen der funkelnden Sternenpracht am Himmel und dem Leben des Menschen auf der Erde.

Vielen erscheint heute dieser alte Glaube kurios und abenteuerlich. Der Gedanke, daß die Gestirne bestimmte Ereignisse im Leben signalisieren oder gar verursachen könnten, sprengt das Vorstellungsvermögen. Und doch waren viele Naturforscher bis in die Gegenwart der Ansicht, mit Hilfe in magische Kreise und Quadrate gezeichneter Geburtsbilder die Schicksalsmächte wenn nicht beschwören, so doch erkennen zu können. Nicht nur in Altertum und Mittelalter gingen Sternkunde und Sterndeutung, Astronomie und Astrologie, die ungleichen, heute feindlichen Schwestern Hand in Hand. Noch im 17. Jahrhundert waren die bedeutendsten Astronomen zugleich Astrologen: Der Italiener Galilei, der Deutsche Kepler und der Däne Tycho Brahe stellten – zwischen bahnbrechenden Entdeckungen und mit unterschiedlicher innerer Überzeugung – den Mächtigen ihre Horoskope.

In der Gegenwart stellt sich die Sterndeutung meist nicht mehr im Gelehrtenmantel, dafür um so häufiger im Narrenkostüm vor. Da rät das Wochenhoroskop einer Zeitschrift den jeweils fünf Millionen »Widdern« oder »Löwen« der Bundesrepublik, sie könnten in der Liebe ruhig etwas riskieren, während ein anderes Blatt demselben Personenkreis für den gleichen Zeitraum das genaue Gegenteil empfiehlt.

Weisheiten dieser Art, Tag für Tag oder Woche für Woche auf geduldigem Papier gedruckt, beeinflussen offenbar nicht wenige Zeitgenossen und prägen das Bild vieler Gegner von »der« Astrologie. Die Verdammungsurteile aus Wissenschaftler-Mund sind entsprechend zahlreich. Soziologen, Theologen oder auch Astronomen stellen die Sterndeuterei gern als etwas hin, was allenfalls aufs Oktoberfest gehört, zwischen Würfelbude und Kettenkarussell. Andere betrachten die Astrologie in allen ihren Spielarten als eine Volksseuche, verbreitet von verschlagenen Leuten, die im

Taumel zwischen Wahnsinn und Geschäftssinn die Folgen ihrer Versprechungen gar nicht überblicken.
Die Astrologen selbst sehen in solchen Anfeindungen den Versuch, zu treten statt zu prüfen. Mißbrauch und Mißstände in ihrer Kunst bestreiten sie nicht, betonen aber, daß neben dieser Gossen-Astrologie eine wesentlich anspruchsvollere Variante der Sterndeutung existiere. Diese werde als Erfahrungs-Wissenschaft betrieben, deren Ergebnisse auch viele bedeutende Persönlichkeiten faszinierten – und mitunter überzeugten. Sie könne echte Lebenshilfen bieten. Gegen solch eine behutsame Lebensberatung sei der astrologische Jahrmarkt genausowenig ein Argument wie Kaffeesatz gegen Kaffee.
Tatsächlich hat die gewissenhafte, sozusagen »gehobene« Art der Sterndeutung Anhänger in allen Weltreligionen gewonnen, unter Vertretern jeder Richtung des Glaubens und des Unglaubens. Allein dies ist Grund genug, unvoreingenommen zu prüfen, Kritik und Gegenkritik abzuwägen und Unterschiede zu machen, wo immer sie sich zeigen.

Dies versucht das vorliegende Buch.

Gerhard Gadow

Die »Sprache der Götter«

1. Das Rätsel der großen Steine

Niemand weiß, wann zum ersten Mal ein menschliches Wesen die Augen staunend zum Sternenhimmel hob. Vielleicht hat sich bereits der Neandertaler, bei dem sich Bestattungsbräuche und Anfänge religiösen Empfindens nachweisen lassen, auch Gedanken über die Lichter am Himmel gemacht. Mit Sicherheit haben dies frühe Ahnen des heutigen Menschen getan, die den Neandertaler vor Jahrzehntausenden ablösten und der Nachwelt auf Knochen geritzte Wiedergaben der Mondphasen hinterließen. Neben ersten Spuren solcher Gestirnsbeobachtung findet sich bei diesen Menschen schon die zweite Wurzel des späteren Sternglaubens: der Versuch, die Zukunft mit Hilfe von Bildern zu beschwören. Tausende von Höhlenzeichnungen, auf denen das Jagdwild bereits im voraus durch markierte Pfeile getötet wurde, legen ein beredtes Zeugnis davon ab.

Für beides gibt es Erklärungen. Die Begrenztheit ihrer Zahl und ihrer Mittel zwang die eiszeitlichen Jäger dazu, genau zu beobachten, wie lange sich die Herden ihrer Jagdtiere an einzelnen Weideplätzen aufhielten und in welchen Rhythmen sich ihre jahreszeitlichen Wanderungen abspielten. Die einfachste und sinnfälligste Art solcher Zeitmessung ist nun einmal die nach Mond-Umläufen. Zeremonien in den Bilderhöhlen, bei denen der tierische (seltener auch ein menschlicher) Feind »totgezaubert« wurde, dürfte den Gruppenmitgliedern jenes Selbstvertrauen vermittelt haben, das sie bitter nötig hatten, wenn sie dem Kaisermammut oder dem riesigen Höhlenbären gegenübertraten.

Als sich gegen Ende der Eiszeit die Weidegründe des Rens und anderer Beutetiere immer weiter nach Norden verlagerten, folgte ihnen der Mensch bis an alle bewohnbar werdenden Küsten im Westen und Norden Europas. Dort vollzog sich der nächste Schritt. An den Meeresufern entstanden Fischersiedlungen, deren Bewohner mit kunstvollen Harpunen ihre Nahrung nicht nur in Sichtweite des Landes fingen. Reste von Hochseefischen unter den Abfällen dieser Siedler – etwa in Dänemark oder der Bretagne – zeigen, daß man sich dort frühzeitig aufs offene Meer hinauswagte. Dies setzt zwingend voraus, daß – nach letzten Datierungen vor achttausend bis sechstausend Jahren – die Fischer sich ausrei-

chend orientieren konnten, um tags nach dem Stand der Sonne, bei Dunkelheit nach dem der Sterne den Heimweg zu finden.
Zur selben Zeit etwa entstanden im Nahen Osten – in Kleinasien, Westpersien und Palästina – Bauerndörfer, in denen Getreide und andere Pflanzen kultiviert wurden. Diese Neuerungen verbreiteten sich auf den ältesten Wegen der Menschheit, den Wasserstraßen, nach Europa. Dort lösten sie spürbare soziale und kulturelle Veränderungen aus. Geradezu umwälzend waren diese in den Küstenländern Nord- und Westeuropas. Fruchtbares Marschenland bot dort in Verbindung mit dem immer milder werdenden Klima die besten Voraussetzungen für die junge Landwirtschaft (die den Beginn der »Jungsteinzeit« markiert).
Damals entstanden in Nordeuropa, Großbritannien, Irland, Nordfrankreich, Portugal und Südspanien jene großen Steinkammern, die im Volksmund als Riesen- oder Hünengräber bezeichnet werden. Reste Tausender solcher Grabstätten sind erhalten geblieben und illustrieren den engen Kontakt, den diese Gegenden durch die Handelsseefahrt untereinander gehalten haben müssen. Viele dieser Hünengräber wurden mit Erdhügeln bedeckt – und sie sind nach astronomischen Gesichtspunkten ausgerichtet. Dabei sind etwa die tausend Großsteingräber der Bretagne bis zu drei Metern hoch, so daß man in ihnen bequem stehen kann. Die Decksteine wiegen bis zu fünfzigtausend Kilogramm.
Direkt benachbart sind solchen Grabstätten oft Alleen aus Steinpfeilern, die in Steinkreise münden wie Prozessionsstraßen auf Versammlungsplätze. Auch die Steinalleen haben häufig eine Ausrichtung nach den Gestirnen, etwa nach dem Aufgang der Sonne am kürzesten und längsten Tag des Jahres. Diesen bemerkenswerten Sachverhalt hat der Astronom R. Müller 1970 in seinem Buch »Der Himmel über dem Menschen der Steinzeit« folgendermaßen erklärt:

> »Der Neusteinzeitmensch war Ackerbauer, der zur Erzielung guter Ernteerträge verständlicherweise einer genauen Kalendereinteilung bedurfte. Zwangsläufig mußte er den im Wechsel der Monate und Jahre sich abspielenden Himmelserscheinungen Beachtung schenken, oder, wie es der religiöse Kult verlangte, die Feste bestimmen, damit sie wirklich auf ›feste‹ Tage fielen. Wenn es auch von diesen frühen Zeiten keine schriftlichen Überlieferungen gibt, so vermögen doch die Steine zu sprechen. Es ist eine stumme und doch eindringliche Sprache, die der Astronom wohl versteht und die ihm zu sagen vermag, welch geschickte Beobachtungen die Priesterastronomen etwa

über ihre Steinkreise hinweg mit ihren steinernen Ziellinien oder Visiereinrichtungen vollbrachten ... Untersuchungen amerikanischer und englischer Astronomen und Mathematiker haben im letzten Jahrzehnt Quellen erschlossen, die uns sehr aufhorchen lassen müssen, denn aus ihren Arbeiten eröffnet sich ein neues Bild von der himmelskundlichen Beobachtungskunst des Steinzeitmenschen, das in geradezu überraschender Weise alle bisherigen Vorstellungen weit übertrifft.«[1]

Gräber, Alleen und Kreise aus Stein bildeten nicht selten heilige Bezirke, die von der Bevölkerung bis in die Neuzeit als »Hexentanzplätze« oder sonstwie verwunschene Orte bezeichnet wurden, denen man sich besser nicht näherte, besonders nicht nachts, wenn die Sterne aufgingen, nach denen viele Punkte dieser Anlagen ausgerichtet waren. Vor allem helle Sterne wurden von den steinzeitlichen Baumeistern beachtet – wie zum Beispiel Arkturus, Wega, Atair, Antares oder Deneb.

Die wissenschaftliche Kontroverse über die Beurteilung dieser Steinanlagen dauert seit über einhundert Jahren an. Es hat dabei nicht an grotesken Fehleinschätzungen gefehlt. So waren zunächst viele Forscher überzeugt, die Steingräber seien Schöpfungen der Kelten und Germanen zur Römerzeit. Noch vor wenigen Jahren wurden in Fachbüchern Altersangaben veröffentlicht, die bis zu zweitausend Jahren unter dem liegen, was nach heute gültigen Datierungen gesichert ist: Die ersten Steingräber Europas entstanden *im fünften vorchristlichen Jahrtausend.*[2] Sie sind somit älter als ihre angeblichen Vorbilder in Ägypten.

Dagegen ist ein Kontakt mit den frühen Bauernkulturen Vorderasiens zeitlich und sachlich vorstellbar. Forschungen haben ergeben, daß Ortsnamen auf -ssos (wie Knossos) oder -nthos (wie Korinth) in Kleinasien konzentriert sind, aber bis nach Spanien vorkommen, wo sich ihre Spur dann verliert. Da diese Siedlungen sehr alt sind und in die früheste Metallzeit hinaufreichen, ist es möglich, daß Angehörige einer kleinwüchsigen Mittelmeer-Bevölkerung (von denen auf Malta Tausende in Steingrüften gefunden wurden) auf der Suche nach Erzlagern Europa erreicht haben. Ihr Vorsprung in der Gewinnung und Bearbeitung von Metall müßte bei der dortigen Bevölkerung den Eindruck mächtiger Zauberer hinterlassen haben, die graues Gestein in Metall verwandeln konnten, das strahlte wie die Sonne.

Die Sonnenverehrung selbst ist aber europäischen Ursprungs. Die Völker in den Austrocknungsgebieten des Nahen Ostens hatten keine Veranlassung, die Sonne als segensreich zu empfinden und

»den spärlichen Wintersonnenschein zu beklagen, noch der wiedererstarkenden Sonne ein Julfest zu widmen, noch im Hochsommer ein nächtliches Freudenfest zu begehen; denn alle diese Sonnenlauffeste sind naturgemäß erst in weiteren Abständen vom Äquator berechtigt und wurden erst von dorther nach Persien, Kleinasien, Syrien und Ägypten eingeführt, ohne daß sie übrigens dort jemals recht heimisch werden konnten.«[3] Der Halbmond ist bis heute das religiöse Sinnbild des Nahen Ostens geblieben. In Europa entstanden dagegen in der Steinzeit Bauten, die auf den Tag der Wintersonnenwende (21. Dezember) ausgerichtet waren. Etwa das siebzehn Meter lange »Haus der Feen« auf Sankt Kilda (vor Schottland), das Bestattungszwecken diente.

Sehr alte Sonnenheiligtümer sind auch die »Trojaburgen« Deutschlands und Skandinaviens. Es handelt sich dabei um spiralförmige Steinsetzungen oder konzentrische Steinkreise, die den Sonnenlauf bildhaft darstellen. (Der Name »Trojaburg« enthält den gleichen Wortstamm wie das deutsche Zeitwort »drehen«, das wiederum mit dem Zahlwort »drei« zusammenhängt. Scheinbar »dreht« sich das Sonnenrad auf »drei« Kreisen um die Erde: einem sehr großen zur Sommersonnenwende, dem längsten Tag des Jahres, einem mittleren zur Tag- und Nachtgleiche im Frühjahr und Herbst und einem sehr kleinen Kreis zur Wintersonnenwende. Da diese Kreisbahnen ineinander übergehen, wurde daneben die Spirale zum Symbol des Sonnenlaufes.)

Neben ebenerdigen Trojaburgen haben sich regelrechte »Sonnenberge« erhalten, die entweder aus drei Terrassen bestanden (sogenannte »Dreistufenberge«) oder aus einem runden Hügel, zu dessen Spitze sich spiralförmig ein Weg emporwand. Ein Dreistufenberg ist der »Borgbjerg« auf der dänischen Insel Seeland, in dessen Innern wertvolle Goldgefäße aus der Bronzezeit gefunden wurden. Sie bezeugen, daß dort einst wichtige Opferfeste stattfanden. Andere Dreistufenberge sind der »Galgenberg« bei Cuxhaven oder der »Tanzberg« bei Jüterbog gewesen. Über den letzteren besagt eine Nachricht aus dem 16. Jahrhundert, es habe auf ihm einmal ein kleiner Tempel gestanden, in welchem die Heiden »die Göttin der Morgenröte anbeteten«. Der Tempel sei bis auf ein kleines rundes Loch fensterlos gewesen. Das einzige Fenster war demnach nach Osten ausgerichtet, und zwar »genau gegen Sonnenaufgang zur Nachtgleiche«.[4]

Ein Sonnenberg, der weithin sichtbar war wie eine Kathedrale, ist vermutlich ebenso der »Berg des Heiligen Michael« in der Bretagne gewesen. Bei ihm wie beim Windmill Hill oder beim Silbury

Hill in Südengland wurde häufig von Grabhügeln gesprochen, doch haben wiederholte Ausgrabungen nichts Entsprechendes ergeben. Im Berg des Heiligen Michael (so genannt wegen einer auf seiner Höhe befindlichen Kapelle) entdeckte man verbrannte Tier-

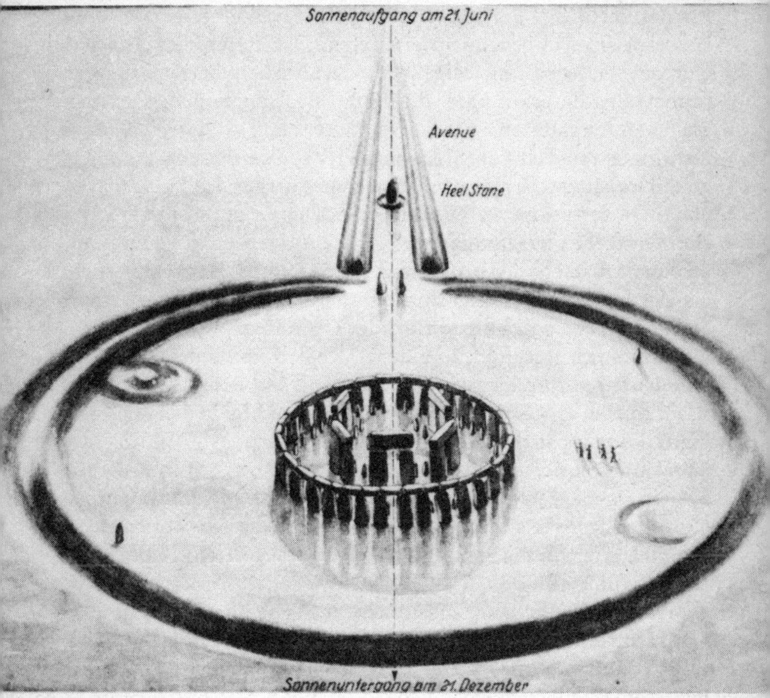

Rekonstruktion des bronzezeitlichen Sonnentempels
von Stonehenge in Südengland (letzte Bauphase; 19. Jh. v. Chr.).

knochen, zwei Schmuckketten, 39 Steinbeile sowie zwei in Stein kisten regelrecht bestattete Rinder. (Die Rinder waren die heiligen Tiere des Sonnengottes; sie zogen den Sonnenwagen!) Im Windmill Hill wurde ein Zwerg entdeckt, der offenbar ebenso als »Bauopfer« getötet worden war wie ein Kind in Stonehenge, dem bekanntesten Sonnenheiligtum Alteuropas (das ursprünglich ebenfalls für eine Grabanlage gehalten worden ist).

Unter den Küstenkulturen Alteuropas hat es viele Anlagen wie Stonehenge gegeben. Manche waren viel größer – bis zu einem

Durchmesser von 240 Metern (ein Steinkreis in der Bretagne) oder sogar 320 Metern (ein anderer auf der dänischen Insel Seeland). Stonehenge ist aber am besten erhalten und erforscht. Es verdient deshalb besondere Beachtung. Zu diesem Heiligtum gehört ein Ring aus Gruben für Markierungspfähle (56 an der Zahl), mit deren Hilfe es den Erbauern möglich war, Sonnen- und Mondfinsternisse recht genau vorherzusehen. Daß diesen Verfinsterungen große Bedeutung beigemessen wurde, ergibt sich aus den mühevollen Berechnungen, die für den Bau von Stonehenge angestellt werden mußten.

Den innersten Teil von Stonehenge, das »Allerheiligste«, bilden zehn Hochsitzpfeiler, von denen je zwei durch einen Deckstein zu einem »Leerthron« verbunden sind. Die Grundrisse der Leerthrone ergeben zusammen ein Hufeisen. (Hufeisenförmige Häuser kennt man aus der Jungsteinzeit Dänemarks; sie dienten nicht als Wohnstätten, sondern für kultische Zwecke. Auch die Tempel auf Malta haben oft hufeisenförmige Grundrisse, wobei sich mehrere Hufeisen mitunter zu einem Kleeblatt verbinden. Kleeblatt und Hufeisen, die bis heute im europäischen Volksglauben ihre Rolle spielen, begegnen uns also zum ersten Mal in den Heiligtümern der europäischen Großsteingrab-Kultur.)

Das Hufeisen im Innern von Stonehenge öffnet sich in Richtung auf eine gerade Allee, auf der ein einzelner Stein steht, der seit alters her der »Heel Stone« genannt wird. In diesem Namen steckt ein altes Wort für die Sonne, das auch im griechischen »helios« (als Bezeichnung für den Sonnengott) wiederkehrt. Das deutsche Wort »hell« hängt damit zusammen, auch »heilig«, was ursprünglich nichts anderes als »der Sonne geweiht« bedeutete. Auf welchen Punkt ist nun der »Heel Stone« von Stonehenge ausgerichtet? Englische Archäologen haben umfangreiche Untersuchungen angestellt, um diese Frage beantworten zu können. Die Antwort steht heute fest: Über dem Heel-Stone ging die Sonne an allen Sommer-Sonnenwendtagen des 19. vorchristlichen Jahrhunderts auf!

Eine Erinnerung an diese alte Kultur, deren Spur sich wie eine Perlenkette entlang der europäischen Atlantik-Küsten von Skandinavien bis Südspanien zieht, haben verschiedene antike Autoren bewahrt. Die Griechen Platon (4. Jahrhundert vor Christus) und Diodor (1. Jahrhundert vor Christus) beschreiben eine alte »atlantische« Kultur »jenseits der Säulen des Herkules« (= Gibraltar). Ihre Vertreter hätten zwar auch im westlichen Mittelmeerraum gesiedelt, besonders aber »an den Gestaden des Ozeans« viele

»Inseln und Teile des dortigen Festlandes« bewohnt.[5] Diese »Atlanter« seien besonders tüchtige Seefahrer und entsprechend erfahren in der Kenntnis der Gestirne gewesen. Zehn Könige hätten sie regiert. (Man denkt unwillkürlich an die zehn zu »Leerthronen« formierten Hochsitzpfeiler von Stonehenge.) So sternenkundig sollen diese Atlanter gewesen sein, daß sich um ihren König Atlas nach dessen Tode die Sage bildete, er trage nun das ganze Himmelsgewölbe auf seinen Schultern. Untergegangen sei diese Kultur, als »gewaltige Überschwemmungen« ihr Land und ihre Hauptstadt im Meer versinken ließen.

Dies könnte wohl sein: In vielen der genannten Gebiete künden nicht nur Sagen von versunkenen Ländern und Städten, sondern auch handfeste Tatsachen; etwa die Reste von Steingräbern und Wällen im Wattenmeer der Nordsee oder vor der Südwestspitze Englands. Auf Malta brechen vorzeitliche Wagenspuren an steilen Küsten abrupt ab. An der Küste der Bretagne führt eine Steinallee direkt ins Meer. Die Forscherin Sibylle von Cles-Reden bemerkt darüber:

> »Die mythischen Gestalten der Menhire (Langsteine) scheinen heute in einem feierlichen Zug in die Tiefe hinab zu wandern; bei Ebbe sieht man ihre schwankenden Umrisse noch über dem Meeresboden.«[6]

Ein gemeinsames Erbe der Völker aus jener Kultur scheint die Zugehörigkeit zu einem alteuropäischen Märchen- und Sagenkreis zu sein. Sein Hauptmotiv ist wiederum die Sonne, symbolisiert durch ein junges Mädchen, dessen Schlaf oder scheinbarer Tod in einem gläsernen Sarg den Winter versinnbildlicht. Aus ihm erwacht die Sonne stets wieder zu neuem Leben. Ebenso verbreitet ist die Vorstellung von einem Himmelsdrachen oder Himmelswolf, der die Sonnenfrau bedroht oder verschlingen will, und aus dessen Fängen sie ein Himmelsjäger zu retten hat.

Das Gleichnis vom Himmelsdrachen, der die Sonne bedrängt, ist dabei besonders anschaulich: Wie ein großer Lindwurm die Sonne zum Winter in immer engere Bahnen drückt, konnten die Menschen der Vorzeit ja selbst miterleben. (Das Zeitwort »drücken« steckt in »Drachen« und seinen Entsprechungen, etwa »drakkar« im Dänischen.) Anstelle des Drachen steht mitunter ein spiralförmiges Labyrinth oder ein Turm als »Gefängnis der Sonne«. Rundtürme sind aus der europäischen Großsteingrab-Kultur bekannt. Sie sind zum Teil recht rätselhaft. Tiefe Treppen führen etwa ins Innere der fensterlosen Türme Schottlands. Ob dort einst der Sonne geweihte Personen gefangen gehalten wurden oder wel-

chem Zweck diese Bauten sonst dienten, ließ sich bisher nicht feststellen.
Ein anderer »atlantischer« Mythos ist der vom Weltenbaum, der das Himmelsgewölbe stützt und an dessen Zweigen die Sterne wie goldene Äpfel hängen. Dieser Weltenbaum wird auch als Weltsäule oder Himmelsspindel bezeichnet. Gemeint ist die Erdachse, um die sich scheinbar der Sternenhimmel dreht. Diodor von Sizilien berichtet um 50 v. Chr., Atlas (der Stammkönig der sternkundigen Atlanter) habe »mit viel Scharfsinn herausgefunden, daß der Himmelsbau eine Kugel sei, und diesen Anlaß hat es, wenn die Sage behauptet, daß er die ganze Welt auf seinen Schultern trage«.[7] Einzelne Langsteine oder Hochsitzpfeiler in der atlantischen Kultur Europas sind wohl Nachahmungen dieser Himmelssäule, so der mit 23 Metern größte »Menhir« der Bretagne, den die Bretonen »Er Grah« nennen.
Die Ähnlichkeit solcher Steinmale mit den »Obelisken« der Ägypter ist vielen Wissenschaftlern aufgefallen und ebenso wie andere Übereinstimmungen meist damit erklärt worden, ägyptische Missionare hätten in grauer Vorzeit europäische Stämme kolonisiert. Diese Vorstellung ist wie erwähnt aus zeitlichen und sachlichen Gründen nicht haltbar. Die unbestreitbaren Parallelen in der Frühkultur Ägyptens und des atlantischen Europa sind wohl ganz anders zu erklären.
Wiederholt haben Altertumsforscher darauf hingewiesen, daß die Schaffung eines gesamtägyptischen Königreiches um 3200 v. Chr. das Werk einer kleinen Gruppe von Einwanderern gewesen ist, die sich selbst »das Gefolge des Horus« nannte. Horus, »der Falke«, ist nach den Worten des englischen Ausgräbers Walter B. Emery (der elf der ältesten Pharaonengräber freilegte) »sicherlich ein Sonnengott«.[8] Sein »Gefolge« dürfte identisch sein mit den »Federschmuck-Leuten«, deren Felsbilder vor einigen Jahrzehnten in Ägypten entdeckt wurden. Sie traten wenige Generationen vor der Einigung Ägyptens als Seefahrer im Nildelta auf. Ihre Feder- oder Strahlenkronen sind Sonnensymbole, die auf steinzeitlichen Felsbildern der Bretagne zuerst auftauchten. Die Schiffe dieses Volkes entsprechen mit ihren steil aufragenden Steven alteuropäischen Schiffsdarstellungen. Die Sonderstellung dieser Bevölkerung wird dadurch verdeutlicht, daß man in Gräbern jener Zeit »im nördlichen Teil Oberägyptens die Knochenreste einer Volksgruppe entdeckt hat, deren Schädel breiter und deren Körper größer waren als die der Eingeborenen«.[9]
Diese Neuankömmlinge drängten die einheimischen Glaubens-

vorstellungen (in denen die Verehrung der Sonne aus naheliegenden klimatischen Gründen nicht vorkam) deutlich in den Hintergrund. Nachdem ein Anführer der Einwanderer unter dem Namen »Hor-Aha« (»Kampffalke«) erster König Gesamtägyptens geworden war, setzte sich auch die Sonnenreligion seiner Anhänger immer mehr durch. Die Sonnenscheibe – nicht selten geflügelt dargestellt – wurde zum Emblem des neuen Glaubens.
Die ägyptischen »Mastabas«, aus denen sich die Pyramiden entwickelten, ähneln den europäischen Langgräbern der Bretagne und Südenglands. Mehrfach wurden in der Nähe ägyptischer Pyramiden Reste sogenannter »Sonnenbarken«, großer hochseetüchtiger Schiffe mit einer Länge bis zu 43 Metern, gefunden. Das astronomische Wissen, das etwa in den Pyramiden von Gizeh enthalten ist, war seit je umstritten. Der deutsche Ägyptologe Ludwig Borchardt entzauberte bereits vor Jahrzehnten in einer kritischen Schrift die von einigen Autoren vorgeführte Zahlenakrobatik um die Cheopspyramide. Gleichzeitig wies Borchardt darauf hin, daß Teile des Pyramiden-Heiligtums von Gizeh tatsächlich nach besonders hellen Sternen ausgerichtet wurden. Auch zum möglichen Wahrheitskern der (mit ägyptischer Geschichte verknüpften) Atlantissage äußerte sich Borchardt wohlwollend.
Daß der ägyptische Adel zur Zeit der Großen Pyramiden teilweise wirklich aus frühen Europäern bestand, verdeutlichen auch künstlerische Darstellungen. Am bekanntesten ist jenes farbige Wandbild geworden, das die blondgelockte Prinzessin Hetep-Heres, eine Tochter des Pharao Cheops, zeigt. Cheops war ein Herrscher der »vierten Dynastie«, von der an die Pharaonen sich als »Söhne der Sonne« bezeichneten. Die Könige der fünften Dynastie bauten die »Sonnenstadt« Heliopolis aus und errichteten dort gewaltige Sonnenheiligtümer, deren Obelisken nach Aussehen und Bedeutung den Steinpfeilern der europäischen Großsteingrab-Kultur vergleichbar sind.
Am Ende der sechsten Dynastie verschwand die Kultur des Alten Reiches der Ägypter. Die Sonnentempel wurden bis auf die Grundmauern zerstört. Erich Zehren schreibt darüber:

> »Die Ausgrabungen bei den Pyramiden von Gizeh haben erwiesen, daß auch die Gräber der Pyramidenbauer der vierten Dynastie größtenteils barbarisch verwüstet worden sind. Die Statuen wurden aus den Tempeln gezerrt und in tausend Stücke zerschlagen. Auch die kleineren Grabstätten der Wesire, Priester, Vornehmen, der Prinzen und Prinzessinnen wurden beraubt und zertrümmert. Sämtliche Steinsarkophage wurden aufge-

brochen und zerschlagen. Aus den Grabwänden wurden die Reliefblöcke herausgerissen und anderweitig als Baumaterial verwandt. Die Folgen und Begleiterscheinungen des Umsturzes oder einer Kette von Revolten und Umstürzen sprechen nicht allein aus dem archäologischen Befund, sondern auch aus schriftlichen Nachrichten dieser Zeit. Im Leidener Papyrus steht geschrieben, der Nil sei voller Leichen; Bettler seien zu Herren von Schätzen und die Erbauer der Pyramiden zu Ackerbauern geworden. Die Kinder der Adligen habe man an die Wand geschmettert.«[10]

Die frühen Europäer verschwinden damit nicht aus der ägyptischen Geschichte. Sie tauchen vielmehr auch im Nordosten des Nillandes, in Palästina, auf, wo sich ihre typischen Steingräber und Heiligtümer bis zum Jordantal finden. Sie werden dort als »Amoriter« bezeichnet, was vielleicht ein Eigenname ist und »Menschen vom Meer« bedeutet. In derselben Gegend wurden um 1200 v. Chr. die Philister ansässig. Sie scheinen die letzte Bevölkerungswelle aus den atlantischen Küstenstrichen Alteuropas gewesen zu sein. In zeitgenössischen ägyptischen Inschriften werden sie mit der Nachricht erwähnt, ihr Land sei durch gewaltige Naturkatastrophen verwüstet worden, die auch ihre Königsstadt zerstört hätten.

Ist das richtig, dann hat diese archaische Hochkultur im Nordwesten Europas über dreitausend Jahre gewährt, länger als jede andere Zivilisation mit Ausnahme der chinesischen. Wird dies auch keine ununterbrochene Blütezeit gewesen sein, sondern eine Periode mit Rückschlägen und Wandlungen, so bleiben doch die Dauer und Höhe kultureller Eigenheiten bemerkenswert. Vor allem die überragende Rolle, die der Sonnenkult bei diesen Bauern, Astronomen und Seefahrern von Anfang an gespielt hat, unterscheidet sie von allen anderen, sonst vielleicht vergleichbaren Menschengemeinschaften.

Unter den bronzezeitlichen Felsbildern Südschwedens (die um 1500 v. Chr. entstanden) ist die Sonnenscheibe das mit Abstand häufigste Motiv. Daneben sieht man Darstellungen von Schiffen und – besonders verblüffend – solche von afrikanischen Tierarten, von Giraffen, Löwen und Nashörnern. L. Baltzer, der Erforscher dieser Felszeichnungen, bemerkt zu einer anderen Darstellung: »Dieses Tier kann nur ein Elefant sein«, und meint dann weiter:

»Gegen diese Interpretation muß sich natürlich ein Sturm von Empörung erheben, und ich nehme gern daran teil. Ich bin selbst empört über diese Sache, aber ich weiß nicht, ob mehr darüber, daß diese Tiere abgebildet sind, oder darüber, daß man sie nicht hat sehen wollen, weil sie unbequem sind.«[11]

Neben solchen Wiedergaben tauchen Felsritzungen auf, dazu stellt der schon erwähnte Astronom R. Müller fest:

»In den bronzezeitlichen Felsbildern von Bohuslän gibt es Darstellungen von Sonnen- und Sternbildern, die meist in Verbindungen mit Göttergestalten oder Schiffen auftreten.«[12]

»Besonders eindrucksvoll«, so R. Müller, trete dabei das Sternbild »Nördliche Krone« hervor. – Man kann den Gedanken erwägen, daß die Seefahrer und Bauern im Nordwesten Alteuropas, die den Sternen so große Beachtung schenkten, diese auch zu wahrsagerischen Zwecken gebrauchten. So wird etwa der Götterkönig Odin als zukunftskundiger Zauberer geschildert. Sein blauer Mantel entspricht den »Sternenmänteln« der Könige späterer Zeit. Ein solcher Mantel gehört zu den ältesten Textilfunden Europas: der sogenannte »Thorsberger Prachtmantel« (aus einem norddeutschen Moor) hatte nach den eingehenden Untersuchungen eine nachtblaue Farbe, in die helle Einsprengsel gewebt waren. Den spitzen, mitunter breitkrempigen Hut, der zu Odins Ausstattung zählt, tragen bronzezeitliche Figuren aus Dänemark. Stellt man sich dazu noch einen jener Häuptlings- oder Zeremonienstäbe vor, die seit der Steinzeit in Europa verbreitet waren, dann fehlt am Bild des Zauberers aus Märchen und Sagen nicht mehr viel.

Das Bemühen der frühen Europäer, als ungünstig gedeutete Sonnen- und Mondfinsternisse rechtzeitig zu erkennen, tritt uns in Bauten wie Stonehenge entgegen. Auch der Versuch, ungünstige Ereignisse durch allerlei Vorkehrungen abzuwenden, wird aus den Bodenfunden deutlich. Der bekannte dänische Archäologe Brøndstedt hat dazu eine leicht ironisch gefärbte Schilderung gegeben:

Die sonderbaren kleinen Gegenstände, die man in den beiden Männergräbern von Garderhoj bei Jägersburg und von Hvidegarden bei Lyngby fand, und die entsprechenden Raritäten im Frauengrab von Maglehoj bei Frederikssund können nur als krafttragende, heilbringende, böse Mächte abwehrende Mittel, also als Amulette gedeutet werden. Die kleinen Gegenstände, die bei den Männern in Ledertaschen eingeschlossen waren, während die Frau sie in der Gürteldose trug, waren folgende: kleine, mit Schnur umwickelte Holzstäbchen, mit Fell umnähte Flintspitzen, schnurumwickelte Lederhüllen, Natternschwänze, Falkenklauen, Unterkiefer eines jungen Eichhörnchens, in einer Lederhülle aufbewahrt, kleine in ein Stück Blasenhaut gewickelte Steine, getrocknete Pflanzenwurzeln, eine

Mittelmeerkonchylie, ein Zehenglied, wahrscheinlich vom Luchs stammend, Stücke einer Vogelluftröhre, ein Zweigende vom Vogelbeerbaum, Bröckchen von Schwefelkies, Knochen vom Wiesel, Pferdezähne, Schlangenwirbel, Holzkohle, kleine Steine, kleine Bruchstücke von Bernstein und Bronze. Eine ansehnliche Sammlung, zweifellos ausreichend, um Heerscharen von Krankheiten, Unglücken und anderem Übel zu beschwören. Ihre Träger waren erfahrene Leute.«[13]

Man weiß, daß die Germanen in späterer Zeit die Sterne des Großen Bären bei Entscheidungen über Krieg und Frieden »befragten«. Eine besondere Rolle spielten daneben wohl Castor und Pollux (bei den Germanen: »Thiassis Augen«) sowie der Sirius (in Nordeuropa: »Lokis Brand«). Sicher sind diese Überlieferungen aber nur ein Stumpf und schwacher Abglanz einstiger Glaubensvorstellungen.

Der Versuch, Fehlendes durch indirekte Zeugnisse zu ergänzen, stößt auf große Schwierigkeiten. Im »Papyrus Westcar« wird von einem Zauberer berichtet, der am Hofe des »Sonnenkönigs« Cheops allerlei Kunststücke vollbrachte, um Cheops schließlich (zutreffende) Prophezeiungen über dessen Dynastie zu machen. Wie diese zustande kamen, geht aus dem bruchstückhaften Papyrus nicht hervor.

Im bronzezeitlichen Griechenland haben atlantische Europäer ebenfalls Spuren hinterlassen. Dort gefundene Schilde in Form einer Acht entsprechen den (älteren) Zeichnungen auf Steinmalen der Bretagne. Sie stellen die beiden Spiralen dar, welche die Sonne scheinbar (vom Sommer zum Winter und dann wieder zum Sommer) um die Erde dreht. Die Kuppelgräber der bronzezeitlichen Fürsten Griechenlands ähneln ihren Vorbildern an den Atlantikküsten Alteuropas unübersehbar. In vielen von ihnen sind Reste der Deckenverkleidung aus Stuck und Bronze freigelegt worden, die einst im Innern der Grabkuppel das Himmelsgewölbe nachahmten. Möglich ist, daß etwa die Sternhaufen der »Plejaden« und »Hyaden« (aus dem Griechischen übersetzt: »Regensterne«), die den späteren Griechen für Wettervorhersagen dienten, schon in der Bronzezeit beachtet wurden.

Die Philister, die aus dem Nordwesten Europas kommend, um 1200 v. Chr. auf Zypern und in Palästina ansässig wurden, haben auf ihrer reichverzierten Keramik oft Sternbilder wiedergegeben. Ihren Nachbarvölkern galten die Philister als besonders gute Wahrsager und Propheten. Am bekanntesten geworden ist die in der Bibel wiedergegebene Geschichte, in der erzählt wird, wie der jüdische König Saul sich ins (feindliche) Gebiet der Philister begibt, um die Künste der »Hexe von Endor« in Anspruch zu nehmen. Nach dem Bericht der Bibel bestanden deren Fähigkeiten aber nicht in der Deutung der Sterne, sondern in der »Beschwörung« des toten Samuel, der Sauls väterlicher Ratgeber gewesen war. Bei solchen Totenbeschwörungen spielte die Kunst des »Bauchredens« eine wichtige Rolle, die es dem »Seher« erlaubt, mit einer veränderten (meist tieferen) Stimme zu sprechen, deren Herkunft nicht feststellbar ist.

Daß die Völker der Vorzeit von sternenkundigen Zauberern regiert wurden,
behaupten keltische und germanische Sagen.
Die bronzezeitlichen Europäer kannten Afrika und dessen Tierwelt.
Das beweisen Felsbilder wie das hier gezeigte eines Nashorns
bei Norrköping in Schweden (entstanden um 1500 v. Chr.).
Um solche Fernfahrten unternehmen zu können,
mußten sich die damaligen Seefahrer nach den Sternen
orientieren können.

Faßt man das Gesagte zusammen, dann ergibt sich, daß der Lauf der Gestirne in den atlantischen Kulturen Alteuropas mit großer Genauigkeit registriert wurde. Dasselbe gilt für deren Ableger im Mittelmeerraum. Das Vorhandensein eines Gestirn*glaubens* im Sinne der Sterndeutung für Wahrsagungen ist mit letzter Sicherheit nicht beweisbar, wäre aber mit den dortigen Glaubensvorstellungen und den vorhandenen indirekten Zeugnissen ebenso vereinbar gewesen wie bei jenen Völkern, von denen im folgenden die Rede sein soll.

2. »Wir haben seinen Stern gesehen ...«

In einer der bekanntesten Geschichten der Menschheit heißt es:

»Da Jesus geboren war zu Bethlehem im jüdischen Lande zur Zeit des Königs Herodes, siehe, da kamen Weise vom Morgenland nach Jerusalem und sprachen: ›Wo ist der neugeborene König der Juden? Wir haben seinen Stern gesehen im Frühaufgang und sind gekommen, ihn anzubeten.‹«[14]

Ganze Scharen von Frommen und weniger Frommen, von Kardinälen, Bischöfen und Astrologen haben sich im Mittelalter über den »Stern von Bethlehem« den Kopf zerbrochen. Auf alten Bildern wird er meist als Komet abgebildet, und dies ist die Auffassung breiter Schichten bis heute geblieben: daß nämlich die Geburt Jesu durch einen Kometen, eine Supernova oder eine ähnlich einmalige Himmelserscheinung angezeigt worden sei.

Einige Wissenschaftler halten dies nicht für wahrscheinlich. Zur Zeitenwende wurden solche Geschehnisse sorgsam registriert und auf Listen vermerkt. Für das Jahr, das zur Beschreibung des Neuen Testamentes paßt, fehlen diese Vermerke in den überlieferten Aufzeichnungen. Es ist dies das Jahr sieben vor Christus und nicht das Jahr null. Die Differenz erklärt sich aus der Tatsache, daß die christliche Zeitrechnung erst im sechsten Jahrhundert eingeführt wurde, wobei das Geburtsjahr Christi nur ungenau von den Bischöfen und ihren Schreibern ermittelt worden war.

Die Geburt zu Bethlehem erfolgte im Jahr der ersten Volkszählung unter Kaiser Augustus »zu der Zeit, da Cyrenius Landpfleger in Syrien war«, wie der Evangelist Lukas sagt.[15] Dieser Cyrenius (der römische Senator und General Quirinius) hielt sich nach Inschriftenfunden aus der syrischen Hauptstadt Damaskus im Jahre 7 v. Chr. erstmalig in Palästina auf. Dieses Datum paßt zu den übrigen Angaben der Evangelien. 7 v. Chr. fand nun ein scheinbares Zusammentreffen, eine »Konjunktion« (»Verbindung«) der Planeten Jupiter und Saturn am irdischen Sternenhimmel statt. Diese beiden Himmelskörper waren im Altertum die äußersten bekannten Planeten; ihr Zusammentreffen ereignete sich nur alle 20 Jahre und wurde als »Große« oder »Goldene« Konjunktion bezeichnet.

Saturn war im Glauben der antiken Sterndeuter mit dem jüdischen Staat verbunden; Jupiter, der »König der Götter«, signalisierte das Kommen und Gehen von Herrschern. Somit wird verständlich, warum die drei »Weisen« ausgerechnet in der jüdischen Hauptstadt Jerusalem nach einem neuen König forschten. Im griechi-

schen Urtext des Neuen Testamentes werden diese »Weisen« als »Magoi« bezeichnet – das ist unser Wort »Magier«. Gemeint sind Sternkundige oder Sterndeuter.
Daß die frühen Astrologen der »Großen Konjunktion« des Jahres 7 vor Christus höchste Aufmerksamkeit schenkten, geht aus Tontafelfunden der Sternwarte von Sippar in Babylonien hervor. Dort – von Palästina aus gesehen »im Morgenlande« – hatte man natürlich längst bemerkt, daß nicht alle zwanzig Jahre, bei jeder neuen »Großen Konjunktion« ein anderer König der Juden aufstieg. 7 v. Chr. hatte es mit dem Zusammentreffen von Jupiter und Saturn eine besondere Bewandtnis. Es fiel in die Nähe des damaligen Frühlingspunktes, der bei vielen alten Völkern mit Jahresbeginn und Neuanfang gleichgesetzt wurde.
7 v. Chr. näherten sich Jupiter und Saturn dreimal: am 29. Mai, am 3. Oktober und am 4. Dezember. So erklärt sich, daß die »Weisen«, die dieses Himmelszeichen schon »im Morgenlande« gesehen hatten, es auf ihrem Weg von Jerusalem nach Bethlehem erneut zu Gesicht bekamen. »Und der Stern ging vor ihnen her«, heißt es beim Evangelisten Matthäus.[16] Moderne Astronomen, die sich auf den Spuren ihres gelehrten Vorgängers Johannes Kepler mit diesem Problem beschäftigten, haben festgestellt, daß Wanderer, die am 4. Dezember 7 v. Chr. von Jerusalem ins südlichere Bethlehem gelangten, den Eindruck haben mußten, Jupiter und Saturn (die damals am Südhimmel standen) gingen »vor ihnen her«.
Ein Anfang Dezember geborener Mensch ist nach Meinung der Sterndeuter ein »Schütze«. Über ihn sagen die Astrologen, er sei sehr lebhaft, aufnahmefreudig, komme im Leben meist ungewöhnlich viel herum, sei für Ideale zu begeistern und könne manchmal auch aufbrausen. Äußerlich gelten »Schützen« als oft schlank, hochgewachsen und von länglichem Gesichtsschnitt – frohe Kunde für all jene, die als Grabtuch Christi das »Turiner Linnen« ansehen (auf dem sich die Abdrücke eines 180 cm großen, schlanken Menschen mit schmalem Gesicht erhalten haben).
Die Weisen aus dem Morgenlande, von denen das Neue Testament erzählt, konnten auf eine mehrtausendjährige Tradition zurückblicken. Seit den frühesten Zeiten wurden an Euphrat und Tigris die Sterne und Planeten beobachtet und als Götter verehrt. Ihnen baute man Tempelberge wie den berühmten »Turm zu Babel«, der dem Gott Marduk geweiht war (den die Römer Jupiter nannten). Unter den Inschriften der Babylonier und Assyrer finden sich immer wieder astrologische Texte, die dem Versuch gewidmet

sind, aus den Bewegungen der Gestirne die Zukunft vorauszusagen.

Kurt Seligmann schreibt über diese Sternengötter:

> »Von ihnen waren die ›deutenden Götter‹, die sieben Planeten die mächtigsten: Jupiter-Marduk war der Schöpfer, der Erwekker der Toten und Sieger über das Chaos. Sein Stern leuchtete wie eine Fackel, ›ein Herrscher des Himmels‹. Wenn er in der Aura des Mondes erschien, schenkte er männliche Nachkommen. Sein Einfluß war immer günstig. Die Vorbedeutungen des Mondes, Sin, dagegen waren zweideutig wegen seiner unregelmäßigen Phasen. Das Wachstum wurde gehemmt, wenn er abnahm, gefördert und begünstigt, wenn er zunahm. Die Sonne, Samas, die Bringerin des Lebens und des Lichts, war ebenso zweideutig: oft brachte sie Dürre und verbrannte die Saat. Unsicher war auch Merkur-Nebo, der Schriftkundige und Gott der Weisheit, der die Taten der Menschen aufzeichnete: Wissen kann Gutes und Böses erzeugen. Saturn-Adar, der Gott der Jagd, war den öffentlichen Angelegenheiten und dem Familienleben günstig. Aber auch er scheint im allgemeinen einen bösen Einfluß auszuüben; man nannte ihn das Große Unglück. Böse war Mars-Nergal, der Gott der Toten und der Pestilenz; er stiftete Krieg und zeigte dem König den Tod an. Er vernichtete die Weizen- und die Dattelernte und hinderte Vieh und Fische, sich zu vermehren. Venus-Ischtar, die Göttin der Mutterschaft und der Liebe, war wohltätig.«[17]

Viele dieser Entsprechungen haben in der Sterndeutung bis heute ihren Platz. Allerdings beachteten die Babylonier auch andere Vorzeichen des Himmels, beispielsweise wie der Mond durch die Atmosphäre bald bleich, bald rötlich gefärbt wurde, und versuchten, daraus den Ausgang von Ernten, Verhandlungen und Kriegen abzuleiten. Der hohe Erfolgsdruck, dem die Sternkundigen dabei ausgesetzt waren, führte dazu, daß sie immer bessere Verfahren zu Berechnungen der Planetenumläufe entwickelten. Die Meßkunst wurde daneben durch die Erfindung optischer Hilfsmittel begünstigt.

Daß sich die Sterndeutung jahrtausendelang einen privilegierten Platz bewahrte, ist ein sicheres Anzeichen für Geschick und Klugheit der frühen Priesterastronomen. Sie fanden natürlich Wege, den Ausgang von Ernten und Verhandlungen auch ohne Hilfe der Gestirne günstig zu beeinflussen. Ihre Erfahrungen und ihre Rechenkünste verliehen ihnen die Fähigkeit, Schwankungen des Wetters früh zu erkennen, bestmöglich zu nutzen und ihren Ein-

fluß auf Bauern und Landarbeiter so immer weiter zu stärken.
Man hat die frühe Kultur Babyloniens manchmal eine »Tempelwirtschaft« genannt. Die Priester erhoben Abgaben, mit denen sie die Götter günstig zu stimmen versprachen. Und das Volk lieferte: Korn und Früchte für die Speicher, Metalle und Gewebe für die Lagerhäuser und sogar die eigenen Töchter für die Tempel der Liebesgöttin Ischtar-Venus.
Darüber berichtet im einzelnen der griechische Geschichtsschreiber Herodot (5. Jahrhundert v. Chr.). Er erwähnt auch die große Bedeutung, welche die sternkundigen »Magier« bei den Persern hatten, die Babylonien zu Herodots Zeiten besetzt hielten. Über die Perser gelangten orientalische Gestirnsverehrung und der Glaube an die Macht der Planeten nach Griechenland. Die Griechen übernahmen daneben manches aus der Astrologie der Ägypter.

> »Von den Ägyptern ist auch zuerst festgestellt worden, welcher Monat und Tag den einzelnen Göttern heilig ist, und welche Schicksale, welches Ende und welchen Charakter die an diesem oder jenem Tage Geborenen haben werden. Griechische Dichter haben diese Dinge ebenfalls übernommen. Und Vorzeichen haben die Ägypter weit mehr herausgefunden als alle anderen Völker. Wenn nämlich etwas Auffälliges geschieht, achten sie auf dessen Folgen und schreiben sie auf. Bei einem ähnlichen Vorfall in der Zukunft glauben sie dann, es müßten wieder die gleichen Folgen eintreten.«[18]

Griechische Sterndeuter beachteten nicht nur den Tag, sondern ebenso die Stunde, in der ein Mensch zur Welt kam. »Horoskopoi« (»Stundenschauer«) hießen diese Astrologen. Daß der Sternglaube bei den Griechen des Altertums tiefe Wurzeln schlagen konnte, liegt in der Schicksalsauffassung des Volkes begründet. Wie die Germanen sahen sie unerbittliche Schicksalsgöttinnen walten, die den Menschen und ihren Königen den Lebensfaden zumaßen und abschnitten. Selbst die Götter waren diesem Schicksal unterworfen. Das ist insofern interessant, als damit ausgedrückt wird, daß die mit den Planeten gleichgesetzten Götter das menschliche Geschick nicht verursachen, sondern abhängig sind von einer unsichtbaren, hinter ihnen stehenden Macht.
Über sie schreibt Sementowsky-Kurilo:

> »Es gibt keine eindeutige Vorstellung von den ihr eigenen Merkmalen. Es ist weder eine Göttin noch ein Wesen mit menschenähnlichen Zügen. Sie wird gedacht, empfunden und vor allem gefürchtet als eine weibliche, dunkle, körperlose,

überall lauernde Macht. Seit uralten Zeiten heißt sie Heimarmene ... Heimarmene waltet unabhängig über jedem Menschendasein ... Nichts spiegelt diese Geistesauffassung deutlicher wider als die griechischen Tragödien. Ihre Helden sind stets vom Schatten der Heimarmene begleitet. Die Vorstellung, die sich mit Heimarmene verbindet, kommt am nächsten dem Begriff des Verhängnisses, das einmal im Leben über den Menschen kommt und gerade wegen seiner Einmaligkeit etwas Überwältigendes, Übermenschliches an sich hat. Gerade deshalb bleibt das ›große Verhängnis‹ vor allem ungewöhnlichen Menschen vorbehalten. Der im Alltagseinerlei untertauchende Bürger oder Sklave ohne Name und Gesicht kennt weder das große Glück noch das große Unglück. In seinem Leben hat alles ein durchschnittliches Maß. Wo nichts Außergewöhnliches geschieht, greift auch Heimarmene nicht ein. Aufstieg und Sieg, Niederlage und Sturz von der Höhe sind Auszeichnungen und daher Privileg der Helden. Das entspricht dem heroischen Geist der hellenischen Lebensauffassung.«[19]

Schon früh machten sich die Griechen Gedanken über die Wechselbeziehung zwischen Vorhersage und Ereignis. Die Warnung der Götter, ausgesprochen durch den Sterndeuter oder ein Orakel, verändert das Leben. Sie führt am Ende gerade das herbei, was die Betroffenen zu vermeiden trachten: das Schicksal des Königs Ödipus oder das des Krösus von Lydien, der Krieg beginnt, in der Hoffnung ein fremdes Reich zu zerstören, und doch nur sein eigenes vernichtet.

Philosophen wie Aristoteles und Platon sympathisierten mit astrologischem Gedankengut. Aristoteles sah die Bewegungen der Planeten als das Werk intelligenter Wesen an. Platon vertrat in seinen Werken die Auffassung, der Mensch stamme aus dem Sternenhimmel und kehre nach seinem Tode dorthin zurück. Ähnliche Überzeugungen veranlaßten die Griechen, einzelne Sterne oder Sternbilder nach verstorbenen Helden und Halbgöttern zu benennen.

Seinen Höhepunkt erreichte der antike Sternglaube im Weltreich der Römer. Dieses so praktisch und nüchtern veranlagte Volk huldigte in religiösen Dingen Schicksalsangst und Sternenfurcht.

Unsere heutigen Planeten-Namen sind römischer Herkunft. Den engsten Begleiter der Sonne, der am Himmel in scheinbar immer wieder wechselnde Richtungen hin- und herflitzt, benannten römische Sterndeuter nach Merkur (dem Boten der Götter und Schutzherrn von Händlern und Wanderern).

Venus, der helle Morgen- und Abendstern galt ihnen als Göttin der Schönheit und der Liebe – wie bei den Babyloniern, bei denen dieser Planet nach der Liebesgöttin Ischtar hieß. Der rotfunkelnde Mars wurde mit Feuer und Blut in Verbindung gebracht. Seine unruhigen Bewegungen symbolisierten den Gott des Krieges. Jupiter, der sich leuchtend und gemessenen Schrittes am Himmel bewegt, war der Götterkönig, der Glück und Erfolg ankündigte – während der langsame und bleiche Saturn mit Verzögerungen, Behinderungen und anderem Unglück in Verbindung gebracht wurde. Saturn war der äußerste bekannte Planet; er versinnbildlichte zugleich Grenze und (Lebens-)Ende sowie hohes Alter.
Nicht nur aus dem Lauf der Gestirne deuteten die Römer die Zukunft und den Willen der Götter. Als wichtig galten ihnen daneben der Vogelflug und die Leber von Opfertieren. Dies wird gern als Beweis erwähnt, um was für abwegige Glaubensvorstellungen es sich doch handle. Doch der Schein trügt. Ein Volk akzeptiert nie einen Glauben, der völlig willkürlich ist:
Jene Hirtenstämme, die Vorfahren der Römer waren, hingen weitgehend von ihren Herden ab; das lateinische Wort »pecunia« (Geld) stammt von »pecus« (Vieh). Für den Hirten war es aufschlußreich, an neuen Weideplätzen ein Tier zu fangen und dessen Leber zu untersuchen; Weiden mit schädlicher Beschaffenheit waren im vulkanisch geprägten Mittelitalien wegen giftiger Boden-Ausdünstungen nicht selten. Auch der Vogelflug verrät dem Kundigen manches über künftiges Wetter und die Entwicklung der Jahreszeiten.
Zur Zeit des Römischen Imperiums hatte die Sterndeutung diese alten Glaubensvorstellungen vielfach verdrängt. Eine Reihe sternkundiger Römer versammelte sich in der Umgebung des Feldherrn Julius Cäsar. Dessen Gegner Cicero merkte freilich boshaft an, daß sich die Vorhersagen von Sterndeutern über das hohe Alter, das Cäsar erreichen sollte, nicht erfüllt hätten. Cäsar fiel bekanntlich 44 v. Chr. einer Verschwörung zum Opfer, als er den Griff nach der Alleinherrschaft wagte. Einzelne Seher hatten Cäsar allerdings vor den »Iden des März« (während der das Attentat stattfand) gewarnt!
Auch im Leben von Cäsars Adoptivsohn Oktavian, der unter dem Ehrennamen »Augustus« (der »Erhabene«) erster Kaiser des Römischen Weltreiches wurde, spielte der Glaube an die Sterne eine bemerkenswerte Rolle. Vor Beginn seiner Laufbahn suchte Oktavian-Augustus in Begleitung eines Freundes den berühmten Astrologen Theogenes in seiner Sternwarte auf. Nachdem sein

Freund die Ratschläge des Sterndeuters Theogenes gehört hatte, verschwieg der spätere Weltherrscher Augustus »hartnäckig seine Geburtsstunde und wollte sich nicht dazu verstehen, ihre Konstellation anzugeben, aus Furcht und Scham, daß sie minder bedeutungsvoll gefunden werden könne«. Dies berichtet der römische Geschichtsschreiber Sueton, der fortfährt:

»Kaum aber hatte er auf vieles Zureden beides zögernd angegeben, als Theogenes aufsprang und ihm verehrend zu Füßen fiel. Seitdem hatte Augustus so großes Vertrauen in seinen Stern, daß er das Zeichen, in welchem er geboren war, öffentlich bekanntmachte und eine silberne Münze mit dem Bild des Steinbocks, unter welchem er geboren war, schlagen ließ.«[20]

Tiberius, der Nachfolger des Augustus, stellte die Ausübung der Astrologie unter Strafe. Tausende wurden während seiner Regierungszeit (14 bis 37 n. Chr.) in die Verbannung geschickt, weil sie Sterndeutung und »Zauberei« getrieben hatten. Einige wurden sogar zum Tode verurteilt. Derselbe Kaiser Tiberius konsultierte freilich selbst Sterndeuter, um sein eigenes Geschick in Erfahrung zu bringen und herauszubekommen, wer ihm gefährlich werden könne.

Offen geduldet wurde die Astrologie unter den »Philosophenkaisern« Trajan, Hadrian und Marc Aurel. Ihre Lebensauffassung, der Stoizismus, war dem antiken Sternenglauben verwandt. Er setzte voraus, daß dem Menschen ein Schicksal vorherbestimmt sei, in das er sich fügen müsse. In der gleichen Zeit, also ebenfalls im zweiten nachchristlichen Jahrhundert, schrieb Claudius Ptolemäus, einer der bedeutendsten Naturforscher des Altertums, ein vier Bücher umfassendes Werk über die Sterndeutung.

Dort versuchte er, Regeln für die Deutung der Planetenbewegungen aufzustellen. Die Standorte der Gestirne bei der Geburt eines Menschen waren für ihn wichtige Vorzeichen. Ptolemäus wies auch auf die nachprüfbaren Wirkungen der Himmelslichter hin, etwa des Mondes für den Wechsel von Ebbe und Flut. Nicht nur als Astrologe, sondern auch als Wissenschaftler (vor allem als Astronom) war Claudius Ptolemäus tätig. Seine Erkenntnisse über die Bahnen der Planeten und die Kugelgestalt der Erde gingen vielfach über den Wissensstand des Mittelalters hinaus (wo man die Erde wieder für eine Scheibe hielt).

In Konkurrenz zum Sternglauben entwickelte sich das Christentum. Sein Sieg war – zunächst – die Niederlage der Astrologie. Bedeutende Kirchenväter wie Augustinus (5. Jahrh. n. Chr.) wandten sich gegen die Sterndeutung – die sie in ihrer Jugend oft

selbst betrieben hatten. Der Glaube an die Allmacht der Sterne vertrug sich nicht mit der Verehrung des Allmächtigen.
In den Ländern des Islams sah man dies anders. Dort lebten die Kenntnisse der Antike, auch die über die Gestirne, weiter und wurden in die Religion eingeschmolzen. Nichts war zufällig. Die Bewegungen der Himmelskörper spiegelten den Willen Allahs. Was er den Sterblichen auferlegte, hatten diese als ihr »Schicksal« zu akzeptieren. Im eigenen Verhalten und seinen Reaktionen war der Mensch freilich anders festgelegt: auf die Gebote des Korans, die er zu halten hatte, was immer ihm von außen her zustieß.
Arabische Sterndeuter waren vielfach berühmte Wissenschaftler wie Alkindi (9. Jahrh. n. Chr.), der die Schriften des Aristoteles ins Arabische übersetzte – von wo aus sie dann wieder ihren Weg ins europäische Mittelalter fanden. Unter dem Zwang der Kalifen und Emire, immer genauere Vorhersagen zu erstellen, entwickelten arabische Astrologen Geometrie und Algebra zu ungeahnter Höhe. Bewässerungswesen und Handel erhielten dadurch manch entscheidende Hilfe, ohne die das Aufblühen der arabischen Kultur erheblich langsamer verlaufen wäre.
Medizin und Kriegsführung waren ebenfalls engstens mit dem Sternglauben verquickt. Trotzdem galten die Araber als gute Strategen und ihre Ärzte als die besten Mediziner ihrer Zeit. Untrennbar verbunden mit der Astrologie war auch die frühe Alchimie. Beide wurden von arabischen Gelehrten nebeneinander ausgeübt und miteinander kombiniert. Bei alledem gelang es diesen Vorläufern heutiger Wissenschaftler trotz begrenzter Mittel, wichtige Erkenntnisse über die Natur der Metalle und anderer Elemente zu gewinnen. Die Entdeckung immer neuer Stoffe für Technik und Arzneiwesen verlieh diesen Sterndeutern den Nimbus von Zauberern.
Auch auf den arabischen (und europäischen) Geisterglauben fällt manch neues Licht, wenn man die astrologischen Ansichten berücksichtigt. Sonne, Mond und Planeten waren »Diener Allahs«, niedere und höhere Geister, die der Kundige beschwören und für seine Zwecke nutzbar machen konnte. Mit ihrer Hilfe ließen sich Schlachten entscheiden und Erfolge auf allen Gebieten erzielen.
Über die arabischen Emirate in Spanien und durch die Kreuzzüge gelangten mit vielen kulturellen Errungenschaften auch Regeln zur Sterndeutung ins mittelalterliche Europa, wo sich bald Fürsten und Kaiser, Kardinäle und Päpste mit Leidenschaft der »Königin der Wissenschaften« widmeten. Europäische und orientalische Astrologie sind somit untrennbar verknüpft.

Anders sieht es mit den Vorstellungen aus, die sich etwa in China mit den Himmelserscheinungen verbanden. Schon aus dem dritten vorchristlichen Jahrtausend sind Anweisungen des chinesischen Kaisers Yao an seine Astronomen erhalten, die »Tag- und Nachtgleichen festzustellen, Schaltmonate zu verwenden und die vier Jahreszeiten so festzulegen, daß der Hausvater wissen könne, wann er seine Saat dem Boden anvertrauen soll«.[21]
Aus der Beobachtung, daß die Gestirne zuverlässig den Zeitpunkt für die Aussaat anzeigten und dem Seefahrer sicher den Weg über das offene Meer wiesen, entwickelte sich in China wie in anderen Ländern Asiens die Überzeugung, man könne aus den Zeichen am Himmel auch anderes ablesen: den geeigneten Termin für eine Heirat, eine Kriegserklärung, einen Friedensschluß oder für eine Thronbesteigung. Solche Überzeugungen sind unter Volk und Intellektuellen vieler asiatischer Gegenden bis heute sehr lebendig.
Nur Reste haben sich dagegen vom Sternglauben der alten Kulturen Mittel- und Südamerikas erhalten. Die Mayas scheinen unter einer Diktatur der Sterne gelebt zu haben. Diese bestimmten, wann ein neuer Tempel für die Götter errichtet wurde und wohl auch, wann Tempelstädte aufgegeben und durch andere ersetzt werden mußten. Die Dauer des Sonnenjahres setzten die Mayas auf 365,242 129 Tage fest und verrechneten sich dabei nur um 0,000 049 Tage!
In Südamerika hinterließ das Volk der Chimu Spuren einer Kultur von bewunderungswürdiger Höhe. Bautechnik und Entwicklungsstand der Landwirtschaft ermöglichten es diesen Indianern in großen, »modern« geplanten Städten mit symmetrischen Ausmaßen und völlig geraden Straßen zu wohnen. Die Chimu verehrten den Mond; zur Bestimmung des Jahres orientierten sie sich am Aufgang des Sternhaufens der Plejaden.
Die Inkas traten die Nachfolge des Reiches der Chimu an. Ihr Herrschaftsgebiet umfaßte neben Teilen Ecuadors, Boliviens und Chiles fast das gesamte Peru. Dort, in der alten Hauptstadt Cuzco, stand der Tempel des höchsten Gottes, als dessen Verkörperung die Inkas die Sonne betrachteten. In ihrem Gebiet haben sich Zeugnisse bemerkenswerten astronomischen Wissens erhalten, das auf jahrtausendelangen Beobachtungen beruhte: steinerne Kalender und solche, die wie in Nazca aus riesigen Scharrbildern im Wüstenboden bestehen und den Forschern bis heute Rätsel aufgeben.

3. Die Königin der Wissenschaften

Die »Königin der Wissenschaften« hieß die Sterndeutekunst im Mittelalter. Ihre Dienste nahmen Adel und Bürgertum in gleichem Maße in Anspruch. Über den deutschen Kaiser Friedrich II. von Hohenstaufen, den berühmten Enkel von Kaiser Barbarossa, liest man in einer Lebensbeschreibung:

> »Er zog namhafte Gelehrte – Italiener, Spanier, Mohammedaner, Juden – an seinen Hof, erging sich mit ihnen in Diskussionen über alle Gebiete von der Kosmologie, Astronomie und Astrologie bis zur Medizin und Tierkunde und legte dabei nicht nur verblüffende Kenntnisse, sondern auch einen nicht zu stillenden Wissenshunger an den Tag. Als er in Pisa den größten Mathematiker seiner Zeit, Leonardo Fibonacci, kennenlernte, ließ er ihm schwierige mathematische Probleme stellen und veranlaßte ihn, die Antworten in einem Buch zusammenzufassen. Durch Fibonacci ist wahrscheinlich auch der berühmte Philosoph, Astrologe und Magier Michael Scotus an seinen Hof gekommen.«[22]

Der Glaube Friedrichs II. an die Macht der Sterne war unerschütterlich. Dabei gilt er den Historikern als erster moderner Herrscher Europas, der versuchte, das Feudalwesen durch einen Beamtenstaat zu ersetzen und das Zweckmäßige in Politik, Baukunst und Wissenschaft zum obersten Prinzip zu erheben.
Der Legende nach wurde Friedrich II. von Hohenstaufen in seiner Jugend auf Sizilien von islamischen Gelehrten aufgezogen, denen er ergeben blieb, nachdem er auf abenteuerlichen Wegen Herrscher des »Heiligen Römischen Reiches Deutscher Nation« geworden war. Gegnern seiner Machtansprüche schleuderte er die Worte: »Stellae dicunt!« (»Die Sterne sagen es!«) entgegen – ein in damaliger Zeit meist durchschlagendes Argument. Schließlich äußerten sich in dieser Epoche sogar Heilige wie Thomas von Aquin zustimmend zur Sternkunde. Sie taten dies in dem Sinne, daß die Sterne nicht zwängen, sondern nur geneigt machten, also den Menschen nicht von den Geboten befreiten, ihn aber vielleicht in Versuchung führten . . .
Die Experimente, die Kaiser Friedrich anstellte, haben die Mitmenschen lange bewegt; »stupor mundi«, das »Staunen der Welt« nannte man ihn bereits zu Lebzeiten. Seinen vertrauten Hofastrologen Peter von Vinea ließ er freilich später foltern und blenden – vielleicht weil dieser etwas Wichtiges nicht vorausgesagt hatte oder auch weil er unerwünschte Erkenntnisse weitersagte. Man

weiß es nicht, diese Episode ist in völliges Dunkel gehüllt.
Es fehlte im 12. Jahrhundert nicht an düsteren Vorhersagen des Weltunterganges. 1179 wurde in Sendschreiben des Bischofs Johannes von Toledo aus den Gestirnen das Jüngste Gericht angekündigt. Eine Panik entstand – und löste sich wieder, als Meteoritenschwärmen und »Großen Konjunktionen« keine Katastrophen folgten. Für die Mitte des 14. Jahrhunderts sahen die Sterndeuter wieder düstere Zeichen am Himmel. Dieses Mal erfüllte sich die Prophezeiung: Die Beulenpest raffte in wenigen Jahren über ein Drittel der Bevölkerung Europas dahin und entvölkerte den Kontinent wie ein Atomkrieg.
Man wird solche Prognosen nicht überbewerten dürfen, weder die richtigen noch die falschen. Im Mittelalter verging kaum ein Jahr, indem nicht von irgendwo Krieg, Pestilenz und Hungersnot angekündigt wurde – und sich für irgendeinen Landstrich auch bewahrheitete.
Vielfach spielte die Astrologie an den Königshöfen die Rolle eines wichtigen Propaganda-Instrumentes. Jeder Herrscher war darauf angewiesen, seine Gefolgsleute vom Nutzen eines neuen Feldzuges zu überzeugen. Man konnte ihm das schwer machen, wenn nur die Sterndeuter laut genug verbreiteten, daß die Gestirne nicht günstig stünden. Manch hingerichteter »Zauberer« verdankte sein Schicksal nicht der Ausübung seiner Kunst, sondern der Tatsache, daß er seine Nase allzutief in politische Angelegenheiten gesteckt hatte.
Im 15. und 16. Jahrhundert befand sich die Sterndeutung auf dem Höhepunkt ihres Ansehens. Kein Wunder, daß sie auch in der Geschichte der Reformation eine Rolle spielte. Martin Luther wird dabei gern als polternder Feind der Astrologenschaft geschildert, etwa mit folgendem Ausspruch:

> »Die Sterne, sprechen sie, zwingen den Menschen nicht zu Sünden, sondern neigen ihn allein dazu. Das danke ihnen der Teufel. Sollte Gott die Kreatur darum geschaffen haben, daß sie zur Sünde neige? Sage mir, welcher Mensch wird dann zu Sünden durch Zwang getrieben und nicht vielmehr stets durch Neigung?«[23]

Allerdings ist dieses Zitat unvollständig. Luther hat sich in manchen Phasen seines Lebens ganz anders geäußert. Dies ergibt sich aus seinen Bemerkungen über den berühmten Astrologen Johann Lichtenberger, der für die Zeit um das Geburtsjahr Luthers (1483) das Auftauchen eines »gar trefflichen Mannes« und großen Reformators vorhergesagt hatte, der sich gegen die »falschen Propheten« durchsetzen werde. Diese »Prognostica« des kaiserlichen Astrologen Lichtenberger wurden weithin bekannt:

> »Luther hatte keinerlei Bedenken, Lichtenbergers Prophezeiungen vorbehaltlos gutzuheißen. Der ›große Führer‹ konnte nur er selber sein, der ›falsche Prophet‹ war der später hingerichtete Wiedertäufer Thomas Müntzer (1525). Zwei Jahre nach dessen schmachvollem Tod, der die Richtigkeit der Lichtenbergerschen Voraussagen bestätigte, ließ Luther die ›Prognostica‹ mit einem von ihm selber verfaßten Vorwort drucken, in dem er Anweisungen gab, wie solche und ähnliche Weissagungen zu verstehen wären. Damit legte er ein ausdrückliches Bekenntnis zur Astrologie sozusagen de facto ab.«[24]

Diese Einstellung änderte der Reformator freilich, nachdem bekannte Astrologen verbreitet hatten, Luthers Horoskop entlarve ihn als Erzketzer, dessen Ende auf dem Scheiterhaufen nur noch eine Frage der Zeit sei. Da Martin Luther dem Scheiterhaufen in einigen Phasen seines Lebensweges recht nahe war, wollte er nun von den Astrologen und ihrer Kunst nichts mehr wissen. Allerdings gab es eine Ausnahme: Luthers engster Weggefährte und persönlicher Freund Philipp Melanchthon. Dieser Gelehrte hielt in Luthers Wirkungsstätte Wittenberg sogar astrologische Vorlesungen ab – begleitet von den brummigen Kommentaren des alternden Reformators. (Böse Zungen haben Melanchthon wegen seiner vielfach falschen Vorhersagen sogar einen »Sternenwahnsinnigen«[25] genannt.)

Um ein Haar hätten jene Sterndeuter, die Luther ein feuriges Fanal verkündeten, doch noch recht behalten: Ein Jahr nach dem Ableben des Reformators tauchte unter den Beratern Kaisers Karls V. nämlich der Gedanke auf, den toten Luther ausgraben und samt seinen Schriften als Ketzer verbrennen zu lassen. Politische Rücksichten auf die protestantischen Fürsten vereitelten diesen Plan.

Einzelne Astrologen hatten übrigens ihren Berechnungen ein falsches Datum für die Geburt Luthers zugrunde gelegt. Auch moderne Deuter arbeiten manchmal mit diesen falschen Horoskopen. In dem Buch »Astrologie« von Warren Kenton (1974 erstmals erschienen) kann man lesen:

> »Martin Luthers Horoskop enthält Hinweise auf eine stark ausgeprägte Willenskraft, die durch eine exakte Konjunktion von Sonne und Saturn im Skorpion *erzeugt* wird.«[26]

Belegt wird dies mit einer Zeichnung, die den Stand der Gestirne am 22. Oktober 1483 wiedergibt. Luthers Geburt erfolgte aber erst in den späten Nachtstunden des 10. November 1483. Mithin gibt

es nicht nur keine exakte, sondern überhaupt keine Konjunktion zwischen Sonne und Saturn im Geburtsbild des Reformators.
Prophezeiungen spielten auch eine Rolle beim Ausbruch des deutschen Bauernkrieges 1524. Sterndeuter hatten darauf hingewiesen, daß sich in diesem Jahre eine »Große Konjunktion« von Jupiter und Saturn im Tierkreiszeichen Fische ereignen würde. Da zusätzlich andere Planeten ins »wässrige« Zeichen Fische traten, hatten einzelne angekündigt, die Sintflut werde sich wiederholen.
Die Menschen begannen Boote zu zimmern, Fürsten flüchteten mit ihrem Gefolge auf Berge – die Sintflut aber blieb aus. Immerhin hatten die falschen Propheten die »Genugtuung«, daß im ausbrechenden Bauernkrieg wenigstens das Blut in Strömen floß. Dabei fragt sich, wie viele derer, die mit den Anführern der Bauern zogen, dies in der Erwartung taten, beim kommenden Weltende auf der richtigen Seite zu stehen. Die Endzeit-Hoffnung war jedenfalls bei den Predigern der Bauern (wie Thomas Müntzer) ein entscheidendes Motiv.
In Europa spielten im 16. Jahrhundert zwei »Seher« eine herausragende Rolle. Der eine war Michel de Nostradamus in Frankreich (1503–1566), der andere John Dee (1527–1608), der Astrologe Königin Elisabeths I.
Michel de Nostradamus verdankt seinen Ruhm weniger seinen Künsten als Sterndeuter – die waren bescheiden und von Mißerfolgen begleitet –, sondern den funkelnden Vierzeilern, die in düsteren Worten (und zeitlich ungeordnet) die Zukunft beschreiben. Nostradamus hat einem seiner französischen Herrscher richtig den Tod beim Turnier und vier Söhnen der Katharina von Medici – ebenfalls zutreffend – Königskronen vorhergesagt. Dies vor allem begründet seinen Ruf bis heute. Im Zweiten Weltkrieg erwog gar der deutsche Propaganda-Chef Goebbels, mit Hilfe von Weissagungen des Nostradamus den Glauben an den deutschen Endsieg zu kräftigen! Immer wieder wird Nostradamus in astrologischen Kalendern vorgestellt – mit durchaus unterschiedlichen Interpretationen. Alles nach dem Motto: der Prophet Nostradamus hat einige merkwürdige Treffer erzielt, also stimmt *alles* von ihm. (Viele seiner astrologischen Angaben erwiesen sich aber schon zu seinen Lebzeiten als falsch.)
Ein Sohn des Nostradamus, Opfer des berühmten Namens, hat sich übrigens ebenfalls als Seher versucht. Als seine Voraussagen über Zerstörungen und Brände sich nicht termingerecht erfüllen wollten, begann er selbst zu zündeln – sicher ein Sonderfall von »Erfüllungszwang« und sich selbst erfüllender Prophezeiung.

Demgegenüber war der Engländer John Dee ein hochgelehrter Mann und bedeutender Mathematiker. Er war bestimmt ein wertvoller Ratgeber für den englischen Kronrat, auch wenn er einmal nicht die Sterne deutete, an deren Wirksamkeit seine Königin Elisabeth I. so stark glaubte.

Der mit Abstand berühmteste Astrologe ist jedoch der deutsche Naturforscher und Astronom Johannes Kepler (1571–1630). Keplers Entdeckungen am Fernrohr haben ihn zu einem der bedeutendsten Wissenschaftler seiner Zeit gemacht. Nicht minder bekannt ist aber seine Tätigkeit als Sterndeuter des Feldherrn Wallenstein.

Als Johannes Kepler im Jahre 1608 für Wallenstein erstmals ein Horoskop ausarbeitete, wußte er nicht, wer sein Auftraggeber war: Ein Mittelsmann hatte ihm die Geburtsdaten überbracht mit dem Hinweis, daß es sich um einen »adligen Herren« handle. Diesem sagte Kepler nun Großes voraus. Von zentraler Wichtigkeit war dabei die »Große Konjunktion« (zwischen Jupiter und Saturn), die sich in Wallensteins Geburtsbild an herausragender Stelle, im sogenannten »ersten Haus« befand.

Ungewöhnliche Wechselfälle des Lebens kündigte Kepler dem ihm unbekannten »edlen Herrn« an, so zum Beispiel, daß er eines Tages Anführer eines Haufens Unzufriedener sein werde und sich daraus für seine Person und Umgebung »mancherlei Verwirrung« ergeben werde. – Daß der damalige kleine Landadelige Wallenstein tatsächlich einmal kaiserlicher »Generalissimus« und Feldherr des größten Söldnerheeres Europas sein würde, hätte Kepler selbst dann nicht erraten können, wenn er den Namen seines Auftraggebers gekannt hätte. So jedenfalls argumentieren die Anhänger der Astrologie, die auch darauf hinweisen, daß Kepler zutreffend die Ehe des nicht sehr begüterten Wallenstein mit einer »reichen Witwe« vorhersagte – eine Verbindung, die im 17. Jahrhundert genauso selten war wie heute, aber im Falle Wallensteins zustande kam und die materielle Grundlage für seine spätere Karriere legte.

Über die Charakterisierung Wallensteins durch sein Horoskop bemerkt der Historiker Golo Mann in seiner bekannten Lebensbeschreibung des Feldherrn, daß Johannes Kepler eine verblüffend richtige Schilderung lieferte:

> »Denn es ist ja kein einfaches Seelenbild, das der Astrolog da entworfen hatte, nicht so wie eine plumpere Psychologie es erwarten würde. Der Geborene ist mißtrauisch und verschwiegen, aber auch ungestüm; streitbar und unverzagt, aber auch

furchtsam und mit der Phantasie sich Gefahren bildend, wo keine sind ... Für immer, fürchte ich, muß offen bleiben, woher Kepler seine Einsichten hatte, insofern es rechte Einsichten waren, und wieder wie weit sie recht wurden erst dadurch, daß er sie niederschrieb.«[27]

Worauf Golo Mann anspielt, ist das Problem des Erfüllungszwanges, der »sich selbst erfüllenden Prophezeiung«. Ein Mensch, der den Astrologen befragt, ist im allgemeinen unsicher über den Weg, den er einschlagen soll, und meist bereit, sich in seinen Entscheidungen durch die Ratschläge des Sterndeuters beeinflussen zu lassen. Die Prognose über das Leben wird dann schnell zu einem bestimmenden Faktor im Leben, der Ereignisse herbeiführt, die sich sonst vielleicht nie zugetragen hätten.

Indes gilt dies nicht unbegrenzt. Wäre der Erfüllungszwang wirklich so entscheidend, dann müßte es auf der Welt nur so wimmeln von glücklichen Eheleuten mit hoffnungsvollem Nachwuchs und blühendem Wohlstand – entsprechend der großen Anzahl von Leuten, denen solches in Hinterstuben verheißen worden ist. Bei Wallenstein räumt Golo Mann selbst ein, daß er die Ehe mit einer »reichen Witwe« schon geschlossen hatte, als er die Angaben Keplers erhielt. Zu diesem Entschluß konnte er also dadurch nicht animiert worden sein. Auch Wallensteins spätere Tätigkeit als Feldherr der Landsknechte ist mit »Erfüllungszwang« nur schlecht erklärbar; Keplers Horoskopbeschreibung warnte ja ausdrücklich vor den »schrecklichen Verwirrungen«, die sich daraus für den Geborenen ergeben würden – und sich auch wirklich ergaben.

Was die Charakter-Beschreibung aufgrund seines Geburtsbildes anlangt, so muß sich Wallenstein bereits in dem Moment getroffen und betroffen gefühlt haben, als er Keplers Worte zum ersten Mal las. Nur so ist sein stetig wachsendes Vertrauen in die Sterndeutung zu erklären und der Umstand, daß er später (Ende 1624) ein zweites Horoskop bei Kepler in Auftrag gab. Anlaß dafür war, daß sich verschiedene Prophezeiungen erfüllt hatten, allerdings nicht immer zu den angegebenen Zeitpunkten. Wallenstein veranlaßte dies zu der Frage, ob wohl die von seinen Eltern angegebene Geburtszeit ungenau sein könne. Kepler gelangte zu dem Ergebnis, daß eine Korrektur der angeblichen Geburtszeit um 15 Minuten zu stimmigen Ergebnissen für die Vergangenheit führte. Er änderte und ergänzte entsprechend seine Vorhersagen. Dabei warnte er seinen Auftraggeber, alles aus den Sternen erfahren zu wollen. Andere Astrologen versprächen zwar derart umfassende Informationen, doch hätten viele Geschehnisse und Zustände al-

lein irdische Ursachen und seien aus dem Geburtsbild nicht erklärbar.
Über die Voraussagen, die Kepler dann – nach Jahren geordnet – abgab, haben manche Kritiker gemeint, sie seien ungenau und zum Teil falsch gewesen. Wallenstein selbst scheint dies anders empfunden zu haben. Er notierte die Treffer in seinen erhaltenen Notizen. Die wichtigste Abweichung zwischen dem ersten und dem zweiten Horoskop Keplers für Wallenstein betraf die Angabe über die Lebenserwartung des Feldherrn. Während die erste Ausarbeitung Wallenstein noch ein hohes Alter in Aussicht stellte, bricht die zweite unter düsteren Warnungen für den März 1634 ab. Am 25. Februar 1634 wurde Wallenstein in Eger ermordet.
Die Diskussion darüber, ob die schlechten Prognosen Wallenstein so sternenfürchtig gemacht hätten, daß ein erfolgreiches Attentat überhaupt erst möglich wurde, ist bis heute nicht verstummt. Tatsache ist, daß Wallensteins späterer Astrologe Giovanni Battista Senno, der im Dienste seiner Feinde stand, Angaben über »günstige Konstellationen« für einen Anschlag machen konnte. Auf der anderen Seite mußte jeder Attentäter damit rechnen, Anfang 1634 einen durch die »Sterne gewarnten« und somit besonders wachsamen Feldherrn Wallenstein vorzufinden.
Umstritten ist auch die innere Überzeugung gewesen, mit der Johannes Kepler die Sterne deutete. Gegner der Astrologie wollten den berühmten Naturforscher Kepler gern als Kronzeugen für die Sterndeutung aus dem Gespräch geschafft sehen. Sie zitieren teilweise heute noch aus dem Zusammenhang gerissene Äußerungen Keplers, die dessen innere Ablehnung der Astrologie beweisen sollen, in Wirklichkeit aber nur bestimmte Praktiken einzelner Sterndeuter-Kollegen Keplers kritisieren. Daß die Bewegungen der Gestirne am Himmel nicht zufällig waren, sondern göttliche Botschaften enthielten, stand für den frommen Johannes Kepler zeitlebens außer Frage. 1610 verfaßte er sogar eine ausführliche Kampfschrift mit dem Titel »Warnung an die Gegner der Astrologie«.
In dieser Veröffentlichung schwächte er seine vielzitierte Äußerung über die Astrologie als »närrische Tochter« der Astronomie selbst entscheidend ab.[28] Zwar gebe es, so Kepler, auf dem Gebiet der Sterndeutung »unglaublichen Aberwitz«, aber der Kern der Astrologie sei »*nicht* erdichtet, sondern durch langwierige Erfahrung *bezeuget.*«[29]
Einzelne Kommentatoren argumentieren deshalb anders: Kepler sei wie viele andere Gelehrte in manchem seinen Mitmenschen

vorausgewesen, in anderem – zum Beispiel der Frage der Sterndeutung – aber ein Kind seiner Zeit.
Horoskope stellte Johannes Kepler nicht bloß zum Gelderwerb, sondern ebenso seinen nächsten Verwandten. Grundgedanke war für ihn dabei nicht, einen Menschen allein aus seinem Geburtsbild verstehen zu können – diesen Versuch hielt er sogar für gefährlich. Vielmehr war er überzeugt, wichtige *zusätzliche* Informationen über Wesen und Schicksal des einzelnen aus bestimmten Konstellationen gewinnen zu können.
Bekanntlich reduziert ein großer Teil der modernen Wissenschaft den Menschen auf eine Summe aus Erbgut und Umwelt. Viele Forscher balgen sich lediglich darum, welcher dieser beiden Faktoren die größere Bedeutung besitze. Dabei zeigt ein Blick ins wirkliche Leben, daß Menschen mit ganz ähnlichen Veranlagungen aus gleichem Milieu völlig unterschiedliche Schicksale haben können: Für den einen wird die Ehe zum zentralen Lebensinhalt, der andere sucht und findet diesen möglicherweise im Beruf, ein dritter scheitert in beidem. Die »Zufälle des Lebens« stellen bei diesen Entwicklungen oft die Weichen und setzen die Schranken.
Besonnene Astrologen sind vor allem in dem Punkt mit ihren Gegnern uneins, daß sie glauben, einige solcher »Zufälle des Lebens« nach Stärke und Ausrichtung aus dem Geburtsbild bestimmen zu können. Das Horoskop schließt für sie eine Erkenntnislücke. So auch für Johannes Kepler. Daß er Gründe hatte, die eigene Persönlichkeit nicht nur als Ergebnis von Vererbung und Umwelt zu betrachten, erläutert sein Biograph Johannes Hemleben mit einer Schilderung der Vorfahren und des Elternhauses dieses großen Naturforschers. Hemleben resümiert diese Beschreibung folgendermaßen:

> »Dieser kurze Überblick über Keplers Kindheit und Jugend macht wohl deutlich, daß Johannes Kepler das, was er wurde, in erster Linie nicht seiner Umwelt und auch nicht seinen Ahnen verdankte. Trotz der disharmonischen Familienverhältnisse und aller erblichen Belastungen bildete sich eine der bedeutendsten Persönlichkeiten der Neuzeit heran . . . Jedenfalls ist Wesen und Leben Johannes Keplers ein eindeutiger Beweis, daß die so beliebte Formel: ›Der Mensch ist das Produkt von Vererbung und Milieu‹, keine allgemeine Gültigkeit besitzt. Das Genie des Johannes Kepler ist weder aus dem schwäbischen Milieu seiner Kindheit noch aus dem Erbgut seiner Eltern ableitbar.«[30]

Der Naturforscher Johannes Kepler war der letzte große Gelehrte, der zugleich Astrologe war. Alle späteren sind in ihrer wissenschaftlichen Bedeutung umstritten geblieben. Zum Teil wirken sie sogar ausgesprochen zwielichtig.

4. Der ewige Weltuntergang

Je deutlicher wurde, wie weit die Planeten und die anderen Gestirne in Wirklichkeit von der Erde entfernt sind, um so im wahrsten Sinne des Wortes »abwegiger« erschien es vielen, sie mit dem irdischen Geschehen in Zusammenhang zu bringen. Bereits einige spätmittelalterliche Geistesgrößen hatten sich im Alter von der Astrologie abgewandt. Agrippa von Nettesheim (1486–1535), der in seinem abenteuerlichen Leben auch als Sterndeuter gewirkt hatte (er ist eines der Urbilder der Sage vom Dr. Faust!) erklärte schließlich resigniert über die Astrologie:

> »Auch ich lernte als Knabe diese Kunst von meinem Vater, hinterher verlor ich viel Zeit und Arbeit damit; auf die Dauer lernte ich, daß sie alles in allem auf keinem anderen Fundament aufgebaut war als auf reinen Spielereien und Heucheleien der Phantasie.«[31]

Die Straßen-Astrologie hingegen blühte in altem Umfang weiter – bis heute. Sie bildet ein teils als harmlos, teils aber auch als gefährlich angesehenes Vergnügen des einfachen Volkes. Die Sterndeuter der beginnenden Neuzeit machten freilich auch Aufzeichnungen: Wenn irgendwo jemand aufs Schafott geschleppt wurde, besorgten sie sich die Angaben über Zeitpunkt und Ort der Geburt – und veröffentlichten die Ergebnisse in Traktaten. In modernen Horoskopsammlungen kann man diese Zeichnungen manchmal wiederfinden, wenn dort etwa das Geburtsbild eines gevierteilten Raubmörders mit denen von KZ-Insassen verglichen wird.[32]

Immer weiter griff im 17. und 18. Jahrhundert die Unsitte um sich, möglichst viele Katastrophen und Unglücksfalle in astrologischen Kalendern vorherzusagen, um auf sich aufmerksam zu machen und konkurrierenden Sterndeutern die Kundschaft fortzulocken. Hin und wieder wurde sogar ein Weltuntergang von den Kathedern der Universitäten prophezeit:

> »Der Astrologe und Astronom William Whiston [ein Amtsnachfolger des berühmten Naturforschers Isaac Newton] . . . hielt 1736 eine Vorlesung, in der er eine Mondfinsternis voraussagte, begleitet von dem Erscheinen eines großen Kometen,

und zwar für genau fünf Uhr des folgenden Donnerstag. Diese Zeichen, erklärte Whiston seinen Zuhörern, kündeten die Rückkehr des Messias auf die Erde an; die Welt würde am nächsten Freitag durch Feuer und Erdbeben untergehen. – Tatsächlich erschien um die genannte Zeit ein Komet. Die Voraussage war ziemlich weit verbreitet worden, und die City von London geriet für kurze Zeit in Panik. Tausende von Menschen flohen aus der Stadt.«[33]

Immer häufiger aber rächten sich die gefoppten Menschen an den Sterndeutern, deren Prestige schwand. Die Fälle, daß Astrologen verprügelt wurden, häuften sich. In Frankreich ließ der »Sonnenkönig« Ludwig XIV. schließlich alle Sterndeuter aus dem Lande jagen. Geistliche und Gelehrte wandten sich mit Spott und Hohn gegen die falschen Propheten:

»In England ließ der Astrologe Patridge jedes Jahr einen Kalender voller Prophezeiungen erscheinen. Da gab eines Tages Jonathan Swift, der Verfasser von Gullivers Reisen, von Beruf hoher irischer Geistlicher, selbst einen Kalender heraus, der die unsinnigsten Voraussagen enthielt und u. a. den Tod Patridges für den 29. März 1708 um 11 Uhr ankündigte. Selbstverständlich blieb Patridge am Leben, aber das hinderte Swift nicht, einige Tage nach dem 29. März eine Flugschrift herauszugeben, in der er den Tod Patridges mit allen Einzelheiten schilderte und die Treffsicherheit der Astrologie pries. Patridges Familie erhielt von allen Seiten ironische Beileidsbriefe; ein Beerdigungsunternehmen sandte ihr sogar die Rechnung für seine Bestattung. Wütend protestierte der Arme in einer langen Schrift; aber Swift veröffentlichte ein neues Heft und blieb bei seiner Behauptung, daß Patridge am 29. März gestorben sei; der Verfasser der Gegenschrift sei nicht der richtige Patridge, sondern ein Schwindler, der das Ansehen der Astrologie herabsetzen wolle. Ein wirklicher Gentleman, schrieb er, würde sich der Astrologie nicht widersetzen. Es gelang Swift, Patridge so lächerlich zu machen, daß er seinen Kalender nicht mehr herausgeben konnte.«[34]

Mit anderen Worten: der »Königin der Wissenschaften« begann die Krone über die Ohren zu rutschen. – Einen großen Erfolg hatten die Sterndeuter allerdings noch zu verzeichnen. Für die Jahre zwischen 1789 und 1792 hatten viele von ihnen gewaltige Umwälzungen angekündigt. 1789 brach dann tatsächlich die französische Revolution aus, die einen Markstein in der Weltgeschichte darstellt. Die Übereinstimmung ist erstaunlich, zumal die Führer des französischen Volksaufstandes nicht den Eindruck er-

wecken, sie hätten bei ihren Aktionen den Prophezeiungen der Astrologen irgendwelche Beachtung geschenkt.
Vereinzelt äußerten sich in diesen Jahren auch bedeutende Zeitgenossen voller Interesse über die Astrologie. Einer von ihnen begann seine Lebensbeschreibung mit folgenden Worten:

> »Am 28. August 1749, mittags mit dem Glockschlage zwölf, kam ich in Frankfurt glücklich zur Welt. Die Konstellation war glücklich; die Sonne stand im Zeichen Jungfrau und kulminierte für den Tag; Jupiter und Venus blickten sie freundlich an, Merkur nicht widerwärtig; Saturn und Mars verhielten sich gleichgültig; nur der Mond, der soeben voll ward, übte die Kraft seines Gegenscheins um so mehr, als zugleich seine Planetenstunde eingetreten war. Er widersetzte sich daher meiner Geburt, die nicht eher erfolgen konnte, als bis diese Stunde vorübergegangen.«[35]

Der sich so vorstellte, war kein geringerer als der Dichterfürst Johann Wolfgang von Goethe. Er ist bis auf den heutigen Tag der Liebling der Astrologen. Sein Geburtsbild wird vielfach als Studienhoroskop für Anfänger verwendet. Es gibt von Goethe noch eine Anzahl weiterer Äußerungen, die allesamt belegen, daß er der Sterndeutekunst weder gleichgültig noch ablehnend gegenüberstand. Dazu muß man allerdings wissen, daß zu Goethes Zeiten selbst die Universitäten der Astrologie nicht gänzlich verschlossen waren. Bis zum Jahre 1816 fanden in Erlangen noch astrologische Vorlesungen statt.
Danach wurde die Sterndeutung freilich ein gering angesehenes Freizeitvergnügen privater Zirkel. Das Zeitalter des Fortschritts drängte sie zur Seite.
In großem Stil änderte sich dies erst nach dem Ersten Weltkrieg. Vor allem in Deutschland suchten damals viele Entwurzelte nach einem neuen Halt. Einzelne Geschäftsastrologen brachten es zu um so höherem Wohlstand, je mehr ringsum die Wirtschaft krankte. Auch Versuche, astrologische Regeln durch Experimente nachzuprüfen, wurden aufgenommen. Der deutsche Arzt von Klöckler griff Gedanken des französischen Forschers Choisnard (1867–1930) auf und war bemüht, sich der astrologischen Überlieferung mit Mitteln der Statistik zu nähern. Dabei schälte sich ein Kern der Sterndeutekunst heraus, den Klöckler und andere für wahr und lebensecht hielten und für dessen Anerkennung sie vehement fochten.
Gegenstand von Untersuchungen waren daneben die menschlichen »Schicksalsgemeinschaften«: Familie, Kollegenkreis sowie

Volk und Staat. Bereits der gelehrte Johannes Kepler war aufgrund seiner Beobachtungen überzeugt gewesen, daß sich Ähnlichkeiten im Wesen und Schicksal bei Familienmitgliedern durch Übereinstimmungen in den Geburtsbildern zu erkennen gaben. Diskutiert wurde außerdem das Problem der »Horoskop-Zwillinge«, das heißt zweier Menschen mit identischem Geburtsbild. Dafür wurden in astrologischen Veröffentlichungen Beispiele gegeben wie etwa das folgende:

»Zur gleichen Zeit und am selben Orte (St. Martin) wie der spätere englische König George III. wurde auch ein gewisser Samuel Hennings, der Sohn eines Kaufmanns, geboren. Im Oktober 1760 bestieg George III. den Thron, während Hennings in dieser Zeit ein selbständiges Geschäft eröffnet. Beide heirateten am 8. September 1761, hatten dieselbe Anzahl Kinder und starben beide am 29. Januar 1820 in derselben Stunde. Der Kaufmannssohn konnte natürlich nicht König werden, denn das Geburtsmilieu bleibt immer von ausschlaggebender Bedeutung, aber innerhalb ihrer Sphäre ist das Leben dieser beiden, die unter gleichen Gestirnseinflüssen standen, ganz parallel verlaufen.«[36]

Vor Hitler und seinen Anhängern hatten einzelne Astrologen entschieden gewarnt und auch seinen Sturz vorausgesagt. Andere Sterndeuter arrangierten sich dagegen schon frühzeitig mit der braunen Bewegung. Der Freiherr von Sebottendorf, ein bekannter astrologischer Schriftsteller, verkaufte beispielsweise eine kleine Zeitschrift, die er herausgegeben hatte, an die NSDAP. Das Blatt hieß: »Der Völkische Beobachter«! Über andere Astrologen im Dunstkreis der Nazis schreibt der englische Autor Louis Mac Neice:

»Da gab es einen Münchner Arzt, Dr. Wilhelm Gutberlet, von dem man sagte, er bewege sich in Hitlers Kreisen und sei im Besitz ›mystischer Kräfte‹. Er war ein begeisterter Amateurastrologe und behauptete, er könne Menschen mit Hilfe eines Pendels als Juden identifizieren. Ein anderer Arzt, der sich der Astrologie widmete, war Karl Günther Heimsoth, ein enger Freund von Ernst Röhm, des Stabschefs der SA. Dr. Heimsoth scheint 1929 Röhms Horoskop gestellt und interpretiert zu haben, war jedoch nicht in der Lage, eine befriedigende Erklärung für Röhms bekannte Homosexualität zu geben.«[37]

Karl Ernst Krafft, ein bekannter Schweizer Astrologe, wird von ausländischen Autoren als »großer Bewunderer des Dritten Reiches« geschildert.[38] Er wurde in einem Konzentrationslager erschossen.

Daß es Angehörige der Sterndeuterzunft gab, die sich nicht scheuten, den Machthabern um Hitler die Stiefel zu lecken, wird auch deutlich, wenn man astrologische Kalender aus den Jahren nach 1933 durchblättert. So verhieß »Huters Arisch-Mythologischer Kalender« für 1935: »Die Weltwende kommt!« Im Text dieses Jahrbuches wurde das unter anderem folgendermaßen erläutert:

> »Noch nie seit den Tagen des germanischen Völkerfrühlings vor zwei Jahrtausenden haben Blut und Rasse die Seele der arischen Völker so geweckt wie heute . . . Heute aber, wo die Rassen- und Charakterkunde vom Menschen Allgemeingut der großen weißen Kulturnationen geworden ist, schaut die Menschheit klarer in die Zukunft, weil sie das Licht von der Finsternis, nämlich die arische Rasse von den dunklen Mächten des Verderbens zu unterscheiden weiß.«[39]

Oder:

> »Über der Welt lag seit 1914 ein düsterer Schatten, der aus dem materialistischen Geist hervorging . . . Eine kranke und innerlich morsche Gesellschaftsordnung fiel in Trümmer. – Da entstand der Führer, da erwachte ein Volk und schritten wieder Männer erhobenen Hauptes dem Licht entgegen . . . Es ist die Kraft des nationalen Sozialismus, welcher der Menschheit neue Wirtschafts- und Lebensordnungen gibt und welcher zugleich auch das religiöse Gefühl der einzelnen Völker zu dem Gott ihres Rasseninstinktes lenkt. Der Geist des Lichts wird über die Minderwertigen siegen . . .«[40]

Von ähnlicher Qualität waren die politischen Prognosen in diesem Kalender für 1935: »Bolschewistische Elemente« sollten in den Vereinigten Staaten »fieberhaft« an der Errichtung einer »kommunistischen Diktatur« arbeiten. Darüber hinaus sollte den USA im selben Jahr 1935 Kriegsgefahr wegen politischer Ereignisse im Fernen Osten drohen.[41] Als »Rassenschicksal« des deutschen Volkes wurde die »naturgesetzliche Entwicklung« zum »Endsieg« in Aussicht gestellt.[42]

In einem anderen Artikel zollte der »Arisch-Mythologische Kalender« der wirren Welteislehre Tribut. (Ihr hing unter anderem Adolf Hitler an.) Kosmische Katastrophen wurden für die Zukunft vorhergesagt und durch folgende treuherzige Bemerkung eingeschränkt:

> »Dennoch liegen noch zwei Äonen (Weltzeitalter) vor uns, ehe

die nächste Sintflut durch Mondniedersturz eintreten wird. Dies mag zur Beruhigung nicht denkender, also religiös befangener oder den unterminierenden freimaurerisch-jüdischen Mächten verfallener Menschen gesagt sein.«[43]

Gegner der Sterndeutung haben behauptet, daß diese Kunst offensichtlich versagt habe, als es möglich gewesen wäre, nach so vielen falschen Weltuntergangs-Prognosen zwar nicht das Jüngste Gericht, aber doch den bisher verheerendsten Krieg der Menschheitsgeschichte, nämlich den Zweiten Weltkrieg, anzukündigen. Der Astrologen-Feind Ludwig Reiners hat diesem Thema einige bissige Bemerkungen gewidmet:

»Nach Hitlers Tod haben zahlreiche Astrologen seinen Untergang aus seinem Horoskop ›vorausgesagt‹. Man sollte daher annehmen, daß die ausländischen Astrologen, namentlich die Englands und Frankreichs, dies schon zu Lebzeiten in den Sternen gefunden und offen ausgesprochen hätten. Aber offenbar war Hitlers Horoskop erst nach seinem Tode verständlich. Da Hitler den Mars im Stier zu stehen hat, wo er vernichtet ist, schrieb der bekannte englische Astrologe Lyndor am 13. August 1939: ›Jeder, der an den Krieg-Ende-August-Unsinn glaubt, ist hoffnungslos.‹ Der zweitgrößte Astrologe, Naylor, schrieb am 27. August im Sunday Evening Express: ›Ich habe seit Jahren fortgesetzt den Punkt herausgearbeitet: Hitlers Horoskop ist kein Kriegshoroskop. Wenn Krieg kommt, wird nicht er, sondern die anderen den ersten Schlag tun.‹«[44]

Andere britische (und französische) Astrologen äußerten sich in ähnlichem Sinne. Allerdings erwarteten einzelne deutsche Sterndeuter bereits 1938 »sehr bedeutsame« Veränderungen für die nahe Zukunft.[45] Anlaß für solche Vermutungen war eine dreimalige »Große Konjunktion« in den Jahren 1940 bis 1941.

Hitlers Stellvertreter Rudolf Heß unternahm 1941 auf eigene Faust einen Flug nach England, um dort Friedensgespräche einzuleiten. Er war überzeugt, daß die Sterne dafür günstig stünden. Über diesen Vorfall geriet Hitler in solche Wut, daß er die Verhaftung aller deutschen Astrologen anordnete. Viele Nazi-Größen interessierten sich jedoch weiterhin lebhaft für die Sterndeutekunst, zum Beispiel Heinrich Himmler, der Chef der SS. Durch verblüffende Leistungen erlangte der Astrologe Wilhelm Wulff Himmlers Aufmerksamkeit und wurde von ihm zu verschiedenen Arbeiten herangezogen. Nach dem Ende des Dritten Reiches hat Wulff in seinem Buch »Tierkreis und Hakenkreuz« über das gespenstische Treiben an Heinrich Himmlers Tafelrunde berichtet.

Zu den Proben seines Könnens, die Wulff für deutsche Stellen wiederholt erbringen mußte, gehörte ein Horoskop für einen angeblichen Fabrikdirektor Franz Schwarz. Hinter dessen Geburtsdaten verbarg sich freilich kein Geringerer als der damalige Chef der deutschen Kriminalpolizei Arthur Nebe. Nebes persönlicher Referent, der Kriminalrat Ernst Teichmann, war anwesend, als die Angaben Wulffs über dieses Geburtsbild verlesen wurden. Teichmann hat darüber nach dem Zweiten Weltkrieg in einem schriftlichen Bericht unter anderem folgendes erklärt:

»Das Horoskop gab u. a. zunächst eine vorzüglich zutreffende Schilderung – wenn auch nicht gerade schmeichelhaft – der persönlichen und charakterlichen Eigenschaften Nebes . . . Mir verschlug es fast die Stimme, als eine sehr düstere Prognose in dem Horoskop folgte und dem ›Herrn Franz Schwarz‹ in Kürze ein beruflicher und persönlicher Zusammenbruch, Verfolgung und ein schreckliches, grauenhaftes Ende prophezeit wurde. Nebe ließ mich nicht aus den Augen und versuchte vergeblich, die Prophezeiung mit einem Scherzwort abzuschwächen oder zu bagatellisieren.«[46]

Nach dem mißglückten Attentat auf Hitler am 20. Juli 1944 verlor Nebe seinen Posten als oberster Chef der deutschen Kriminalpolizei. Die Gestapo fahndete nach ihm und fand ihn schließlich. 1945 wurde er noch vor Kriegsende hingerichtet.

Über seinen ersten Aufenthalt bei Heinrich Himmler berichtet der Astrologe Wulff:

»Neben mir rechts hatte Sturmbannführer Sanne Platz genommen, unheimlich ›rassenkundig‹ und Schüler von Prof. Dr. Wüst, München, dem Haupt der ›Atlantis‹-Forschung . . . Neben Sanne saßen drei gutaussehende SS-Offiziere.«[47]

Wulff schildert in ähnlicher Weise die übrigen Tischgenossen, die in Himmlers Gegenwart und unter dessen starker Anteilnahme ein Gespräch über astrologische Fragen führten. Später befaßte sich der SS-Führer allein mit seinem Gast. Wulff:

»Nach einer kleinen Pause, in der Himmler einige Erfrischungen servieren ließ, fragte er dann nach seinem Horoskop . . . Mit Eifer machten wir uns gemeinsam daran, mit Hilfe von Kontrolldaten die Geburtszeit nachträglich zu errechnen. Das heißt, man macht das Horoskop der Vergangenheit und vergleicht es dann mit Ereignissen und Erlebnissen . . . Stimmen die Konstellationen mit dem Schicksalsablauf der Vergangenheit überein, kann man dann die Geburtsstunde errechnen und das Horoskop für die Zukunft machen. Während ich Himmler dieses erste skizzierte Horoskop machte, bemerkte ich in unserem Gespräch und durch seine Zwischenfragen, daß er offenbar einige astrologische Kenntnisse besaß. Er benutzte Ausdrücke der astrologischen Technik, die er von mir nicht gehört hatte.«[48]

In der Folgezeit zeigte sich Himmler von Wulffs Deutungen immer mehr beeindruckt. Mit schwindendem Kriegsglück der Deutschen wuchs vor allem sein Interesse an astrologischen Aussagen über Hitlers Schicksal. Wulff prophezeite – nach eigenen Angaben –, daß auf eine Kriegswende mit Hitler nicht zu hoffen sei und Hitler selbst den Mai 1945 nicht überleben werde.

Gegen Kriegsende setzte Propagandaminister Joseph Goebbels ebenso verzweifelte Hoffnungen wie Himmler auf die Astrologie. Er verglich Hitlers Horoskop mit dem der Weimarer Republik und hielt die Übereinstimmung zwischen Angaben der Sterndeutung und wirklichem Geschehen für so bemerkenswert, daß er entsprechende Vermerke in seine Tagebücher schrieb.

Die Nachkriegszeit brachte der Sterndeutekunst manche Impulse, über die im einzelnen noch zu sprechen sein wird. Auch die Geschäfts-Astrologie erlebte wieder eine Hochkonjunktur – und tat sich den geängstigten Menschen gegenüber prompt mit neuen Weltuntergangs-Vorhersagen hervor:

»Aus einer Konjunktion des Mars zur Sonne am 17. März 1949 und einer tags zuvor eingetretenen Quadratur des Uranus zur Sonne und damit auch zu Mars leiteten einige Übereifrige einen Weltuntergang ab. Zahlreiche Menschen in ganz Deutschland nahmen diese Prognose ernst. Einige Geschäfte und Firmen schlossen ihre Pforten, Ehefrauen beschworen ihre Männer, zu Hause zu bleiben, andere sah man – mit ihrem nötigsten Hausrat bepackt – auf Berge ziehen. Die Verwirrung war an einigen Orten so groß, daß sogar die Rundfunksender am Morgen des Unglückstages in ihren offiziellen Nachrichtendiensten davon berichteten und die Bevölkerung zur Besonnenheit ermahnten. Um 11 Uhr 31 sollte die Katastrophe eintreten. Natürlich geschah nichts.«[49]

Dies also ist die Geschichte der Sterndeutung; sie ist reich an Merkwürdigem: an Bizarrem wie an Nachdenkenswertem. Als »Sprache der Götter« wurden die Bewegungen der Gestirne im Altertum aufgefaßt. Vielen Zeitgenossen gilt die Sterndeutung heute als Sprache der Dummheit. Kritik wie Zustimmung zum

alten Sternenglauben wird oft mit Beispielen aus der Geschichte begründet und mit Hinweisen auf Äußerungen berühmter Männer gestützt. Nicht selten wird dabei nach dem Motto verfahren: »Habt ihr euren Luther, so haben wir unseren Goethe!« Ein Blick in die jeweiligen Epochen zeigt, wie wenig sinnvoll es ist, mit solchen Beispielen zu operieren. Schließlich ist eine Diskussion kein Postkutschen-Rennen, bei dem der gewinnt, der die meisten Zugpferde vor seinen Wagen spannen kann.
Besonders bedenklich ist der Versuch, Niveau-Unterschiede innerhalb der Sterndeuterzunft zu übersehen und Erfolge wie Mißerfolge jeweils allen Astrologen zugute zu schreiben bzw. anzulasten. Es käme ja auch niemand auf die Idee, Leistungen und Fehlschläge einzelner Alchimisten des Mittelalters zu vermischen und zur Beurteilung der modernen Chemie heranzuziehen. Ebenso kann die neuzeitliche Astrologie nur durch Überprüfung ihrer Regeln erprobt werden, wobei jede Gruppierung für sich betrachtet werden muß.

Das Schicksalsrad

1. Der Lebenskreis

Seit alter Zeit teilten viele Völker die scheinbare jährliche Sonnenbahn in Abschnitte ein. Die Vierteilung des Jahreslaufes in Frühjahr, Sommer, Herbst und Winter wurde dabei durch ein vierspeichiges Rad versinnbildlicht, das zugleich Sonnensymbol war. Die Babylonier gliederten den Sonnenkreis bereits in acht Abschnitte. Die Einteilung des Sternenhimmels in zwölf Bereiche entwickelte sich ebenfalls im Altertum. Sie ist von den Astrologen für ihre Arbeit beibehalten und als der »Tierkreis« zum Begriff geworden.

Anfang Frühjahr tritt die Sonne zur Tag- und Nachtgleiche ins Tierkreiszeichen Widder. Von dort wechselt sie in Abständen von etwa einem Monat in den Stier und die Zwillinge. Der Krebs markiert die Sommersonnenwende. Es folgen der Löwe und die Jungfrau. Die Tag- und Nachtgleiche im Herbst fällt auf den Beginn des Waage-Zeichens. Skorpion und Schütze lösen es ab. Den Schluß bilden Steinbock (Wintersonnenwende) sowie Wassermann und Fische.

Jedes Tierkreiszeichen ist in dreißig Grad eingeteilt, von denen die Sonne täglich rund einen durchmißt, während der Mond gleichzeitig 12–15 Grad zurücklegt und den gesamten Tierkreis in einem knappen Monat durchquert. Die Astrologen behaupten nun, die Erfahrung beweise, daß die Verteilung von Sonne, Mond und Planeten im Tierkreis zum Zeitpunkt der Geburt eines Menschen auf geheimnisvolle Weise dessen Wesenszüge beeinflusse oder teilweise widerspiegele. Für bedeutsam halten sie auch den Teil des Sternenhimmels – also den Grad des Tierkreises –, der in der Geburtsminute am östlichen Horizont aufstieg. Dieser Aufgangspunkt (oder »Aszendent«) ist neben Sonne und Mond der wichtigste Indikator. Den Planeten wird geringere Bedeutung beigemessen, es sei denn, sie konzentrieren sich in bestimmten Tierkreiszeichen.

Die folgenden Beispiele sollen illustrieren, was herauskommt, wenn man die Geburtsbilder Prominenter mit den überlieferten Angaben über die Zeichen des Tierkreises vergleicht:

Urmensch, den Himmel betrachtend;
Gemälde von Z. Burian.

Einige Stücke aus dem über 3000 Jahre alten Goldfund von Eberswalde (Mark Brandenburg) mit Darstellungen der Sonne.
Die Sonnenverehrung nahm bei den damaligen Europäern eine überragende Stellung ein.

Der Sonnengott Aton (als Scheibe dargestellt) zusammen mit Pharao Echnaton und dessen Frau Nofretete; ein Relief aus der Zeit um 1350 v. Chr.

Wiederholte Bemühungen des teilweise von frühen Europäern abstammenden Adels, in Ägypten eine reine Sonnenreligion einzuführen, schlugen in diesem sonnendurchglühten Land fehl.

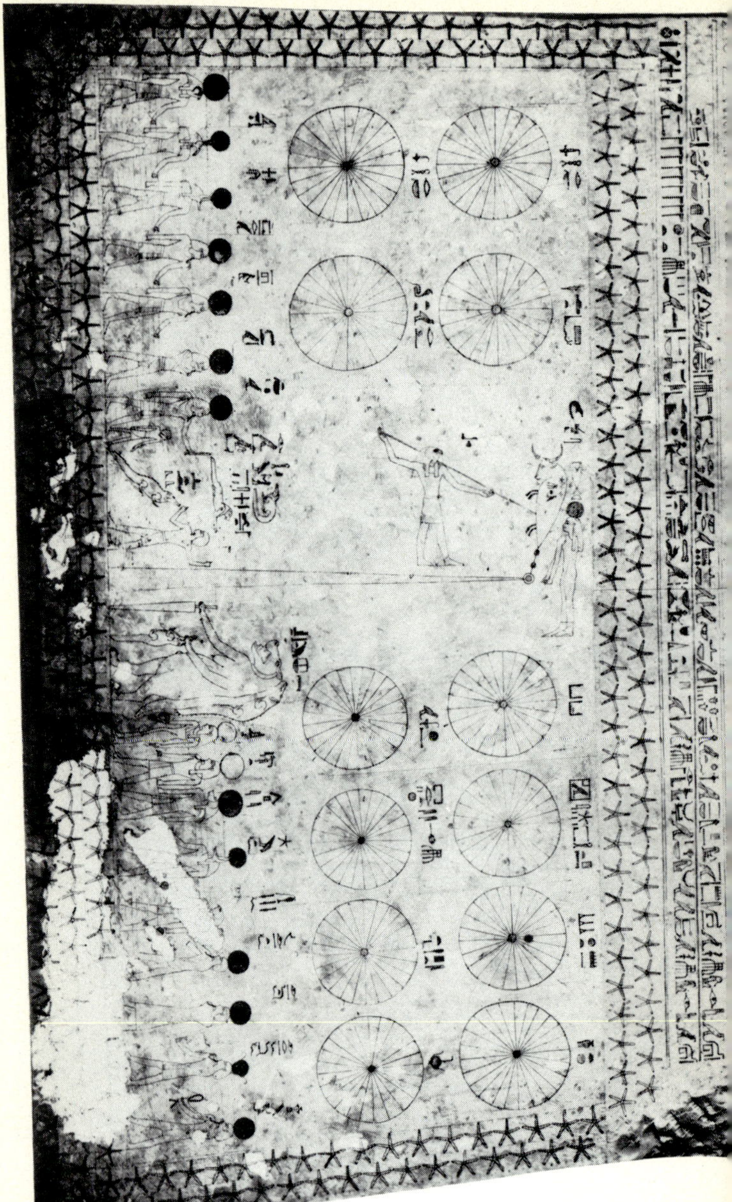

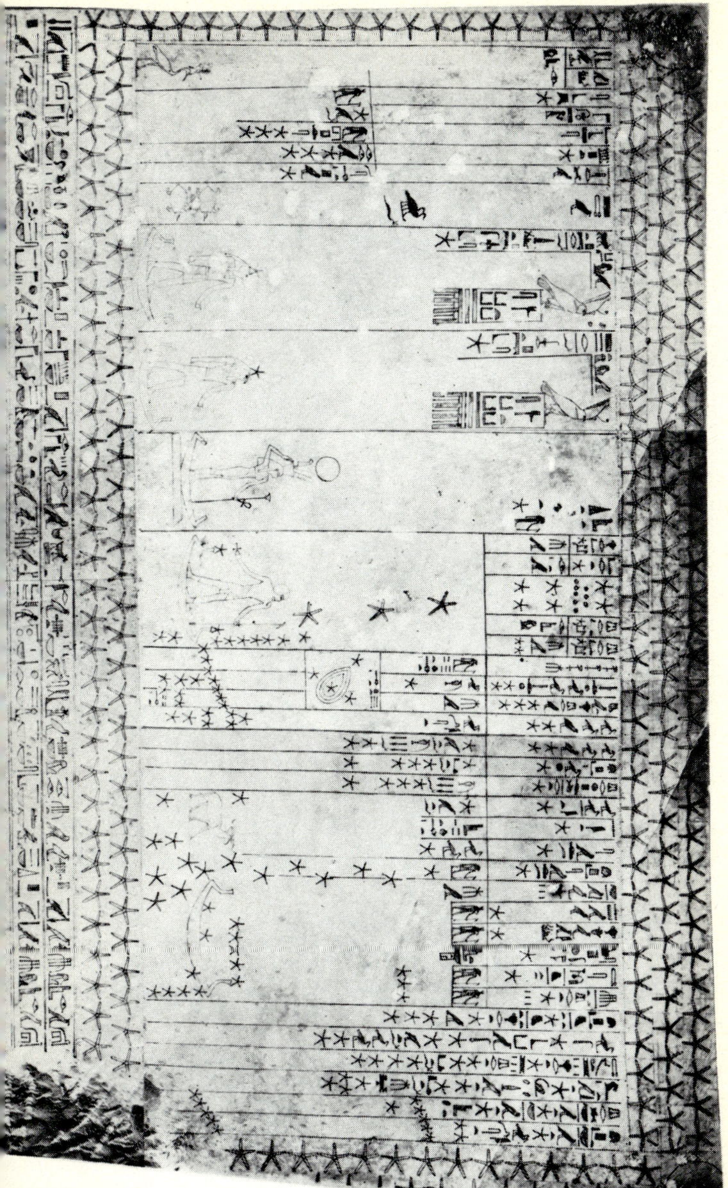

Der Stern von Bethlehem;
Gemälde von Albrecht Altdorfer (um 1480–1538).

vorangegangene Doppelseite:
Altägyptischer Festkalender mit Darstellungen der Sternengötter.
Heiligenscheine und Strahlenkränze sind seit dem Altertum
Attribute der Mächte des Himmels.

Der Widder

Als Frühlingszeichen versinnbildlicht der Widder Aufbruch, Lebenskraft und Unrast. Menschen mit dem Widder als Sonnenzeichen gelten – den Astrologen – entsprechend als kräftig, energisch, entschieden, kämpferisch und stark nach außen gekehrt. Ein solcher »Widder« war der deutsche Reichskanzler Bismarck, dessen Gestaltungswille und Durchsetzungsvermögen bekanntlich die Politik seiner Zeit entscheidend prägten. Auch die dem Widder zugeschriebenen negativen Eigenschaften, nämlich Ungeduld und Jähzorn, wurden bei Bismarck deutlich, wie eine Anekdote über den jungen Bismarck zeigt. Bismarck suchte seinen Vorgesetzten auf, um Urlaub zu erhalten:

> »Nach einstündigem Warten wurde er vorgelassen. Der Chef stand drinnen am Fenster und trommelte an den Scheiben. Bismarck, nicht faul, tritt an ein anderes Fenster und beginnt gleichfalls zu trommeln. Den Dessauer Marsch, erst leise, dann lauter und kräftiger. Der Chef fährt zornig herum: ›Was wünschen Sie?‹ – ›Als ich eintrat‹, versetzte Bismarck, ›hatte ich den Wunsch, mir einen Urlaub zu erbitten. Jetzt bitte ich um meinen Abschied!‹ Sprach's, verbeugte sich und ließ den Präsidenten stehen. Damit war seine juristische Laufbahn zu Ende. Er war nur ein paar Wochen im Amt gewesen. Ähnliche rasche Reaktionen haben sich später noch öfter wiederholt.«[50]

Der kämpferische Grundzug des Widders tritt im Leben des »eisernen Kanzlers« auch sonst hervor, das neben drei Kriegen zahllose andere Auseinandersetzungen brachte – vom Streit mit den verschiedensten Parteien des Reichstages, über den »Kulturkampf« mit der katholischen Kirche bis zum Streit mit seinem Kaiser, der 1890 zu seiner Entlassung führte. – Die Astrologen präsentieren ihren Kritikern eine stattliche Liste ähnlich prominenter »Widder«, darunter so bekannte Persönlichkeiten wie Karl den Großen, der in seiner langen Regierungszeit kaum ein Jahr ohne Feldzüge vergehen ließ (von denen er nur ganz wenige verlor).

Wie ihre Vorgänger beachten auch die modernen Sterndeuter die Geburtsbilder von »Kollektivwesen«, also von Staaten und Staatenbündnissen. Dort gibt es – nach Meinung der Astrologen – ebenfalls »Widder«. So standen bei Gründung der NATO, des Militärpaktes der Nordatlantikstaaten, die Sonne, der Merkur, die Venus, der Mars und andere Zeichen im Widder.

Die Zweifler und Gegner wenden freilich ein: Kampf und Auseinandersetzung, Energie und Gestaltungswille spielen im Leben vie-

ler Prominenter eine Rolle, sind vielfach geradezu die Voraussetzung für das Bekanntwerden. Ihnen antworten die Astrologen: Die Erfahrung lehrt, daß eine *besondere Betonung* mit der schwerpunktmäßigen Besetzung bestimmter Tierkreiszeichen einhergeht.
Und man muß zugeben: Nicht jeder Staatsmann ist energisch und ungeduldig, viele sind Zauderer, die abwarten wollen und können; nicht jeder prominente Künstler ist kämpferisch und rastlos – die, in deren Geburtsbild der Widder betont ist, waren oder sind es. Etwa der Maler, Bildhauer und Erfinder Leonardo da Vinci, dessen Leben eine Folge von Kämpfen und Umbrüchen gewesen ist. Seine vorwärtsdrängende Art fand in seinen naturwissenschaftlichen Experimenten Ausdruck – und seine Angriffslust in seinen bissigen Karikaturen (ähnlich wie in dem zeichnerischen Werk eines anderen bekannten Widders, des Deutschen Wilhelm Busch).
Leonardo da Vinci hat den Widder nicht nur vorgelebt, sondern selbst die Richtigkeit der astrologischen Versuche, Menschen anhand ihres Geburtsbildes zu »typischen« Gruppen zusammenzufassen, empfunden: So stellt sein bekanntes Abendmahlsbild die Jünger Christi als Verkörperungen der zwölf Tierkreiszeichen dar. Auch äußerlich entsprach der kräftige italienische Maler (der zum Zeitvertreib Hufeisen verbog) dem astrologischen Widder.
Dagegen wenden die Gegner ein, daß solche Beispiele eigens herausgesuchte Zufälle sind, die nichts beweisen.

Der Stier

Haben und Halten sind die Stichworte für dieses Zeichen. Beständigkeit, Ausdauer und Geduld sollen den Stier im Gegensatz zum Widder kennzeichnen. Begünstigt wird durch diese Eigenschaften der Erfolg im Wirtschafts- und Erwerbsleben. Die Sonne und Planeten im Stier finden sich in den Horoskopen des Verlegers Axel Springer, des ehemaligen Wirtschaftsministers Karl Schiller oder des einstigen Unternehmerpräsidenten Hanns-Martin Schleyer.
Eine ungewöhnlich starke Betonung des Stierzeichens zeigt sich bei dem deutschen Philosophen Immanuel Kant, der neben der Sonne, dem Merkur und Neptun auch den äußerst wichtigen Aufgangspunkt im Stier hatte. Über Kants Wesenszüge bemerkt sein Biograph U. Schultz unter anderem:

> »Kant, dem von Geburt nicht wirtschaftliche Unabhängigkeit zugefallen war, erreichte durch Ausdauer und Anstrengung die-

ses Ziel ... Unabhängigkeit von jedermann war das Fundament, auf dem sein inneres Glücksgefühl erwuchs, ein Gefühl der Freiheit und Rechtschaffenheit, das allein möglich wurde durch Sparsamkeit und Regelmäßigkeit, mit denen er seine ökonomischen Verhältnisse in Ordnung hielt.«[51]

Im Leben und Denken von Karl Marx (Sonne und Mond im Stier) erhielt die materielle Welt in allen ihren Erscheinungen und Beziehungen einen überragenden Platz und wurde zum Kristallisationspunkt seiner Lehre vom »Dialektischen Materialismus«.

Die Schattenseiten des Stierzeichens treten nach astrologischer Auffassung hervor, wenn Hartnäckigkeit in Halsstarrigkeit und Ausdauer in Fanatismus umschlagen. Als ein solcher Stier gilt Adolf Hitler, dessen unbeirrbares Festklammern am einmal für richtig Gehaltenen keiner wirksamen fremden oder eigenen Kontrolle unterlag.

Die Zwillinge

Beweglichkeit und Veränderungsdrang läßt sich als Überschrift für das angeben, was die Astrologen von einem Menschen erwarten, der »zwillingsbetont« ist. Beide Eigenschaften können sich natürlich sehr unterschiedlich äußern, etwa in einer besonderen Vielseitigkeit der Begabungen oder einer Zersplitterung der Interessen, die den Hans Dampf in allen Gassen kennzeichnet.

Veränderungsdrang mag sich in ausgedehnter Reisetätigkeit, in häufigem Wechsel des Wohnortes oder besonderer Aufgeschlossenheit für das Neue schlechthin ausdrücken. In jedem Fall unterscheiden sich diese Charakterzüge von den für die Tierkreiszeichen Stier und Widder angegebenen Beschreibungen.

Der Maler Albrecht Dürer (dessen Zeichnungen zuweilen astrologische Themen gestalten) ist vom Horoskop her ein typischer Zwilling: Sonne, Mond, Venus und Saturn befanden sich bei seiner Geburt in diesem Tierkreiszeichen. Dürers weltanschauliche und künstlerische Aufgeschlossenheit hat in seinem Werk klaren Niederschlag gefunden, das ihn als einen Künstler ausweist, der die auf seinen Studienreisen empfangenen Eindrücke voll aufgenommen und vielen Zeitgenossen weitervermittelt hat.

Ein anderer Vermittler großen Stils war der Schriftsteller Thomas Mann, der ebenfalls Züge des Zwillingstypus in anschaulicher Weise verkörperte.

Gibt es zwillingsbetonte Staaten? Nach astrologischer Auffassung ja. Auch sie sollen eine Gruppe wesensverwandter Gemeinschaften charakterisieren. Die Bundesrepublik Deutschland (Sonne, Merkur, Venus und Uranus in den Zwillingen) gehört ebenso dazu wie die Vereinigten Staaten von Amerika, bei denen der Aufgangspunkt und der Uranus in die Zwillinge fallen.

Der Krebs

Der Freiburger Forscher Hans Bender, der dem Thema »Astrologie und Aberglaube« einen nachdenklichen Aufsatz gewidmet hat, schildert darin einen Zuordnungsversuch dreier Horoskope zu drei namentlich bekannten Persönlichkeiten aufgrund der Planetenhäufungen in einzelnen Tierkreiszeichen. Benders Ergebnis entspricht dem hier vorgestellten und ergibt unter anderem, daß im Geburtsbild des französischen Dichters Marcel Proust (Sonne, Merkur, Jupiter und Uranus im Krebs) jene Krebs-Eigenschaften betont sind, die auch in Werk und Wesen dieses Franzosen bestimmend waren: Eine starke Verinnerlichung mit grüblerischen Zügen; eine besonders tiefe familiäre Bindung (bei Proust an die Mutter) und eine von Weltschmerz nicht freie Empfindsamkeit. Ähnliches findet man bei anderen berühmten »Krebsen«, etwa dem Philosophen Rousseau oder dem Dichter Hermann Hesse.
Hans Bender meint in seiner Zusammenfassung:

> »Wenn die Astrologen viele solcher schlagenden Beispiele vorbringen könnten und so dem Einwand zu begegnen vermöchten, daß es sich bei diesen frappierenden Übereinstimmungen um ein Spiel des Zufalls handelt, könnten sie ihre Position sehr verbessern. Man muß ihnen zugestehen, daß sie in der Tat viel Material vorlegen, doch fehlt meistens eine überzeugende statistische Bearbeitung.«[52]

Stichproben bei krebsbetonten Politikern zeigen ebenfalls häufig eine betonte Verwurzelung im familiären oder heimatlichen Bereich (wie bei Walter Scheel) oder eine aus Verletzlichkeit gespeiste Reizbarkeit (so bei Herbert Wehner).

Der Löwe

Wie sein Namensvetter im Tierreich gilt der Löwe in der Astrologie als selbstbewußt und anspruchsvoll. Der Drang nach Macht und Erfolg drückt sich im Geburtsbild und Leben des Autokönigs Henry Ford I. besonders klar aus. Als Paradebeispiel dafür, was die Sterndeuter meinen, kann aber kein Geringerer als Napoleon Bonaparte dienen, dessen Ehrgeiz (und Glück) ihn vom namenlosen Offizier der französischen Revolutionsarmee zum Kaiser halb Europas aufsteigen ließen.

Napoleons Charakter wies auch andere Züge des Löwen auf, der als großmütig gilt, nicht nur nimmt, sondern ebenso gern gibt: Ehren, Fürstentümer, ganze Königreiche. (Im Leben weniger prominenter Löwen gilt dies natürlich alles ein paar Nummern kleiner.) Neben Großzügigkeit auch Nachsicht: Napoleons Verständnis für die kleinen und großen Schwächen seiner Verwandten und Untergebenen kostete ihn vielleicht den Thron, weil die von diesen beherrschten europäischen Verbündeten weniger nachsichtig urteilten. Napoleons Großmut während seiner zweiten Herrschaft der »Hundert Tage vor Waterloo« gegenüber seinen (recht undankbaren) Generälen und Marschällen ist in die Geschichtsbücher eingegangen.

Die Schattenseiten des Löwetypus sehen etwas anders aus und wurden ziemlich vollständig verkörpert durch den italienischen Diktator Benito Mussolini: Selbstüberschätzung statt Selbstbewußtsein, Imponiergehabe statt tatkräftigem Handeln und eine drollige Zurschaustellung all dessen, was man gern hätte (aber nicht hat).

Die Jungfrau

Die »Jungfrau« versinnbildlicht wieder einen verinnerlichten Menschenschlag, bei dem sich Sorgfalt, Ordnungssinn und eine überdurchschnittliche Beobachtungsgabe mit einer gewissen Scheu und Zurückhaltung verbinden. Bedächtigkeit kommt hinzu. Das Bild des Uhrmachers wird von den Astrologen gern als Illustration gebraucht, um diese Mischung aus Sinn für das Detail und betonter Ruhe anschaulich zu machen. Das Staatshoroskop der Schweizer Eidgenossenschaft (in dem die Sonne mit mehreren Planeten das Zeichen der Jungfrau besetzt hält) verdeutlicht auf der kollektiven Ebene, was gemeint ist.

Genauigkeit, eine gewisse Vorsicht und die im allgemeinen entwickelte Fähigkeit, gut rechnen zu können, überlagern mitunter eine verhaltene Romantik, die sich zum Beispiel in Liebe zur Natur oder zur Welt der Bücher äußern kann.

In den ungünstigeren Fällen macht dem Betreffenden Sprödigkeit (vielleicht nur von den anderen als kühl empfundenes Verhalten) den Umgang mit Menschen schwer. Dann ist die Gefahr vorhanden, daß Vorsicht in Mißtrauen und Rechnen in Berechnen umschlagen. Diese Schattenseiten hat Fritz Riemann in seiner »Lebenshilfe Astrologie« folgendermaßen zusammengefaßt:

»Der Mensch ist hier sehr störbar durch Kleinigkeiten . . . Im mitmenschlichen Kontakt ist er eher zurückhaltend und reserviert, aber zuverlässig und verständnisvoll, solange man ihm nichts zumutet, was seine nicht sehr weit gesteckte Toleranzgrenze überschreitet – dann verschanzt er sich hinter einer Sachlichkeit, die ihn emotional unerreichbar macht, oder er argumentiert mit ›Beweisen‹, die sich an irgendein Detail hängen und das eigentliche Problem rechthaberisch übersehen.«[53]

Im Geburtsbild des Malers Caspar David Friedrich betonen Sonne, Mond und mehrere Planeten das Zeichen Jungfrau. Seine Werke drücken das aus, was den Astrologen als Lebensgefühl und Wesensart solcher Menschen gilt. Die Gemälde Friedrichs geben in kühlen Farben Naturlandschaften wieder, in denen Personen nur aus der Entfernung (häufig von hinten) zu sehen sind und unscheinbar wirken inmitten der Bildkompositionen von ernster Feierlichkeit.

Die Waage

Schönheitssinn und Ausgleich, mit anderen Worten die Suche nach Harmonie und Frieden, sind die astrologischen Entsprechungen des Waagezeichens. Die Beispiele in den Deutungsbüchern und die Ergebnisse von Stichproben wirken im allgemeinen nicht sehr überzeugend.

Angenommen, jemand sollte Gemeinsamkeiten zwischen dem Schriftsteller Günter Wallraff und dem Feldmarschall von Hindenburg herausfinden – wer käme darauf, Übereinstimmungen im »friedlichen« Sonnenzeichen Waage zu vermuten, das beide im Geburtsbild haben? Man kann den Sterndeutern freilich zugute halten, daß es auf die Sonne allein nach ihren Regeln nicht ankommt, sondern auf die Gesamtkomposition. In ihr nimmt sowohl bei Wallraff als auch bei dem Reichspräsidenten der nach dem römischen Kriegsgott Mars benannte Planet jeweils eine ganz markante Position ein. Im Falle Wallraffs hält er den der Sonne benachbarten Tierkreisgrad besetzt und »färbt« diese somit nach astrologischer Auffassung entscheidender als das Zeichen Waage.

Dessen weitere Kennzeichen sind: starke Gerechtigkeitsliebe, die Fähigkeit, Kompromisse zu schließen, Geselligkeit und Anpassungsfähigkeit. Das Lebensgefühl des Barock mit seinen beschwingten Formen und freundlichen Farben ist verwandt. Die weibliche Waage beschreibt der Astrologe H. A. Löhlein so:

> »Ein liebenswürdiges, oft herzensgutes, gebildetes und kultiviertes Geschöpf, das neben Gemütstiefe auch Charme, Takt und angeborene gute Kinderstube besitzt.«[54]

Es liegt auf der Hand, daß auch solche Eigenschaften ihre Schattenseiten haben. Die äußere Form mag überbetont werden und zur Oberflächlichkeit verführen. Das Talent, Vor- und Nachteile einer Sache genau abzuwägen, begünstigt nicht eben (manchmal notwendige) rasche Entscheidungen. Von innen kommende Verbindlichkeit erschwert gelegentliches Nein-Sagen-Müssen. Auch mögen der oder die Betreffende sich zu oft auf den eigenen Charme verlassen, um andere zu überzeugen. Beim amerikanischen Präsidenten Jimmy Carter (dessen Sonne in der Waage steht) werden diese Gefahren sicher deutlich.

Selbst astrologische »Mischtypen«, bei denen mehrere Tierkreiszeichen betont sind, lassen einen Waage-Anteil verblüffend häufig erkennen, so Walter Scheel, dessen Sonne zwar im Krebs steht, dessen Aufgangspunkt aber in die Waage fällt und der tatsächlich viele Waage-Kennzeichen aufweist. Ein anderer Mischtyp, der indische Freiheitskämpfer Mahatma Gandhi (mehrere Zeichen im Skorpion, aber die Sonne in der Waage), verkörperte ebenfalls die Ausgeglichenheit, Gerechtigkeitsliebe und Gewaltablehnung des astrologischen Waage-Menschen, daneben aber auch deutlich Kennzeichen des Skorpion.

Der Skorpion

Leidenschaftlicher Einsatz kennzeichnet nach alter Überlieferung den Skorpion. Was immer die Ziele im einzelnen sein mögen, sie werden mit großer Ausdauer, persönlichem Mut und Opferbereitschaft angesteuert und gegen jeden Widerstand durchgekämpft. Eine solche Gefühlsausstattung mag Märtyrer und Helden ebenso hervorbringen wie rachsüchtige und unbelehrbare Zeitgenossen.

Der deutsche Reformator Martin Luther (geb. am 10. 11. 1483) war ein im astrologischen Sinne typischer Skorpion – mit Sonne, Venus, Mars und Saturn in diesem Zeichen. Seine Unbeirrbarkeit (»Hier stehe ich, ich kann nicht anders, Gott helfe mir!«) beeindruckte Freunde wie Feinde. Vermutlich ebenfalls an einem 10. November kam eine Anzahl Jahre nach Luther der berühmte Arzt und Naturforscher Theophrast von Hohenheim, genannt

»Paracelsus«, zur Welt. Paracelsus steht am Beginn der neuzeitlichen Medizin. Wie Luther nicht davor zurückscheute, die päpstliche Bulle gegen ihn öffentlich zu verbrennen, übergab Paracelsus Bücher medizinischer Autoritäten dem Feuer, um gegen die mittelalterliche Medizin mit ihren teilweise schauerlichen Kuren ein Fanal zu setzen.

Getreu seinem Wahlspruch »Es sei keiner eines anderen Knecht, der sein eigener Herr sein kann!« beschritt er eigene Wege und gelangte zu Erkenntnissen und Heilverfahren, die erst lange nach seinem Tode in ihrer vollen Bedeutung erkannt und anerkannt wurden. Auch Überlegungen zur Astrologie spielten im Denken des Paracelsus eine große Rolle.

Auf der Ebene des Durchschnittsmenschen sollen dem Skorpion ebenfalls forschende und opferbereite Naturen entsprechen. Mischformen des Skorpion mit anderen Tierkreiszeichen sollen dessen Eigenheiten jeweils abwandeln. Steht etwa die Sonne im Skorpion, während sich der Aufgangspunkt und der Mond in der Jungfrau befinden, so ist nach astrologischer Lehre mit einem Menschen zu rechnen, bei dem kühle Beobachtungsgabe und leidenschaftlicher Einsatzwille einen spannungsreichen inneren Zwiespalt erzeugen. (Der Journalist und Verleger Rudolf Augstein hat diese Verteilung in seinem Geburtsbild.)

Die negativen Züge des Skorpion verkörperte recht anschaulich der spanische Diktator Franco, bei dem das zähe Beharrungsvermögen des Skorpion Leben und Wesen auf ganz besondere Art prägte. (Franco hatte unter anderem den Aufgangspunkt im Skorpion.)

Unter den Staaten gibt es nach Meinung der Sterndeuter ebenfalls Skorpione, dessen Wesenszüge dann als Kennmarken für den Staatscharakter aufgefaßt werden. Die Sowjetunion ist ein solcher Skorpion.

Der Schütze

Weitendrang ist das Thema des Schützen. Hohe Aufnahmefähigkeit und Vielseitigkeit, aber ebenso die Gefahr der Zersplitterung prägen die Menschen, deren Sonne, Aufgangspunkt oder Mond den Schützen besetzt halten. Eng verwandt ist dieses Zeichen mit den Zwillingen. Fällt im Geburtsbild der Aufgangspunkt in die Zwillinge und die Sonne in den Schützen, so handelt es sich nach astrologischer Auffassung um einen Menschen, in dessen Leben Wechsel und Veränderung eine überragende Rolle spielen.

Dies kann sich beispielsweise in besonderer Reiseliebe, überdurchschnittlich häufigem Wechsel der Interessen oder der Wohnung oder gar in einer Auswanderung kundtun. Der deutsche Dichter Heinrich Heine, bei dem die Sonne im Schützen stand und der Aufgangspunkt in den Zwillingen, führte bekanntlich solch ein ruheloses Leben, bis er schließlich im Pariser Exil verstarb.
Der berühmte Asienforscher Sven Hedin ist ein anderes Beispiel für den reiselustigen Schützen. (Aufgangspunkt, Mond und Jupiter befanden sich bei ihm in diesem Tierkreisabschnitt.) Lebhaftigkeit und Veränderungsdrang sind im Bild des Schützen symbolisiert, das vom griechischen Pferdemenschen, dem Kentauren, abgeleitet ist.
Eine starke Begeisterungsfähigkeit macht den Schützen aufgeschlossen für die unterschiedlichsten Ideale. Das Lebensgefühl strebt nach »Höherem« wie die Baukunst der Gotik. Die Ideale können auch politischer Natur sein; so hat der CDU-Politiker Alfred Dregger die Sonne und den Mond im Schützen. Dregger entspricht auch äußerlich teilweise dem Schütze-Typus, dessen körperliche Kennzeichen der Astrologe Klöckler folgendermaßen zusammengefaßt hat:

> »Nicht selten beobachtet man ausgesprochene Sporttypen, aber auch bei starken pyknischen Einschlägen zeigt sich große körperliche Beweglichkeit und Bewegungsfreude. Gute, würdige, freie Körperhaltung. In der Regel wenig Profil, wenig Hinterkopf (Hochschädel), sehr hohe und breite, sog. ›schöne‹ Stirn.«[55]

Der Steinbock

Einfachheit und Klarheit, Zuverlässigkeit und Härte sind die Eigenschaften des Steinbocks. Für die Erdverbundenheit und Stabilität des Seelengefüges ist die romanische Kirche ein geeignetes Bild. Der Lebensweg des Steinbocks ist häufig von Verzögerungen oder anderen Einschränkungen gekennzeichnet, deren Überwindung besonderen Fleiß und starke Ausdauer erfordert. Der legendär gewordene »lange Marsch« des chinesischen Revolutionärs (und Steinbocks) Mao Tse-tung könnte auch als Überschrift anderer Lebensläufe berühmter Steinböcke gelten.
Der deutsche Bundeskanzler Adenauer, der erst in hohem Alter den Gipfel seiner Laufbahn erreichte und daran gehen konnte, viel früher entwickelte Ideen und Ziele zu verwirklichen, ist ein solches

Beispiel. Über sein an Schwierigkeiten und Rückschlägen reiches Leben äußerte Adenauer selbst:

»Ich bin ursprünglich weich und empfindsam gewesen, aber der Umgang mit den Menschen hat mich hart gemacht.«[56]

An fast der gleichen Stelle wie bei Adenauer stand die Sonne im Geburtsbild des deutschen Kaufmanns und Altertumsforschers Heinrich Schliemann. Aus schwierigsten Verhältnissen kommend arbeitete sich Schliemann durch unermüdlichen Fleiß zu einem der wohlhabendsten Männer Europas empor. Außerdem fand er Zeit, mehr als zwanzig moderne und tote Sprachen zu erlernen sowie intensive archäologische Studien zu treiben, die ihm große Erfolge, aber auch viele Anfeindungen durch Neider und Gegner einbrachten.

Unermüdlichkeit und Härte verbunden mit Neigung zu Klarheit und Schlichtheit prägen viele andere Steinböcke in ähnlicher Weise, unter ihnen sicher auch Bundeskanzler Helmut Schmidt.

Der Wassermann

Das Ungewöhnliche zieht an. Menschen, die sich aus ihrem gewohnten Milieu abheben durch Interessen, Verhaltensweisen, Talente oder Ideen, gelten den Astrologen als typische Wassermänner. Der französische Schriftsteller Jules Verne, der in seinen Romanen Mondreisen, Fernsehen, Laserstrahlen und viele andere Erfindungen vor hundert Jahren vorausahnte, war ein solcher Wassermann.

Das Überraschende und Sensationelle wurde zum Lebensinhalt des Zauberers Kalanag alias Helmut Schreiber, dessen Kunststücke Hunderttausende begeisterten. Bei ihm standen Sonne, Merkur, Venus, Jupiter und Saturn im Wassermann. Das Thema des Ungewöhnlichen spielt die zentrale Rolle im dichterischen Werk von E. T. A. Hoffmann (dessen Sonnenzeichen der Wassermann war). Das gleiche gilt für den Wassermann Carl Spitzweg, des beliebten Malers der Käuze, der selbst nicht frei von kauzigen Zügen war. Sein »Bücherwurm«, »Kakteenfreund« oder »Armer Poet« schmücken als Drucke oder Kopien unzählige Wohnungen.

Im Bereich des Normalbürgers entspricht der Wassermann-Charakter dem ständig pläneschmiedenden, einfallsreichen Zeitgenossen – wobei Ideen und Vorhaben natürlich von höchst unterschiedlicher Qualität sein können.

Unter den gekrönten Häuptern war Friedrich der Große der bekannteste Wassermann. Er unterschied sich ebenfalls deutlich von seinen thronenden Standesgenossen: Der kleine große König, bald selbstherrlicher Despot, bald selbstkritischer Literat, ein Frauenfeind im Rokoko, der reimte und komponierte und seine nähere und fernere Umgebung stets aufs neue zu verblüffen verstand.

Die Fische

Die Fische sind das letzte Zeichen des Tierkreises. Leiden und Mitleiden sind ihr Thema, Inspiration und Phantasie, Zurückgezogenheit und stille Arbeit. Musische Neigungen werden also begünstigt und bedeutende Komponisten wie Frederic Chopin oder Johann Sebastian Bach haben tatsächlich das Fischezeichen im Geburtsbild betont.
Der Schicksalszug des (Mit-)Leidens kann sich im menschlichen Leben natürlich höchst unterschiedlich äußern: In sozialem Engagement, das sich nicht auf Kranke zu beschränken braucht, sondern politisch sein kann wie etwa bei Rosa Luxemburg. Ein berühmter »Fisch« auf literarischem Gebiet war der französische Dichter Victor Hugo, dessen Roman »Die Elenden« in seiner ausgeprägten Sozialkritik das Mitfühlen mit den Schwachen und Leidenden ausdrückt.
Isolation und Leid können selbstverständlich ebenso im Schicksal des fischebetonten Menschen selbst zum Ausdruck kommen, in Krankheit, Gefangenschaft oder Einsamkeit. Der ostdeutsche Regimekritiker und Philosoph Robert Havemann (Sonne und Mond in den Fischen) ist bereits im Dritten Reich seiner politischen Überzeugungen wegen verfolgt worden. Im Zuchthaus Brandenburg (wo unter anderem Erich Honecker einsaß) erleichterte Havemann durch Abhören von Rundfunksendern und Herausgabe einer handgeschriebenen Häftlingszeitung das Los seiner Leidensgenossen.
Havemann entspricht auch äußerlich dem, was die Astrologen von einem Menschen erwarten, in dessen Horoskop das Tierkreiszeichen Fische stark besetzt ist. Besonders die ausdrucksvollen, träumerisch wirkenden Augen sind hier zu nennen.
Ein anderer Träumer war der hochsensible Dichter Hölderlin, der an seiner Umwelt scheiterte.

Überblickt man das Festgestellte, so fällt auf, wie verblüffend genau doch bestimmte Menschentypen in Wesensart und Lebensschicksal durch den astrologischen Tierkreis erfaßt und beschrieben werden können. Einzelne Tierkreisnamen wie Widder, Schütze oder Jungfrau geben die jeweiligen Merkmalsgruppen sehr anschaulich wieder. Bei anderen Namen wie Löwe oder Skorpion stört dagegen, daß sie mit groben Wertungen verbunden sind. Diese sind ja aus der Charakteristik nicht zu rechtfertigen, weil sie der Tatsache Rechnung trägt, daß Gute und Schlechte sich ziemlich gleichmäßig auf alle Zeichen verteilen, und Bösewichter keineswegs das Privileg der Skorpion-Geborenen sind: So war Vlad Dracul, genannt »der Pfähler« (das geschichtliche Vorbild des Grafen Dracula), ein astrologischer Zwilling, während Iwan IV. (der »Schreckliche«) zur Welt kam, als die Sonne im Zeichen Jungfrau stand.

Auf den Sonnenstand allein kommt es in der Sterndeute-*Kunst* (anders als in den Zeitungshoroskopen) allerdings nicht an. Wer im eigenen Bekannten- oder Verwandtenkreis die Probe aufs Exempel macht, wird schnell feststellen, daß Charakteristiken nach dem Sonnenstand in einem Teil der Fälle verblüffend stimmen, bei anderen aber nichts Überzeugendes erbringen und manchmal ganz versagen. Die Astrologen verweisen zur Erklärung darauf, daß ebenso wichtig wie die Sonne der Stand des Mondes, des Aufgangspunktes und der Planeten ist, welche die Aussage des Sonnenzeichens überlagern und völlig in den Hintergrund drängen können.

In vielen astrologischen Deutungsbüchern werden die Tierkreiszeichen mit der Bevorzugung bestimmter Farben verbunden. Der englische Astrologe Palmer bringt folgende Aufstellung:

Widder	–	Rot
Stier	–	Rosa und Hellblau
Zwillinge	–	indifferent, verschiedene Farben
Krebs	–	Grüntöne und Graublau
Löwe	–	Goldgelb, Orange
Jungfrau	–	Marineblau und dunkle Grautöne
Waage	–	Blaßblau und Rosa
Skorpion	–	Dunkelrot und Kastanienbraun
Schütze	–	Purpur, dunkles Königsblau
Steinbock	–	Schwarz, tiefes Dunkelgrün,

		Dunkelgrau, Braun
Wassermann	–	»aufreizendes« Blau
Fische	–	Meergrün[57]

Vergleicht man diese Angaben mit den Tatsachen, stößt man schnell auf Unstimmigkeiten. Die Bevorzugung einzelner Farbtöne hängt deutlich vom Alter des Betreffenden ab und läßt die Aufstellung eines Schemas aussichtslos erscheinen. Kinder und Jugendliche lehnen unabhängig vom Geburtsbild gedeckte Farben ab und bevorzugen helle, freundliche Töne. Diese sind bei einem Achtzigjährigen in aller Regel durch unauffälligere Farben ersetzt.

Dem hier besprochenen europäisch-arabischen Tierkreis steht der chinesische gegenüber, der entschieden anders aufgebaut ist. So gelten etwa alle zwischen dem 16. Februar 1961 und dem 5. Februar 1962 im »Jahr des Büffels« geborenen Kinder als »Büffelmenschen«, über die es heißt:

> »Büffelmenschen haben es gerne, wenn sie andere Menschen herumkommandieren können. Äußerlich merkt man es ihnen eigentlich gar nicht an. Sie wirken treuherzig, oft bieder, stehen mit beiden Beinen auf der Erde, zeigen viel Familiensinn, kennen keine Exzesse . . . Aber wehe, wenn sie losgelassen . . . Dann fliegen die Fetzen. Die Wutausbrüche der Büffel sind sozusagen historisch belegbar.«[58]

Die Wutausbrüche des Büffels sind natürlich nicht »historisch belegbar«. Jeder Lehrer weiß vielmehr aus täglicher Erfahrung, daß es nichts Bunteres gibt als die Kinder eines Jahrganges.

Es bleibt die Tatsache, daß der europäisch-arabische Tierkreis in sehr vielen Fällen zu Deutungen führt, die man nicht ganz so einfach vom Tisch wischen kann, wie dies manche Kritiker getan haben.

2. Die Schicksalsmächte

Im vorangegangenen Kapitel wurde dargestellt, wie der astrologische Tierkreis einen Lebens- und Charakterhintergrund skizziert. Mit jedem Tierkreiszeichen sind allerdings günstige und ungünstige Züge verbunden, was die Frage aufwirft, wann die positive Deutung zu wählen ist und wann die negative. Es genügt ja nicht, dies nachträglich festzustellen, da die Sterndeutung beansprucht, *vorher* zutreffende Aussagen machen zu können.

Antwort darauf soll die Verteilung der Planeten am Himmel zum Zeitpunkt der Geburt geben. Die Planeten galten im Altertum als Sterndämonen, die den Willen der Götter signalisierten. Sie wurden auch als »Angeloi« (»Boten«) bezeichnet; daher stammt unser Wort »Engel«. In der Antike und im Mittelalter kannte man sieben solcher Engel:

Sonne
Mond
Merkur
Venus
Mars
Jupiter
Saturn

Inzwischen sind die später entdeckten Planeten Uranus, Neptun und Pluto hinzugekommen. Ihre Bewegungen werden ebenfalls auf das irdische Geschehen bezogen. Die Position, die sie in der Geburtsminute eines Menschen einnehmen, ergeben ein Mosaik, das der Astrologe deutet, indem er die Färbung der einzelnen Himmelskörper durch ihr jeweiliges Tierkreiszeichen untersucht und dann die Abstände der Planeten im Tierkreis mißt.
Halten zwei Planeten denselben Tierkreisgrad besetzt (oder zwei dicht benachbarte Stellen), so spricht man von einer *Konjunktion* (»Verbindung«). Die Konjunktion gilt als gut oder schlecht je nach der »Natur« der beteiligten Gestirne.
Ein *Trigon* (Abstand von rund 120 Grad) zwischen zwei Planeten ist harmonisch und bedeutet: *Förderung, Erfolg, Einklang.* Das gleiche ist – in schwächerem Maße – beim *Sextil* (60 Grad Abstand) der Fall.
Als ungünstig werden das *Quadrat* (90 Grad Winkel) und die *Opposition* (Entfernung von 180 Grad) angesehen. Die Opposition steht für eine starke *Spannung*, einen *Gegensatz*, das Quadrat für eine *Hemmung* oder einen *Fehlschlag.*
Beachtet werden ebenso die Winkel der Planeten zum Aufgangspunkt, also jenem Tierkreisgrad, der in der Geburtsminute aufstieg und wichtige Wesenszüge des jeweiligen Menschen signalisieren soll. Fast ebenso bedeutsam wie der Aufgangspunkt ist die *»Himmelsmitte«*, der höchste Punkt am Himmel zum Zeitpunkt der Geburt. Die Himmelsmitte hat die Bedeutung »äußerer Erfolg, Ansehen, Beruf«. Um zwölf Uhr mittags Ortszeit steht an ihrer Stelle die Sonne und verheißt nach alter astrologischer Regel (berufliche) Anerkennungen und Ehren.

Hier nun einige Beispiele zur Illustration des Gesagten:

Die Sonne

Als Lebensspender und -erhalter ist die Sonne im Geburtsbild von zentraler Wichtigkeit. An derselben Stelle wie die Himmelsmitte (die Kennmarke für den beruflichen Erfolg) stand sie im Horoskop des Dichterfürsten Goethe. Ein (günstiges) Trigon zur Himmelsmitte warf die Sonne im Geburtsbild des Komponisten Wolfgang Amadeus Mozart. Als ähnlich vorteilhaft gilt ihre Position am Aufgangspunkt, wo sie sich beispielsweise bei der Geburt des Präsidenten von (National-)China Tschiang Kai-scheck befand. Bei ungünstigen Winkeln dieser Punkte oder der Planeten zur Sonne sollen sich Minderungen und Einschränkungen des Lebenserfolges oder der Gesundheit ergeben. (Ein gradgenaues – und ungünstiges – Quadrat der Sonne zur Himmelsmitte entdeckt man etwa im Kosmogramm des CDU-Politikers Helmut Kohl.)

Im weiblichen Geburtsbild ist die Sonne nicht nur Kennmarke des eigenen Lebens, sondern ebenso maßgeblich für das Verhältnis zu männlichen Personen wie dem Vater oder dem Ehepartner. Interessant ist diese Deutung insofern, weil sie den gleichen prägenden Einfluß des Vatererlebnisses für die spätere Partnerwahl der Frau voraussetzt, wie die moderne Psychologie dies tut.

Bei Staatshoroskopen schließt man aus dem Stand der Sonne auf die Gesundheit, die Lebenskraft und den Machtwillen des jeweiligen Staatswesens. Hier symbolisiert die Sonne an der Himmelsmitte also ein Land, das bei den eigenen Bürgern und im Ausland gleichermaßen angesehen ist, dessen Wirtschaftsleben gut funktioniert und das im internationalen Chor selbstbewußt und gelassen auftritt. Das Königreich der Niederlande, das am 2. Dezember 1813 als selbständiger Staat wiedererstand, erfüllt alle diese Voraussetzungen. In seinem Gründungshoroskop halten Sonne und Himmelsmitte gemeinsam den zehnten Grad des Schützen besetzt.

Der Mond

Wandel und Wechsel verkörpert der ständig sein Aussehen verändernde Mond. Er stellt das »weibliche Prinzip« mit all seinen Erscheinungsformen dar: die Mutter oder die Ehefrau des Horoskopeigners, daneben »weibliche« Eigenschaften wie Intuition, Phantasie und seelische Anpassungsfähigkeit.

Im Gegensatz zur gestaltenden Sonne steht der Mond für passive Schichten der Persönlichkeit, für unbewußte Empfindungen und Eindrücke.

Das Verhältnis zwischen Sonne und Mond im Geburtsbild soll dem zwischen Mann und Frau im Leben entsprechen. Eine Opposition (Abstand von 180 Grad) signalisiert Spannungen, Enttäuschungen und Gegensätze im Verhältnis der Geschlechter. Goethe, dessen spannungsreiches, von jähen Umbrüchen gekennzeichnetes Verhältnis zu Frauen bekannt ist, hatte diese Konstellation. Er selbst hat darüber in seinem Werk »Dichtung und Wahrheit« berichtet und auch sonst, wie erwähnt, allerlei Besinnliches zum Thema Astrologie geäußert.

An der Himmelsmitte oder ihr benachbart soll der Mond starke Wandlungen im Berufsleben ankündigen oder eine Tätigkeit, die mit viel Veränderung verbunden ist. (Der Mond ist auch Reisezeichen.) Diese direkte Verknüpfung zwischen Mond und Himmelsmitte hatte der Dichter Heinrich von Kleist, der viele weiche, »feminine« Züge aufwies.

Am Aufgangspunkt oder in dessen Nähe findet sich der Mond bemerkenswert oft bei Personen, in deren Leben die Mutter eine besondere Rolle spielt. Richtiges »Gespür« für berufliche Gelegenheiten soll der Mond im günstigen Trigon zu Aufgangspunkt oder Himmelsmitte markieren. Die deutschen Kanzler Otto von Bismarck und Konrad Adenauer hatten dieses Zeichen.

Aus der Stellung des Mondes in Staatshoroskopen wird auf die Situation der breiten Bevölkerungsmehrheit geschlossen. Ihr Wohlergehen wird aus den Winkeln abgelesen, welche die Planeten zum Mond bilden. Sind diese sehr schlecht, dann wird ein entsprechend ungünstiges Gesamtschicksal des jeweiligen Volkes erwartet. Dies trifft etwa auf das faschistische Italien und die Sowjetunion zu.

Der Merkur

Merkur, der »Götterbote«, Schutzherr der Kaufleute und Wanderer, bezeichnet im Geburtsbild Verbindungen, Nachrichten und das Denkvermögen. Er kann zusammen mit der Sonne nur die Konjunktion bilden. Diese gilt als Kennmarke für eine gute Intelligenz, wenn Merkur nicht näher als drei Grad bei der Sonne steht. Andernfalls kreist angeblich das Denken (Merkur) *zu sehr* um die eigene Person (Sonne). Die alten Astrologen mit ihrer barocken Bildersprache nannten Merkur dann »verbrannt«.

Am Aufgangspunkt oder der Himmelsmitte kennzeichnet Merkur den Betreffenden als mitteilungsfreudig, rede- oder schreibgewandt. (Wilhelm Busch hatte Merkur am Aufgangspunkt.) Ähnliches gilt, wenn Merkur im Abstand von rund 120 Grad von diesen Punkten im Geburtsbild entfernt steht. Ein solches Trigon zur Himmelsmitte nahm Merkur beispielsweise bei der Geburt des Dichters Hermann Hesse ein. Ein (ungünstiges) Quadrat zur Himmelsmitte zeigt Merkur im Horoskop des SED-Chefs Erich Honecker (dessen rednerische Auftritte dem entsprechen, was die Astrologen in einem solchen Fall erwarten).
Das Verhältnis zwischen Mond und Merkur soll die Beziehung zwischen seelischem Empfinden und Verstand markieren. Horoskopeigner mit schlechten Mond-Merkur-Winkeln gelten nicht als dumm, wohl aber als unausgeglichen und unzuverlässig. Da beide Gestirne »Reisezeichen« sind, symbolisieren ihre Verbindungen auch Verkehrstüchtigkeit, Urlaubsgeschehen und verwandte Gebiete.
Merkur-»Kinder« sind: Kaufleute, Wissenschaftler, Schriftsteller, Journalisten, Verkehrsunternehmer und Vermittler jeder Art (vom Postboten bis zum Nachrichtensprecher). Bei all diesen Gruppen erwarten die Sterndeuter »starke« (genaue und wichtige) Winkel des Merkur zu anderen Zeichen des Kosmogramms. Merkur soll außerdem deutlich von dem Tierkreiszeichen geprägt werden, in dem er sich am Geburtstag aufhielt. Merkur in der Waage signalisiert nach den Worten des Astrologen Klöckler folgendes:

> »Rasch auffassender, leicht verarbeitender, beweglich ausgleichender Intellekt, der Form und Inhalt, Tatsachen und Ideen zu verbinden trachtet und oft von einer gewissen Gefühlswärme belebt erscheint.«[59]

Diese Kombination hat unter anderem der DDR-Politiker Horst Sindermann (dem die genannten Qualitäten tatsächlich nachgesagt werden).
In den »Geburtsbildern« von Staaten ist Merkur zuständig für Nachrichten- und Schulwesen sowie für Art und Erfolgsaussichten der Handelsunternehmungen. Bei der Bundesrepublik Deutschland steht Merkur im günstigen Abstand von 120 Grad vom Aufgangspunkt.

Die Venus

Das »kleine Glück« der antiken Sterndeuter ist Symbol für Zufriedenheit, Schönheit und Liebesangelegenheiten. Der Astrologe von

Xylander gibt weitere Erläuterungen:

»Der äußeren Gestalt des Körpers gibt Venus anmutige Proportionen und weiche Rundungen. Im Inneren regelt sie das Zusammenspiel der Funktionen so, daß alles ruhig und harmonisch aufeinander abgestimmt ist. Sie prüft, was dem Körper zuträglich ist und sondert das Fremde, Unwillkommene ab. Darum werden unter den Sinnen besonders die ›Nahsinne‹ – Geschmack, Geruch und Tastsinn – der Venus zugeordnet, so wie ihr auch die Tätigkeit der Nieren und mancher Drüsen entspricht. Von ›Geschmack‹ spricht man noch in einer anderen Bedeutung und meint dann eine Fähigkeit des Wertens nach ästhetischen Maßstäben. Im Venus-Bereich gelten ja nicht strenge, objektive Gesetze, sondern es entscheidet das eigene Empfinden für das Harmonische und ›Passende‹. Man urteilt nach Sympathie und Antipathie, nach schön und häßlich.«[60]

Am Aufgangspunkt verleiht Venus nach überlieferter Regel Liebenswürdigkeit im Auftreten sowie ein heiteres, geselliges Wesen. Der CDU-Politiker Helmut Kohl hat diese Kombination. Eine besondere künstlerische Veranlagung soll von der Verbindung der Venus mit Sonne oder Mond ausgehen können. (Der Maler Albrecht Dürer hatte in seinem Kosmogramm Venus und Mond dicht beieinander stehen, in 21 beziehungsweise 24 Grad Zwillinge.)

Venus bezeichnet im Horoskop daneben die jüngere Frau, das Mädchen, die Schwester, Tochter, Enkelin, auch die Verlobte, des weiteren alle Berufsgruppen, die das Leben verschönen: Schauspieler, Künstler und so weiter. Spannungsreiche Venus-Winkel stehen im Charakterbild für Eitelkeit und Verschwendungssucht; für das Schicksal bedeuten sie ein Liebesleben voller Probleme und Enttäuschungen.

In den Staatshoroskopen wird durch Venus das Ansehen und die Geltung künstlerischen Schaffens markiert. Venus soll den Staatscharakter ebenso wie menschliche Wesenszüge in vorteilhaftem Sinn »beeinflussen«. Eine direkte Verbindung (»Konjunktion«) zwischen Sonne und Venus zeigt das Kosmogramm der gastlichen Republik Österreich.

Der Mars

Den Sterndeutern des Altertums galt der unruhig am Himmel hin- und herziehende »rote Planet« als Sendbote für blutigen Krieg und Feuersbrunst. Die neuzeitlichen Astrologen betonen

hingegen den Mars als Symbol nicht nur der zerstörenden, sondern ebenso der aufbauenden Energie. Wille, Kraft und Mut stehen also neben Schärfe, Kampf und Gewalt.
In ungünstigen Verbindungen mit lebenswichtigen Faktoren wie Sonne, Aufgangspunkt oder Mond bezeichnet der Rotfunkelnde einen Menschen, der verletzt oder selbst verletzt wird. Zusammen mit der Sonne steht Mars im Geburtsbild des Politikers Herbert Wehner. Der gleichen Konstellation beim Schriftsteller Günter Wallraff entspricht ein ähnlich kämpferisches Wesen und ein Leben weit überdurchschnittlicher Konflikte und Auseinandersetzungen.
Im körperlichen Bereich gilt Mars als Kennmarke für Entzündungen, Unfälle und andere Verletzungen. Im (ungünstigen) Quadrat zur Sonne stand er im Geburtsbild Abraham Lincolns, dessen Präsidentschaft abrupt durch ein Attentat beendet wurde. Der Hellseher Hanussen (Mars an der Sonne) wurde unter mysteriösen Umständen ermordet. Als angebliche Spionin hingerichtet wurde im Ersten Weltkrieg die Tänzerin Mata Hari, in deren Kosmogramm Mars und Sonne gleichfalls benachbart waren.
Am Aufgangspunkt hatte der englische Admiral Nelson den Mars. Er fiel 1805 in der Seeschlacht von Trafalgar, nachdem er schon zuvor ein Auge und den rechten Arm eingebüßt hatte. Im vorteilhaften Trigon zum Aufgangspunkt befand sich Mars beim deutschen Feldmarschall von Hindenburg, dessen Feldherrnkunst ihn beim Volk so beliebt machte, daß er zweimal zum Präsidenten der Weimarer Republik gewählt wurde.
Die klarste Entsprechung zum beruflichen Erfolg schreiben die Sterndeuter freilich der Beziehung Mars – Himmelsmitte zu. Eine (negative) Opposition zwischen beiden Zeichen entdeckt man bei Oscar Wilde, dem englischen Dichter, der nach einem Rechtsstreit ins Zuchthaus kam, später ins Exil getrieben wurde und dort verbittert starb. Ein hilfreiches Trigon zwischen Mars und Himmelsmitte hat hingegen der tatkräftige und forsche deutsche Bundeskanzler Helmut Schmidt vorzuweisen.
Die direkte Verbindung (Konjunktion) zwischen Mars und Merkur gilt im allgemeinen als negativ; sie soll Schärfe und Härte in Gedanken und Rede signalisieren. (Der ostdeutsche Staatschef Walter Ulbricht hatte diese Kombination.) Mars-Venus-Winkel werden unterschiedlich interpretiert. Sie können eine Übersteigerung der Triebe (auch des Machttriebes) andeuten oder – zum Beispiel – »Liebe« (Venus) zu Kampf und Militär (Mars). Bei der

Geburt Adolf Hitlers war eine Konjunktion beider Planeten fällig.
Mars-»Kinder« sind für die Astrologen Sportler, Soldaten, Jäger, aber auch Ärzte und Chirurgen.
Staatshoroskope mit Mars in wichtigen (möglichst exakten) Winkelbeziehungen zu anderen Zeichen sollen oft Länder kennzeichnen, in denen das Militär einen besonderen Platz einnimmt – sei es zum Wohle oder zum Schaden des Gemeinwesens. Negative Marswinkel wies das Gründungsbild des deutschen Kaiserreiches auf, das als Folge des Ersten Weltkrieges aufhörte zu bestehen. Günstige Mars-Beziehungen sieht man hingegen im Kosmogramm des Staates Israel.

Der Jupiter

Die gemessenen, gravitätisch wirkenden Bewegungen dieses Planeten sowie sein heller Glanz brachten schon in der Frühzeit viele Völker darauf, ihn für ein »wohltätiges« Gestirn zu halten. Die Römer nannten ihn das »Große Glück«. Jupiter ist Sinnbild für Fortschritt und Expansion, meist im positiven Sinne von Erfolg und Gewinn.
Am Aufgangspunkt findet er sich bei Arthur Conan Doyle, jenes Schriftstellers, der die weltbekannte Figur des Detektivs Sherlock Holmes erschuf. Eine Konjunktion zwischen Jupiter und Himmelsmitte zeigt sich im Geburtsbild von Joseph Haydn, des großen Komponisten und Musikers. Das Trigon zwischen Sonne und Jupiter gilt den Astrologen seit jeher als »Berühmtheits-Aspekt« schlechthin. Ein solches Trigon war exakt fällig, als am 6. Oktober 1914 der berühmte norwegische Forscher und Floßfahrer Thor Heyerdahl geboren wurde.
Die günstigen Verbindungen zwischen Mond und Jupiter sind nach astrologischer Auffassung für die Beliebtheit von Politikern ausschlaggebend und bedeuten Erfolg (Jupiter) beim Volk (Mond). Eine enge Konjunktion zwischen beiden Gestirnen weist das Horoskop des (ehemals) »geliebten Führers« und »größten Feldherrn aller Zeiten« Adolf Hitler auf. Die gleiche Konstellation hatte Eva Peron, die erste Frau des einstigen argentinischen Diktators, die in der Bevölkerung Argentiniens noch heute wie eine Heilige verehrt wird.
In ungünstigen Winkeln symbolisiert Jupiter oft Konflikte mit Autoritäten oder dem Staat schlechthin. Der chinesische Revolutionär Mao Tse-tung hatte Mars und Jupiter in gradgenauer Oppo-

sition gegenüberstehen. Sein Kampf (Mars) gegen Obrigkeiten (Jupiter) dauerte nach seinem Sieg im Bürgerkrieg weiter an und führte 1966 zur chinesischen Kulturrevolution.
Folgerichtig steht für die Astrologen Jupiter in den Kosmogrammen von Staaten für die Regierungsspitze, die Justiz und Obrigkeit einschließlich des gesamten Verwaltungsapparates. Als jupiterbetonte Menschen werden neben den entsprechenden soziologischen Gruppen Bankiers, Geistliche und Erfolgreiche jeder Art angesehen.

Der Saturn

Der Ringplanet Saturn war bis 1781 der äußerste bekannte Himmelskörper des Sonnensystems. Er war und ist Abbild für Begrenzung, Selbstbeschränkung und Konzentration. Behinderungen, Verzögerungen, Einschränkungen, Trennungen und Verluste wurden ihm in Altertum und Mittelalter zugeschrieben, wo er als das »Große Unglück« galt. In einem mittelalterlichen Knittelvers werden die »Saturnkinder« bezeichnet als »haarig, nervig, alt und kalt; hinkend, stinkend, ungestalt«.

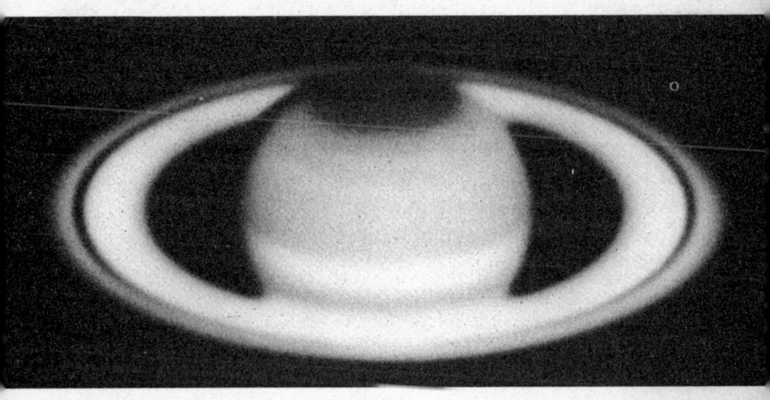

Bis vor etwa 200 Jahren war der Saturn der langsamste bekannte Planet des Sonnensystems.
Der von einem Ring aus Gesteinstrümmern umgebene Himmelskörper symbolisiert für die Sterndeuter noch heute
Beschränkungen und Verzögerungen, aber auch Ausdauer und Konzentration.

Die Astrologen der Gegenwart betrachten Saturn und seine Entsprechungen allerdings wesentlich differenzierter und nennen an positiven Gegenkräften: Ernsthaftigkeit, Ausdauer, Zuverlässigkeit, Klarheit und Konzentration auf das Wesentliche. Dies trägt der Tatsache Rechnung, daß »saturnbetonte« Menschen zuweilen einen beachtlichen, wenn auch besonders schwer erkämpften Lebenserfolg vorzuweisen haben. Sonne-Saturn-Verbindungen findet man etwa beim ehemaligen englischen Premier Heath, beim österreichischen Kanzler Kreisky oder beim DDR-Chef Erich Honecker genauso wie beim Filmschauspieler Richard Burton.
Ein bißchen ist Saturn aber doch der »Schwarze Engel« geblieben. Den Menschen, deren Geburtsbild er durch wichtige Winkelverbindungen »beherrscht«, soll er einen grüblerischen Einschlag verleihen. Daneben soll er den Einsatz für jene begünstigen, die nach wie vor als »Saturnkinder« gelten: die Armen, Kranken und Ausgestoßenen. Am Aufgangspunkt stand Saturn bei der Geburt des sozialkritischen Malers Heinrich Zille, dessen Volkstümlichkeit bis heute ungebrochen ist. Als »saturnisch« läßt sich auch die Kunst der engagierten Graphikerin Käthe Kollwitz charakterisieren. In ihrem Horoskop bildete Saturn ein Trigon zur Sonne. Der indische Kämpfer für Freiheit und soziale Gerechtigkeit, Mahatma Gandhi, hatte Saturn wiederum am Aufgangspunkt.
Als eindeutig negativ wird Saturn in der Nähe der Himmelsmitte beurteilt. Dort soll er beruflichen Erfolg zwar nicht grundsätzlich verneinen, aber die Gefahr eines tiefen Sturzes signalisieren. Napoleon Bonaparte hatte diese Saturnstellung. Sie findet sich allerdings auch im Kosmogramm der englischen Königin Elisabeth II. (und des CDU-Politikers Helmut Kohl).
Im staatlichen Bereich symbolisiert Saturn die Versorgung mit Grundstoffen durch Bergbau und Landwirtschaft, die Lebensverhältnisse der Armen, Alten und Kranken und die Saturn entsprechenden Bereiche des Staatscharakters. In Diktaturen ist nach den Regeln der Sterndeuter auch der Charakter der jeweiligen Staatspartei entscheidend. Beispielsammlungen zur Astrologie versäumen selten hervorzuheben, daß das Gründungshoroskop der NSDAP Saturn in gradgenauer Opposition zu Mars zeigt – was nach alter Tradition auf Brutalität und Grausamkeit weist.

Der Uranus

Uranus wurde 1781 von dem englischen Astronomen Herschel entdeckt (dessen Namen er zunächst erhielt). Viele Astrologen geben ihm Bedeutungen, die dem Zeitalter seiner Entdeckung entsprechen, das gekennzeichnet war durch Aufklärung und technischen Fortschritt, für die Dampfmaschine und Französische Revolution nur Stichworte sind. Umbrüche in Wirtschaft und Gesellschaft, im Leben des einzelnen wie des Staates sollen durch Uranus angekündigt werden.

Entsprechend erwartet man, diesen Planeten in den Geburtsbildern von Entdeckern, Reformern und Revolutionären an wichtiger Stelle vorzufinden. Dies bestätigt sich verblüffend oft bei nachprüfenden Vergleichen. Ungewöhnliche Menschen haben Uranus nicht selten am Aufgangspunkt – so der Komponist Ludwig van Beethoven, der einige seiner bedeutendsten Werke schuf, als er bereits taub wurde.

In Verbindung mit der Himmelsmitte soll Uranus Menschen mit außergewöhnlichen Berufen kennzeichnen. Unter den Prominenten sind die Revolutionäre und Erfinder. Tatsächlich haben diese überraschend häufig Uranus in enger Konjunktion mit der Himmelsmitte (zum Beispiel Lenin) oder in gradgenauem Trigon zu ihr (so Thomas Alva Edison, der König der Erfinder).

Auch erfinderische, fortschrittsfrohe Staaten haben besonders seltene Uranus-Konstellationen in ihrem Geburtsbild. Im Staatshoroskop der USA steht Uranus direkt mit dem Aufgangspunkt zusammen. Japans Kosmogramm zeigt Uranus im günstigen Abstand von 120 Grad sowohl zur Sonne als auch zum Mond. Die drei Gestirne bilden gemeinsam ein den ganzen Tierkreis durchziehendes, gradgenaues »Großes Trigon«.

Gesellschaftliche Gruppen, die durch Uranus symbolisiert werden, sind Techniker, reformerische Kräfte, aber ebenso Aufrührer und Menschen von hysterischem Zuschnitt. Durch Uranus »verletzte« andere Planeten weisen bemerkenswert viele Personen aus dem politischen Untergrund auf, unter ihnen Andreas Baader und Gudrun Ensslin.

Der Neptun

65 Jahre nach Uranus wurde der Neptun entdeckt. Seine Existenz war schon vorher aufgrund von Unregelmäßigkeiten in der Uranusbahn vermutet worden.

Neptun steht für die mit dem Unbewußten verknüpften Seelenkräfte wie Traumerleben, Phantasie, Ahnungen und Illusionen. Wie stark diese Merkmale im einzelnen vorhanden sind und mit welchen anderen Regungen sie jeweils zusammenhängen, soll

wiederum dem Geburtsbild zu entnehmen sein. Die Stellung des Neptun im Tierkreis spielt dabei keine wesentliche Rolle, da sie sich nur langsam verändert. (Um alle zwölf Tierkreiszeichen zu durchqueren, benötigt Neptun 165 Jahre.)
Neptun in Opposition zum Aufgangspunkt bezeichnet Träumereien ohne reale Grundlage und die sich daraus ergebenden Irrungen und Fehlleistungen. (Der italienische Diktator Benito Mussolini hatte diese Konstellation. Seine Pläne endeten in bemerkenswertem Umfang mit Enttäuschungen.)
Auch die Eigenschaft, *andere* zu verwirren oder zu enttäuschen, wird mit Neptun in Verbindung gebracht. Neptun in engster Verbindung mit der Sonne hatte der phantasievolle »Lügenbaron« von Münchhausen, dessen »Ritt auf der Kanonenkugel« sprichwörtlich geworden ist. Interessanterweise zeigt denselben seltenen »Münchhausen-Aspekt« das Staatshoroskop der Deutschen Demokratischen Republik, wo Neptun und Sonne ebenfalls eine gradgenaue Konjunktion bilden.
Der dänische Dichter Hans Christian Andersen, dessen Märchen in aller Welt bekannt sind, hatte dagegen Venus und Neptun in einem exakten und damit besonders günstigen Trigon verbunden. Neben anderen Schriftstellern haben auffallend viele Komponisten und Musiker sehr gute Winkel zwischen Neptun und anderen Zeichen im Geburtsbild (zum Beispiel Wolfgang Amadeus Mozart oder Johannes Brahms).
Eine Reihe von Neptun-Entsprechungen ähneln denen des Tierkreiszeichens Fische. So wird Neptun mit Krankheit oder Leid und angeborener Schwäche in Zusammenhang gebracht. Auffallend schlechte Winkel zwischen ihm und Merkur sollen auf seelische oder geistige Störungen hinweisen.
Geheimes und Verborgenes wird ebenfalls mit Neptun in Verbindung gesetzt. Soziologisch entsprechen diesem Planeten sowohl feinsinnige, empfindsame Zeitgenossen als auch Sektierer und Dunkelmänner jeder Art.

Pluto

Pluto ist der bisher letzte (1930 entdeckte) Planet des Sonnensystems. Er gilt als »Zeitgeist«, das heißt, daß er in erster Linie Generationen-Einflüsse repräsentiert, weil er pro Jahr nur anderthalb Grad im Tierkreis zurücklegt. Bei etwa Gleichaltrigen nimmt er also ähnliche Positionen zu den anderen langsamen Planeten wie Saturn, Uranus und Neptun ein.

Kritiker der Astrologie behaupten gern, über die Natur Plutos seien auch für den engagiertesten Sterngläubigen keine Aussagen möglich, weil dieser Himmelskörper erst seit wenigen Jahrzehnten bekannt ist. Alexander von Pronay hat auf solche Einwände folgendermaßen geantwortet:

»Der Astrologe berechnet nicht nur künftige Entwicklungstendenzen, sondern kann, da nach der Entdeckung der Planeten ja auch ihre Bahnen für die Vergangenheit ausgerechnet wurden, aus seinen Tabellen entnehmen, wo die Planeten Uranus, Neptun und Pluto in den Jahren *vor* ihrer Entdeckung gestanden haben. Man kann sie daher in die Horoskope geschichtlich bedeutsamer Personen einbeziehen. Es hat sich gezeigt, daß durch die Hinzunahme der drei ›neuen‹ Planeten die Deutung der Wesensstrukturen viel zutreffender wurde und daß man für manche Sachverhalte nunmehr stichhaltige astrologische Entsprechungen besaß.«[61]

Die auf solche Weise ermittelten Deutungen heißen für Pluto »Macht und Masse«. Er soll die Wesenszüge all jener Planeten-Sinnbilder verstärken, zu denen er in Beziehungen tritt. Als weitere Eigenschaft wird eine zerstörerische Komponente angenommen (wie bei Mars, nur kräftiger).

Pluto in schlechten Winkeln zur Sonne kann danach lebensbedrohend sein. Der astrologisch so ergiebige Feldherr Wallenstein hatte Pluto in Opposition zur Sonne. Die gleiche Konstellation hatte SA-Chef Röhm, der unter demselben Vorwand wie Wallenstein, nämlich Hochverrat geplant zu haben, ermordet wurde.

In Konjunktion mit dem Aufgangspunkt soll Pluto ebenfalls die Existenz gefährden und zugleich »dämonische« Züge verleihen. Der russische Mönch Rasputin erfüllte alle diese Voraussetzungen. Sein unheilvoller Einfluß auf die Zarenfamilie und seine spätere Ermordung fielen zusammen mit einer gradgenauen Verbindung beider Zeichen in 21 Grad Stier des Geburtsbildes.

Pluto Konjunktion Venus kann Unheilvolles für eine nahestehende, jüngere weibliche Person ankündigen (etwa für die Verlobte, die Schwester oder die Tochter). Der CDU-Politiker Rainer Barzel hat beide Planeten beieinander stehen.

Eine spannungsreiche Opposition zwischen Pluto und Merkur (der für das Verhältnis zur Presse stehen kann) hat der ehemalige amerikanische Präsident Richard Nixon in seinem Horoskop.

Als sehr wichtig werden auch die guten Winkel des Pluto zu den anderen Zeichen des Kosmogramms gesehen. Sie sollen unter anderem Massenwirksamkeit verheißen. Der Dichter Friedrich

Schiller hatte den Aufgangspunkt im Trigon zu Pluto.
Für Staaten und andere »Kollektivwesen« signalisiert Pluto angeblich Einmaliges und Sensationelles: Katastrophen, Kriege oder Erfolge, welche die Massen faszinieren.

Neben den genannten Gestirnen beachten die Sterndeuter seit dem Altertum die sogenannten »Mondknoten«. Gemeint sind die beiden Schnittpunkte des Mondes mit der scheinbaren Sonnenbahn, die in rund 19 Jahren durch den Tierkreis wandern. Der aufsteigende Mondknoten soll Kennmarke für »Verbindungen«, der absteigende für »Trennungen« sein. Die Berücksichtigung der Mondknoten bringt all jene Astrologen in Schwierigkeiten, die von der »Wirkung« der Planeten durch irgendwelche Strahlen ausgehen. Im Fall der Mondknoten strahlt ja nichts, da diese nur errechnete Schnittpunkte darstellen.
Trotzdem zeigt sich bei Nachprüfungen, daß die Berücksichtigung der Mondknoten ähnlich verblüffende Treffer zeitigt wie die der Planeten. Der aufsteigende Mondknoten findet sich in günstigen Verbindungen bei vielen Menschen, die tatsächlich kontaktfreudig sind und mit anderen leicht auskommen. Unter den Staaten weist die Schweiz, einstiger Sitz des Völkerbundes und Konferenzort für viele internationale Begegnungen, eine enge Konjunktion zwischen Sonne und aufsteigendem Mondknoten auf.
Spannungswinkel zu den Mondknoten sollen Menschen kennzeichnen, denen es schwerfällt, mit anderen Kontakt aufzunehmen oder diesen zu erhalten. Der ostdeutsche Staatschef Walter Ulbricht hatte die Mondknoten im exakten Quadrat zum Mond, zur Venus und zur Himmelsmitte. Vergleichbare Zeichen enthält das Geburtsbild des französischen Revolutionärs Robespierre, der lieber aufs Schafott stieg, als sich einer der nach 1789 streitenden Parteien anzuschließen.
Jeder wird nach diesen Beispielen erstaunt zugeben, daß die zutage geförderten Ergebnisse verblüffend sind. Die Übereinstimmungen der Konstellationen mit dem wirklichen Erscheinungsbild der einzelnen Personen (und Staaten!) sind so groß, daß man sich fragt, warum dieser Sachverhalt nicht längst Gegenstand intensiver Forschungen geworden ist.
Die Antwort muß wohl lauten: Die meisten derjenigen, die über dieses Thema urteilen, haben es versäumt, sich ein eigenes Bild zu machen und *eingehende* Informationen einzuholen. Viele Astrologen machen es ihren Kritikern allerdings leicht. Sie reden geheimnisvoll von »Strahlen«, die von den Planeten ausgehen sol-

len, und präsentieren dann Deutungselemente wie die Mondknoten (und den Aufgangspunkt oder die Himmelsmitte), mit denen sie die Strahlungshypothese zur Freude ihrer Gegner selbst ad absurdum führen.
Hinzu kommt, daß astrologische Überlegungen nicht zur Diskussion gestellt, sondern oft genug als der Weisheit letzter Schluß angepriesen und mit skurrilem Beiwerk versehen werden. Im Altertum, als Amulette sehr beliebt waren, ordnete man den Planeten bestimmte Edelsteine und Metalle zu; dem Merkur (zuständig für das Denkvermögen) das Quecksilber oder dem Jupiter (verbunden mit dem Erfolg) das Zinn. Nun, dies ist lange her, und niemand käme auf die Idee, die Zeit des Dreißigjährigen Krieges, wo jeder, der es sich leisten konnte, aus Zinngeschirr löffelte und becherte, für die Periode des »Großen Glücks« zu halten.

Denkt man.

Dann schlägt man das Buch »Sterne und Leben« (1974) von Medizinalrat Fidelsberger (einem der angesehensten Astrologen) auf und liest mit wachsendem Befremden:

> »Das Jupitermetall ist das Zinn. Es ist nicht gerade billig, doch immerhin erschwinglich. Einen Zinnbecher kann sich jeder leisten, ein Zinnkrug läßt sich früher oder später auch beschaffen. Es genügt, wenn man ein- bis zweimal täglich aus einem Zinngefäß trinkt. Denn erstens berührt man mit der Hand das Zinn, schon dadurch kommen feinste Zinnspuren in das Gewebe. Dann vermittelt das Trinken aus einem Zinngefäß ebenfalls jene winzigsten Metallteilchen, auf die es schließlich ankommt.«[62]

Worauf es ankommt, sagt Fidelsberger noch genauer: »die Jupiterkräfte zu stärken«. Man kann sich die geschworenen Feinde der Astrologie richtig vorstellen, wie sie sich ausschütten vor Lachen und dankbar Listen solcher »Erkenntnisse« zusammenstellen, um *alles,* was mit dem Thema zusammenhängt, in Grund und Boden zu stampfen.
Leicht haben es sich dann beide gemacht; die betreffenden Astrologen *und* ihre Gegner.

3. Das Geburtsbild

In den beiden vorangegangenen Kapiteln wurde dargestellt, wie die Astrologen aus dem Stand der Gestirne zueinander und ihrer Verteilung im Tierkreis auf Wesenszüge und Schicksalstendenzen einzelner Menschen schließen. Dabei werden Schwerpunkte durch mehrere Kennmarken signalisiert. Für Willensstärke (und Konfliktbereitschaft) stehen sowohl der Mars als auch die betonte Besetzung der Zeichen Widder, Löwe und Skorpion. Beweglichkeit wird durch Merkur sowie die Tierkreiszeichen Zwillinge und Schütze ausgedrückt.

Nun kann Willensstärke für höchst unterschiedliche Ziele eingesetzt werden: für die Mehrung des eigenen Ansehens, zur Erringung eines großen Vermögens oder vor allem für die Erziehung der eigenen Kinder. Besondere Beweglichkeit mag sich in sportlichen Leistungen oder in einem Beruf niederschlagen, der mit intensiver Reisetätigkeit verbunden ist. Um die Frage beantworten zu können, *was* jeweils zutrifft, haben die Sterndeuter im Laufe der Zeiten folgendes Verfahren entwickelt:

Im Horoskop wird die Horizontlinie markiert, indem der Aufgangspunkt mit dem (genau gegenüberliegenden) Tierkreisgrad verbunden wird, der in der Geburtsminute im Westen unterging. Ebenso verbindet man die Himmelsmitte mit der »Himmelstiefe« (wo sich unter dem Horizont um Mitternacht Ortszeit die Sonne befindet). Der auf diese Weise geviertelte Tierkreis wird weiter zergliedert, indem man jeden Quadranten in drei Abschnitte unterteilt. (Am weitesten verbreitet ist dafür ein von dem Mathematiker Placidus des Titis im 17. Jahrhundert entwickeltes Verfahren.) Schließlich wird untersucht, in welchem der zwölf Kreisfelder sich die Sonne, der Mond, die Mondknoten und die Planeten zum Zeitpunkt der Geburt aufhielten. Daraus sollen sich dann für diese zwölf Felder bestimmte Akzente ergeben.

Die folgenden Erläuterungen mögen dies verdeutlichen:

Das erste Feld

Die Spitze des ersten Feldes bildet der Aufgangspunkt. Persönlichkeit und Lebensweg des Geborenen sollen durch Planeten und andere Zeichen in diesem Feld besonders stark geprägt werden. Nach astrologischer Lehre kennzeichnet eine vielfältige Besetzung von »Eins« markante Persönlichkeiten mit reichem, ausgefülltem Lebenslauf und großen Entfaltungsmöglichkeiten.

Der englische Reformer und Militärdiktator Oliver Cromwell hatte etwa die Sonne, den Merkur, die Venus, den Uranus und den Pluto im ersten Feld stehen. Aus sehr verschiedenartigen Zeichen in Eins werden ungewöhnliche Gegensätze im Persönlichkeitsgefüge sowie rasante Auf- und Abschwünge im Lebensverlauf abgeleitet. Der Feldherr Wallenstein, Kriegsgott und Friedenssucher im Dreißigjährigen Krieg, hatte den Jupiter und den Saturn, das »Große Glück« und das »Große Unglück« im ersten Felde stehen. Seine Karriere führte ihn vom mittellosen Landadeligen zu einem der mächtigsten und reichsten Männer Europas – und wieder hinab zum sozusagen vogelfreien »Hochverräter«, der ungestraft erschlagen werden durfte.

Das zweite Feld

Geld und Gut, Besitz und Erwerb sind dem zweiten Felde zugeordnet. Wird dieser Bereich durch »stark gestellte« Planeten betont, so sollen die finanziellen Angelegenheiten eine besondere Rolle spielen. Ob dies im guten oder schlechten Sinn der Fall ist, geht angeblich aus den Winkeln dieser Zeichen zu anderen wichtigen Punkten des Geburtsbildes hervor.
Uranus, der Planet der Überraschungen, stand im Finanzfeld des französischen Schriftstellers Honoré de Balzac im ungünstigen Quadrat zum Mond. Balzacs Leben war gekennzeichnet durch allerlei böse Fehlschläge auf finanziellem Gebiet. In seinem Bemühen, einen riesigen Schuldenberg abzutragen, ruinierte er durch Überarbeitung seine Gesundheit so sehr, daß er verstarb, ohne sein Werk vollendet zu haben.
Im Horoskop des Ölmilliardärs John D. Rockefeller befand sich im zweiten Felde Neptun in engem Trigon zu Jupiter, was nach alter astrologischer Regel bedeutet: »Großes Glück« (Jupiter) durch richtiges Gespür (Neptun) in finanziellen Angelegenheiten (zweites Feld). Das Gründungshoroskop der Vereinigten Staaten von Amerika, des reichsten Landes der Erde, zeigt die Sonne im Finanzfeld sowie außerdem eine dichte Konjunktion zwischen den beiden »Wohltätern« Venus und Jupiter.

Das dritte Feld

»Verbindungen« heißt das geeignete Schlagwort für diesen Bereich des Geburtsbildes. Im menschlichen Leben regiert die »dritte Fee« Schriftsachen, Nachrichten, Reisen, Verkehr und die »Ver-

bindungen«, die jeder von Natur aus hat, also die zu den Verwandten. Für Literaten und Journalisten gilt dieses Feld als besonders wichtig.
Der dänische Märchendichter Hans Christian Andersen hatte die Sonne, den Merkur und die Venus in diesem Abschnitt seines Geburtsbildes stehen. Beim »Spiegel«-Herausgeber und Buchautor Rudolf Augstein betonen die Sonne sowie eine fast gradgenaue Konjunktion zwischen Venus und Jupiter das dritte Feld.
Vermittlung und Kontakte anderer Art spielten im Leben von Charles Lindbergh eine ausschlaggebende Rolle (Sonne, Merkur, Venus und Mars in Feld drei): Er überquerte als erster Flieger allein und ohne Zwischenlandung den atlantischen Ozean und erntete dafür Weltruhm.
In der politischen Astrologie umreißt das dritte Feld Nachrichten- und Verkehrswesen, die Presse sowie Schul- und Bildungspolitik.

Das vierte Feld

»Häuslichkeit« in jeder Bedeutung dieses Wortes ist die geeignete Umschreibung für dieses Horoskopfeld. Elternhaus, Kindheit, Familie, Heimat und Lebensende (»letztes Haus«) werden je nach Gestirnsstand als betont oder vernachlässigt, begünstigt oder erschwert angesehen.
Für Prominente gilt die Besetzung von »Vier« als Vorzeichen für den Erfolg im eigenen Land. Bei der Schauspielerin Marlene Dietrich stehen die Sonne, der Merkur sowie Jupiter und Saturn im vierten Feld.
Beim schwedischen König Gustav Adolf stand Pluto an der Spitze des vierten Feldes. Sein blutiges Ende auf dem Schlachtfeld von Lützen entsprach der Kombination beider Zeichen (viertes Feld: Lebensende; Pluto: Gewalt und Massengeschehen). Planeten am Anfang des vierten Feldes stehen in Opposition zur Himmelsmitte. *Diese* Oppositionen werden als durchaus vorteilhaft angesehen, sofern es sich um »wohltätige« Gestirne wie Sonne, Venus und Jupiter handelt, die dann den familiären Bereich viel mehr erhellen als sie den beruflichen verdunkeln.
In Staatshoroskopen soll das vierte Feld die Innenpolitik umreißen und die Bedeutung, welche die Traditionen im jeweiligen Staatswesen einnehmen.

Das fünfte Feld

Als »Agathe tyche«, das heißt »Gutes Geschick«, bezeichneten die griechischen Sterndeuter diesen Teil des Geburtsbildes. Tatsächlich steht die »fünfte Fee« noch heute für Lebensfreude und Lebensgenuß, Geselligkeit, Sport und Spiel, die Liebe und die Kinder sowie die schöpferischen Potenzen jedes einzelnen Menschen. Sinn für die angenehmen Seiten des Lebens vermutet man überall dort, wo sich mehrere günstige Zeichen im fünften Feld aufhalten. Bei dem Politiker Franz Josef Strauß sind dies zum Beispiel die Sonne, der Merkur und die Venus; bei der lebenslustigen Königin Marie Antoinette waren es Sonne, Mond, Venus und Jupiter.
Ein sehr schlechtes Omen für Liebesangelegenheiten und Kindersegen soll unter anderem die Verbindung von Mond und Saturn im fünften Feld sein. Eine gradgenaue Konjunktion zwischen beiden Gestirnen hatte der kinderlose König Friedrich der Große, der zwar (zwangsweise) verheiratet war, aber als überzeugter Frauenfeind wie ein Junggeselle lebte und seinen Offizieren die Eheschließung oft und gern verbot.
Pluto im fünften Feld findet sich bei Personen mit ausgeprägtem (oder chaotischem) Liebesleben und solchen, die viel mit Kindern zu tun haben – was nicht unbedingt zusammenhängen muß; es kann sich ja um Lehrer oder Erzieher handeln.

Das sechste Feld

Das »Böse Geschick« der Griechen: Gesundheit, Arbeit und der graue Alltag werden hier bildhaft dargestellt. Das Tierkreiszeichen, das an der Spitze des sechsten Feldes steht, soll die Neigung zu bestimmten Krankheiten signalisieren.
Es hängen dabei zusammen: Mit Erkrankungen der Zähne und Verletzungen des Kopfes der Widder; mit solchen des Halses und des Nackens der Stier; die Zwillinge mit Lungen und Armen; der Krebs mit dem Magen; der Löwe mit dem Herzen; die Jungfrau mit den Gedärmen; die Waage mit Nieren, Blase und Haut; mit den Geschlechtsorganen der Skorpion; mit den Beinen der Schütze; der Steinbock mit den Knochen; der Wassermann mit dem Stoffwechsel und mit seelischen Krankheiten die Fische. (Diese Zuordnung wird nicht von allen Astrologen akzeptiert, sondern zuweilen abgewandelt oder gänzlich verworfen.)
Auf der Ebene der Staaten symbolisiert das sechste Feld die Arbeiterschaft, das Gesundheitswesen und alle damit zusammenhän-

genden Probleme. Prominente, die mit diesen Lebensgebieten zu tun haben, zeigen oft eine stärkere Besetzung dieses Feldes im eigenen Geburtsbild; beispielsweise der Arzt und Begründer der Psychoanalyse Sigmund Freud oder Heinrich Zille, der Chronist des Arbeiter-Milieus.

Das siebente Feld

Die Beziehung zum anderen, also Partnerschaften im privaten wie im beruflichen Bereich werden hier skizziert. Ein leeres oder schlecht besetztes siebentes Feld soll Menschen bezeichnen, deren Eheleben weniger wichtig beziehungsweise erschwert ist, oder die ganz ehelos bleiben. Ein Planet an der Spitze dieses Feldes gibt angeblich Aufschluß über die Art der Partner. Merkur signalisiert dabei mitteilungsfreudige und geistig regsame, Mars streitbare und energische und Uranus ungewöhnliche oder exzentrische Ehehälften.

Bei Politikern stehen die Gaben der »siebenten Fee« häufig für die Beziehungen zur Öffentlichkeit, bei Staaten für die Art des Verhältnisses zu den Bündnispartnern. Als besonders wichtig wird Feld sieben in den Kosmogrammen von Staatenbünden angesehen. Im Horoskop des Nordatlantikpaktes NATO befinden sich die Sonne, der Merkur, die Venus und der Mars im siebenten Feld.

Nicht nur welche Rolle Partnerschaften für den einzelnen spielen, sondern auch, welche Figur er selbst als Partner macht, soll die siebente Fee verkünden: Der italienische Diktator Mussolini, der Schrecken seiner deutschen Verbündeten, hatte im siebenten Feld den Mond sowie Mars, Saturn, Neptun und Pluto zu einem Gesamtbild von bedrückender (und in diesem Ausmaß ganz seltener!) Ungunst vereint.

Das achte Feld

Es betrifft interessanterweise zugleich Tod und Sexualität. Schlechte Besetzungen des achten Feldes sind eine von mehreren Kennmarken, die (manche) Astrologen zur Beurteilung der Todesart heranziehen. Den Mars im »Todesfeld« hatte Wallenstein, den Uranus Gandhi, Neptun, Pluto und Mond der spanische Staatschef Franco (dessen Sterben wochenlang die Öffentlichkeit in Atem hielt).

Indes finden sich durchaus nicht immer dort ungünstige Zeichen im achten Feld, wo man sie erwarten könnte – und einzelne

Astrologen haben dies offen zugegeben. Einige benutzen einen »Punkt für Krankheit und Tod« (der durch ein sinniges Kreuz symbolisiert wird). Man gewinnt ihn, indem man den Abstand von Saturn zu Mars im Geburtsbild zum Aufgangspunkt hinzuzählt (bei Taggeburten) oder abzieht (wenn die Geburt nachts erfolgte). Steht der solcherart errechnete »Todespunkt« dann in Konjunktion zu Mars, Saturn oder Uranus, ergeben sich ähnliche Deutungen, als wenn diese Planeten ungünstig im achten Feld stünden.

Das achte Feld ist ferner zuständig für die Welt des Unterbewußtseins und des Traumes. Angst und Todesfurcht werden ihm außerdem zugeteilt. Diese Thematik behandeln die Bilder Alfred Kubins (dessen Sonne, Merkur und Neptun sich im Reich der achten Fee befanden).

Das »Todesfeld« beschreibt weiterhin alle Gebiete, die mit dem Ableben zusammenhängen, also Erbschaften und Hinterbliebenen-Renten. In der politischen Astrologie symbolisiert es neben Krieg und Notzeiten auch Renten- und Versorgungsfragen sowie »tote Gegenstände«, das heißt Sachwerte.

Die Sonne im achten Felde hat die Bundesrepublik Deutschland, und zwar im günstigen und gradgenauen Winkel von 120 Grad zu Jupiter, dem »Großen Glück«. Manche Sterndeuter sehen darin ein Sinnbild für das Wirtschaftswunder mit seinen Aufbauerfolgen und riesigen Handelsüberschüssen. Die Deutsche Demokratische Republik hat hingegen den Saturn, das »Große Unglück« in diesem Feld sowie eine unheilverkündende Konjunktion zwischen Mars und Pluto. Solche Beobachtungen machen nachdenklich: Regierte der blinde Zufall – wie dies die Gegner der Astrologie behaupten –, dann müßten sich ja pausenlos unsinnige Ergebnisse zeigen, *was doch aber offensichtlich nicht der Fall ist.*

Das neunte Feld

Weltanschauungen, seien es nun religiöse oder politische Überzeugungen, werden dem neunten Feld zugeordnet; daneben Begeisterungsfähigkeit, Fernweh und weite Reisen. (Das Tierkreiszeichen Schütze ist wesensverwandt.) Weltanschaulich stark bestimmte Staaten sollen das neunte Feld betont haben. Dies trifft für die DDR zu, bei der Sonne, Merkur, Neptun und der absteigende Mondknoten diesen Abschnitt des Geburtsbildes füllen.

Im Bereich des Normalmenschen soll dieses Feld Personen charakterisieren, die sich an Idealen orientieren (wobei über deren Quali-

tät nichts ausgesagt ist). Menschen mit starken Beziehungen zum Ausland wie Auswanderer oder Weltenbummler haben ebenfalls oft diesen Teil ihres Horoskopes besetzt. Dasselbe gilt für Personen, die beruflich mit anderen Ländern zu tun haben, etwa der einstige deutsche Außenminister von Ribbentrop. (Bei ihm standen Sonne, Merkur, Venus und Jupiter in Neun.)
Im staatlichen Sektor sind neben der weltanschaulichen Ausrichtung die Außenpolitik und der Außenhandel sowie alle »expansionistischen« Neigungen wie der Kolonialismus vom neunten Feld angedeutet.

Das zehnte Feld

Seinen Beginn markiert die Himmelsmitte. Berufliche Angelegenheiten, Fragen des Ansehens und des äußeren Erfolges werden durch diesen Abschnitt des Geburtsbildes symbolisiert. Beruflich Erfolgreiche haben dort die Venus (Bismarck) oder den Jupiter (Kant); ein Scheitern des Lebensweges soll durch Saturn in ungünstigen Verbindungen angekündigt werden (Hitler, Napoleon).
Bei Politikern ist das zehnte Feld oft besonders stark besetzt. Der ehemalige Außenminister und Bundespräsident Walter Scheel hat dort die Sonne, den Jupiter, den Neptun und den Pluto im sowie Mars am zehnten Feld.
International angesehene Staaten weisen häufig gleichfalls eine Betonung dieses Feldes auf. Im Staatshoroskop der Schweizer Eidgenossenschaft finden sich dort die Sonne, der Merkur, die Venus, der Mars und der aufsteigende Mondknoten.

Das elfte Feld

Gilt als Kennmarke für Freundschaften, erfüllte Wünsche und Geselligkeit. Die Tänzerin Josephine Baker hatte dort die Sonne, den Merkur, die Venus, den Mars, den Jupiter, den Neptun und den Pluto. Ihr dürfte es an Freundschaften tatsächlich nicht gefehlt haben.
Interessant sind auch die Geburtsbilder, die ein leeres elftes Feld zeigen, zum Beispiel das des sowjetischen Diktators Stalin, oder in denen dieses Feld sehr schlecht besetzt ist, etwa mit Mars und Uranus wie bei Mao Tse-tung.

Das zwölfte Feld

Die letzte Fee gilt traditionell als schlecht und hieß im Altertum »der böse Dämon«. Ihr Bereich umfaßt Krankenhäuser und Gefängnisse; ihre »Kinder« sind geheime Feinde, Verbrecher – und deren Opfer. Sie steht für die dunklen Seiten des Lebens, für Einsamkeit und verborgene Dinge. Im günstigsten Fall soll sie die Gabe verleihen, fremdes Leid zu lindern oder Verborgenes ans Tageslicht zu holen.

Bei Ärzten, Gefängniswärtern, Detektiven, Geheimagenten oder Hellsehern erwartet man also ebenso eine Besetzung dieses Horoskopteils wie bei Verschwörern und Verbrechern sowie bei Leuten, die unter der Feindschaft anderer besonders zu leiden haben.

Der zu seiner Zeit berühmte Hellseher Hanussen hatte die Sonne, den Mars, den Neptun und Pluto in Zwölf – und fiel der Feindschaft eines Berliner Polizeipräsidenten zum Opfer. Über Mangel an Gegnern kann sich auch der CDU-Politiker Helmut Kohl nicht beklagen. (Bei ihm sind Sonne, Merkur, Mars und Uranus im letzten Feld.)

Bekannte »Dunkelmänner« mit starker Betonung des zwölften Feldes waren die Massenmörder Kürten und Landru (dieser hatte Sonne, Mond, Merkur, Venus, Jupiter und Saturn in Zwölf!).

Die Staatsfeinde bezeichnet das zwölfte Feld in der politischen Astrologie. Im Kosmogramm der Bundesrepublik Deutschland steht dort Neptun. Er ist Sinnbild für Spione, Verschwörer und alle, die sonst noch im Dunkeln operieren – eine Angabe, die sich in den drei Jahrzehnten, die der westdeutsche Staat existiert, für dieses Land immer wieder als verblüffend richtig erwiesen hat.

Skeptiker können natürlich fragen: Was ist, wenn die Venus, das »Kleine Glück«, im Gründungshoroskop eines Gemeinwesens diese Stelle einnimmt? Ist dies dann ein Land mit liebenswerten Feinden, mit schmucken Krankenhäusern oder gar ein Staat, in dem alle hübschen Mädchen ins Gefängnis müssen? Die Astrologen antworten:

> »Venus kann sich hier nur entfalten, wenn sie Hilfen erhält, dann vor allem in sozialer Hinsicht.«[63]

Dies ist zugegebenermaßen eine recht allgemeine Auskunft.

Insgesamt stechen aber doch die Treffer ins Auge. Sie zu entkräften müßte das Ziel der Gegner sein. Bezeichnenderweise versuchen dies die meisten nicht einmal . . .

Man muß einräumen, daß es keinen Lebensvorgang gibt, der sich in der astrologischen Bildersprache nicht ausdrücken ließe. Damit ist dem Interessierten allerdings kein »Zauberspiegel« in die Hand gegeben, mit dem er bis auf den tiefsten Seelengrund seiner Zeitgenossen blicken kann. Die Rück-Übersetzung der Geburtsbilder hat nämlich offensichtliche Tücken.

Dies liegt einmal daran, daß Leben und Charakter *gemeinsam* in einem Kosmogramm verschlüsselt sind, wo sich stets günstige und ungünstige Konstellationen finden. In welchem Maße ist der Geborene nun erfolgreich und in welchem ist er gut? Die Astrologen sind nach jahrtausendelanger Ausübung ihrer Kunst so uneins wie am ersten Tag, wenn es um Antworten auf diese Frage geht.

Und diese Antworten können *im Extremfall* lauten: Der Betreffende ist ein armes Aschenputtel mit einem Herzen, weiß wie Schnee, nur leider von schlechten Mitmenschen umgeben. Oder: Er ist ein kleiner oder großer Teufel, der gerade wegen seiner Hemmungslosigkeit von Erfolg zu Erfolg eilt. Oder: Es handelt sich um einen Durchschnittsmenschen mit einem Durchschnittsleben. – Die Astrologie kennt keine durchgehende Trennung der Zeichen im Geburtsbild nach eigenem Handeln oder Erleiden durch Fremde, nach Leistung und Erfolg (die ja durchaus nicht immer zusammenfallen!).

Setzen wir einmal voraus, daß die bisher genannten Beispiele nicht konstruiert sind und es zwischen dem gestirnten Himmel und den »Zufällen des Lebens«, die den Menschen prägen und verändern, einen unerklärlichen, aber wirksamen Zusammenhang gibt – was bringt diese Erkenntnis?

Angenommen, zwei stolze Eltern suchen einen Astrologen auf, um sich das Horoskop eines Sohnes deuten zu lassen. Der Astrologe berechnet das Geburtsbild fehlerfrei (was nicht alle tun, wie noch zu zeigen sein wird), und das Kind gehört zu jener Minderheit von Menschen, die sehr markante Konstellationen aufweisen. Etwa einen Merkur in der Jungfrau im zehnten Feld in exaktem Abstand von 120 Grad zu Jupiter im zweiten Feld; dazu eine enge Konjunktion zwischen Saturn und Mars in Zwölf.

Der Sterndeuter kann den Eltern dann sagen: Euer Kind hat Merkur in der Jungfrau – das bedeutet Fingerfertigkeit – und Jupiter dazu im Haus der Finanzen. Es wird einmal einen handwerklichen Beruf mit äußerster Geschicklichkeit ausüben und dabei zu Wohlstand gelangen. Nur stehen Saturn und Mars leider sehr ungünstig im Feld des Verbrechens, dem das arme Kind als reicher Erwachsene leicht zum Opfer fallen kann.

Ebenso mag der Astrologe erklären: Merkur im Berufsfeld in sehr günstiger Beziehung zu Jupiter im Hause des Erwerbs bezeichnet eine Tätigkeit, die Sorgfalt im Umgang mit Geld erfordert. Eine verantwortliche Tätigkeit – zum Beispiel in einer Bank – steht zu erwarten. Nur muß bei Operationen oder anderen Krankenhausaufenthalten schon früh mit dem Schlimmsten gerechnet werden.
Schließlich können beide Beispiele als solche kenntlich gemacht und durch ein drittes ergänzt werden. Mars und Saturn in enger Konjunktion im zwölften Hause *können* auch Kennmarke für einen Verbrecher sein, allerdings nicht für einen kleinen Taschendieb, sondern eher schon für einen Raubmörder. Die erbleichenden Eltern kann der Berater freilich beruhigen: Die Geschicklichkeit des Täters dürfte in diesem Fall so groß sein, daß »saubere Arbeit« zu erwarten ist – ohne Zeugen und Fingerabdrücke. Die Vernehmungsbeamten würden nach einem Verhör ihre Entschuldigungen nur so heraussprudeln.
Auskünfte dieser Bandbreite sind natürlich unbefriedigend. Hinzu kommt, daß erwiesenermaßen am gleichen Ort zur selben Zeit Kinder geboren werden, die mit unterschiedlichem Erbgut in verschiedenen Milieus aufwachsen. Identische Ergebnisse sind dann unter keinen Umständen zu erwarten. Diskutabel ist die Astrologie lediglich unter der Voraussetzung, daß sie nicht der Wirklichkeit trotzt und sich mit dem Anspruch begnügt, »Umsetzungsvorgänge« zu beschreiben, die zwar gewisse Rückschlüsse auf Wesen und Leben zulassen, *aber keine Vollständigkeit beanspruchen können.*
Das Horoskop wäre dann eine Art Schattenriß, der allein durch Kenntnis der Herkunft des Betreffenden farbig ausgefüllt werden kann. Der Vorteil dieser Astrologie läge darin, frühzeitig Erkenntnisse zu gewinnen, wie sich bestimmte Anregungen aus Milieu und Anlagen *umsetzen.* Dies ist ja bei Menschen mit ähnlicher Herkunft und vergleichbaren Talenten durchaus unterschiedlich.
Bedingung ist dabei, daß auch gewisse vorgeprägte Züge wie Auffassungsvermögen, Willensstärke und Vorstellungskraft im Geburtsbild umrißhaft skizziert sind – hingegen nicht Eigenheiten wie Hautfarbe und sozialer Status, die bei Kindern mit derselben Geburtszeit und identischem Geburtsort gegensätzlich sein können. Eine weitere Voraussetzung ist, daß es sich um einen geistig gesunden Menschen mit Entscheidungsfreiheit handelt, der die Impulse, die ihn über die Schaltstelle seines Kosmogramms erreichen, richtig verarbeitet. Das Wechselspiel zwischen Erbgut, Mi-

lieu, freiem Willen und beeinflussenden »Zufällen« kann sonst nicht funktionieren. Logischerweise muß man über die Zeit und den Ort der Geburt hinaus wissen, ob der Horoskopeigner männlich oder weiblich ist – die Bezugspunkte Sonne, Mond, Venus und Mars erhalten dadurch jeweils andere Akzente.

Sehen wir uns nun einmal das unten abgebildete männliche Geburtsbild an. Es zeigt eine Schütze-Sonne in der Nähe der Himmelsmitte, aber noch im neunten Feld stehend. Es handelt sich also nach astrologischem Verständnis um einen Mann (Sonne), für den Beruf und Ansehen (Himmelsmitte) besonders wichtig sind und irgendwie mit bestimmten Idealen und mit Beziehungen in die Ferne, zum Ausland zu tun haben. Der Mond bildet ein geschlossenes Trigon zur Sonne. Er vertritt Wandel, Weibliches und Ver-

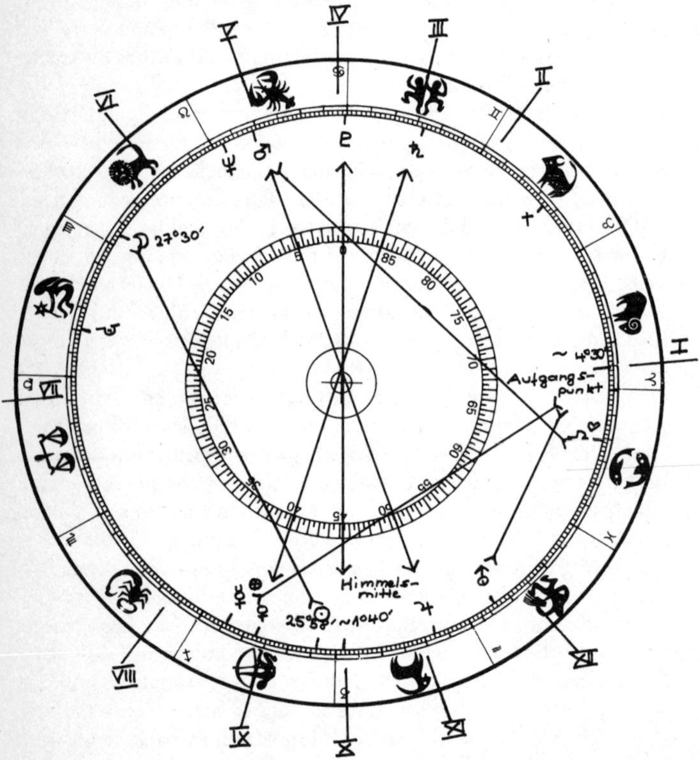

Geburtsbild einer männlichen Person.

änderungen (wie Reisen). Der Betreffende ist somit jemand, der ungewöhnlich viele Veränderungen im Zusammenhang mit Beruf und der »Ferne« erlebt. Vielleicht ein Handelsreisender?
Dies ist unwahrscheinlich. Saturn steht im kaufmännischen zweiten Felde und signalisiert, daß unser Klient seine finanziellen Verhältnisse über einen entscheidenden Zeitraum eher als stark beengend oder bedrückend empfunden haben muß.
Im Zeichen Schütze finden sich noch Merkur und Venus. Merkur im Schützen steht für einen lebhaften, begeisterungsfähigen Intellekt; er soll daneben das Erlernen von Fremdsprachen begünstigen – wenn er positive Winkel (wie hier zum Aufgangspunkt) aufweist. Also ein Dolmetscher?
Der Aufgangspunkt im Widder sowie der markante Uranus sprechen dagegen. Es handelt sich nicht um jemanden, der vermittelt, sondern um einen Zeitgenossen, der kämpft, um Veränderungen herbeizuführen (wobei das Ausland oder eine bestimmte Weltanschauung eine entscheidende und weithin fördernde Rolle spielen).
Am besten paßt dieser Schattenriß zu einem Missionar, der bei anderen für bestimmte Überzeugungen wirbt. Als einen Jesuitenpater dürfen wir ihn uns allerdings nicht vorstellen. Mit Vorgesetzten oder Respektspersonen hat er Schwierigkeiten, wie der gradgenaue Spannungswinkel zwischen Mars und Jupiter zeigt. Auch stehen die »weiblichen Gestirne« Mond und Venus für einen Mönch entschieden zu stark und signalisieren höchst Unterschiedliches. Zum einen: daß Frauen in diesem Leben eine sehr bedeutsame Rolle spielen (Sonne Trigon Mond); zum anderen: daß Trennungen immer wieder und als deprimierend erlebt werden (Venus in gradgenauer Opposition zu Saturn). Der aufsteigende Mondknoten (für »Verbindungen«) im 12. Feld kündigt Erschwernisse für oder Schwierigkeiten durch Kontakte an. Die Venus im Schützen signalisiert außerdem, daß junge Frauen »aus der Ferne« wichtig sind – sei es, daß Partnerinnen aus dem Ausland gewählt werden oder daß weibliche Nachkommen irgendwo »fern« leben.
Mars und Neptun im fünften sowie Uranus im elften Felde geben dem Bereich »Freundschaft und Geselligkeit« einen deutlichen, aber nicht unproblematischen Akzent. Bevorzugt wird dabei der Umgang mit Menschen, die auf irgendeine Weise ungewöhnlich sind, wobei es freilich nicht an Konflikten (Mars), Enttäuschungen (Neptun) und allerlei Überraschungen (Uranus) fehlt.
Pluto im dritten Feld in großer Nähe zur Spitze des vierten und in

Opposition zur Himmelsmitte markiert, daß im Gegensatz zur »Ferne« die engere Umgebung, Elternhaus, Herkunft und Heimat einen klar hemmenden und leidbringenden Einfluß ausüben. Die Himmelsmitte im Steinbock verheißt ohnehin keinen raschen Aufstieg. Daraus dürften sich für den Horoskopeigner Zeiten starker Niedergeschlagenheit ergeben (Merkur und Venus in Acht), die seine Schaffenskraft lähmen (Opposition Saturn). Im Grunde seiner Seele ist dieser Mensch nämlich durchaus ungeduldig (Sonne Schütze, Aufgangspunkt Widder); Behinderungen, Verzögerungen, gar Stillstand versteht und erträgt er nicht.
Mit Einfällen (Uranus im Sextil und Merkur im Trigon zum Aufgangspunkt) wird er es trotzdem zu beachtlichen Erfolgen bringen. Seine Ansichten vertritt er dabei mit Rednergabe und echter innerer Überzeugung (Venus Konjunktion Merkur im Schützen). Indes wird er wiederholt damit rechnen müssen, daß massenwirksame (Pluto) Nachrichten (drittes Feld) berufliche Erfolge (Himmelsmitte) gefährden.
Gesundheitlich muß unser Klient auf die Halsregion achten (Kreuzpunkt im Stier) sowie auf sein Herz (Spitze sechs sowie der Mond in Sechs im Löwen).
Nun wollen wir noch einen Blick auf das Äußere des Horoskopeigners werfen und zu diesem Zweck erneut zitieren, was der Astrologe Klöckler (erstmals 1929) über den Schützebetonten feststellte: »Nicht selten ausgesprochene Sporttypen . . . große körperliche Beweglichkeit und Bewegungsfreude. Gute, würdige, freie Körperhaltung . . . Wenig Profil, wenig Hinterkopf, sehr hohe und breite sog. ›schöne‹ Stirn.«[64]
Jetzt nehmen wir die Milchglaswand weg und schauen uns an, um wen es sich handelt. Es ist kein Missionar in Schwarzafrika, aber doch – auf seine Art – ein Prediger und Sucher: Es ist der Politiker Willy Brandt.

4. Der Blick in die Zukunft

Im Weltbild der Astrologie bilden die Gestirne die Steine, die sich auf dem Hintergrund von Tierkreis und Horoskopfeldern zu einem Mosaik zusammenfinden. Zeitumstände, Herkunft und »selbstbestimmender Faktor« lassen dieses Mosaik hell aufleuchten – oder in einem eher matten Glanz erstrahlen. Das Geburtsbild soll dabei ein Schattenriß für das gesamte Leben sein. Damit taucht

die Frage auf, ob man die Entwicklungen, die der Mensch durchmacht, mit Hilfe des Kosmogramms zeitlich aufgliedern kann.
Für dieses Ziel gibt es verschiedene Verfahren. Weit verbreitet ist die Methode, den einzelnen Planeten die »Regentschaft« über bestimmte Lebensalter zuzuweisen. Pluto soll zum Beispiel den Jahren nach dem 91. Geburtstag entsprechen.[65] Willy Brandt hätte demnach mit Nachteilen aus dem Bereich Heimat und Elternhaus erst in diesem Alter zu rechnen: Dies ist offensichtlich unsinnig.
Ein anderer Weg der Entzifferung besteht darin, Zeichen im vierten und fünften Feld für die Kindheit, im zehnten für das Berufsleben und im zwölften für das hohe Alter als wesentlich anzusehen. Kürten und Landru hätten danach nur als Greise zu Verbrechern werden dürfen.
Als dritte Möglichkeit wird genannt, die Gestirne im Geburtsbild als Zifferblatt zu betrachten, zu dem die sich weiterbewegenden Planeten immer wieder als Uhrzeiger in Beziehung treten. Willy Brandt hat Pluto im dritten Felde in Opposition zur Himmelsmitte und im Quadrat zum Aufgangspunkt. Die Auslösung der angezeigten ungünstigen Ereignisse wäre also zu erwarten, wenn Pluto eine Stellung im Tierkreis einnimmt, die ungünstige Winkel wiederholt (etwa das Quadrat zur Himmelsmitte und die Opposition zum Aufgangspunkt).
Das Quadrat des Pluto zur Himmelsmitte im Horoskop Brandts war fällig im Winter 1971/72 und erstreckte sich über die Monate, in denen die Regierung des damaligen Bundeskanzlers ihre Mehrheit verlor – was für Brandt genau das bedeutete, was die Astrologen für diese Konstellation angeben, nämlich eine »berufliche Krise«.[66]
Die Regierung führte Neuwahlen herbei, die Brandt eine zweite Kanzlerschaft bis zu seinem Rücktritt am 6. Mai 1974 einbrachten. Zu diesem Zeitpunkt stand Pluto in Opposition zum Aufgangspunkt, gleichzeitig befand sich Saturn, »das Große Unglück«, in Konjunktion zum vierten und Opposition zum zehnten Feld. Die »Eckfelder« des Geburtsbildes, nämlich Eins (der Geborene selbst), Vier (seine häuslichen Angelegenheiten), Sieben (Partnerschaft und Beziehung zur Öffentlichkeit) und Zehn (Ansehen und Beruf) wurden gleichzeitig angegriffen; die Ereignisse entsprachen diesem Bild.
Der Leser kann fragen: Wenn dies so verblüffend übereinstimmt, wie steht es dann mit den übrigen Ereignissen?
Nehmen wir den großen Erfolg Brandts in der Bundestagswahl

vom 19. November 1972. (Die SPD erzielte damals das höchste bundesweite Wahlergebnis ihrer Geschichte.) In diesen Tagen und Wochen stand Neptun im gradgenauen Trigon zum Aufgangspunkt Brandts und signalisierte eine euphorische Periode, in der sich der Betroffene in verklärtem Einklang mit seiner Umwelt befindet.

Zur Verdeutlichung: Neptun benötigt für seinen Weg durch den Tierkreis 165 Jahre. Im menschlichen Leben tritt er höchstens zu einem Zeitraum ins Trigon zum Aufgangspunkt und kündet an: Wünsche erfüllen sich. Dies kann natürlich auf sehr unterschiedliche Weise der Fall sein. Als Neptun etwa zugleich ein Trigon zu Mond und Pluto im Gründungsbild der Bundesrepublik schlug – im Oktober 1977 –, erfüllten sich die Wünsche (Neptun) des Volkes (Mond) auf äußerst massenwirksame Weise (Pluto): in Mogadischu befreite eine deutsche Spezialeinheit ein entführtes Lufthansaflugzeug und erregte damit weltweites Aufsehen.

Allerdings hat die Sache einen Haken: Dieselbe günstige oder ungünstige Konstellation ist bei den langsamen Planeten Neptun und Pluto im Abstand von rund zwei Jahren *mehrmals* (meist dreifach) fällig, die wichtige Entsprechung aber im allgemeinen nur einmal.

Um dies genauer herauszubekommen, benutzen die Astrologen verschiedene Kontrollverfahren. Sie beachten nicht nur die Bewegungen der Planeten zu betonten Tierkreisstellen des Geburtsbildes, sondern verschieben zum Beispiel die Zeichen im Horoskop für jedes Lebensjahr um circa einen Tierkreisgrad. – Darüber freuen sich die Gegner der Sterndeuter ganz außerordentlich. Es wird »gedreht« und »verschoben«, und zwar ohne naturgesetzliche Begründung!

Eine solche Begründung fehlt zwar, aber völlig willkürlich ist das Verfahren trotzdem nicht. Es setzt die tägliche Bewegung der Sonne einem Jahr gleich und verknüpft den Wahrheitsbeweis mit Vorhersagen, deren wiederholte Bestätigung kein blinder Zufall sein kann.

Für Brandt ergeben sich bei Anwendung dieser Methode für den Verlust der Regierungsmehrheit 1971/72: Uranus-Konjunktion Aufgangspunkt (unangenehmste Überraschungen), Mars-Konjunktion Mondknoten (schwerer trennender Streit in einer Gemeinschaft) und Neptun-Quadrat zur Sonne im neunten Feld (leidvolle Enttäuschung im politischen Wirken).

So interessant solche Beobachtungen *nachträglich* sind, sie können nicht verbergen, daß eine zeitliche Festlegung ganz *konkreter*

Ereignisse im *voraus* zu kaum überwindlichen Schwierigkeiten führt. Oft treten ja bei den verschiedenen Verfahren gute und schlechte Konstellationen gleichzeitig auf und können ganz Unterschiedliches bedeuten; etwa: Große Probleme (angezeigt durch schlechte Winkel) werden erfolgreich überwunden (= gute Winkel). Oder: Trotz guter Anfangserfolge kommt es zu einem Fehlschlag. Oder: Günstige und ungünstige Tendenzen blockieren sich gegenseitig. Oder: Einzelne Projekte gelingen, andere nicht.
Man denke an die Wahl des israelischen Ministerpräsidenten Begin, die in eine Phase schwerer gesundheitlicher Belastungen dieses Politikers fiel, die ihn zwischen politischen Verhandlungen immer wieder in ärztliche Behandlung zwangen – was sich nachteilig für die Regierungsbildung auswirkte. Oder man erinnere sich an die Entführung des Berliner Politikers Peter Lorenz 1975, die stattfand, als in Berlin Wahlen abgehalten wurden (bei denen die CDU von Lorenz viele Stimmen hinzugewann). In all diesen Perioden zeigte sich für die Geburtsbilder der Betreffenden ein wildes Durcheinander von positiven und negativen Vorzeichen, die erst im nachhinein verständlich wurden.
Für die Klärung solcher Zweifelsfälle kann man die Horoskope von Angehörigen heranziehen. Doch was empfindet die Ehefrau eines Politikers wirklich, wenn ihr Mann für ein zusätzliches Amt kandidiert? Für einen Posten, der nicht nur zusätzliche Belastungen für das Familienleben mit sich bringen kann, sondern unter Umständen mit ganz persönlichen Risiken und Gefährdungen verbunden ist?
Angenommen, der Spitzenkandidat einer politischen Partei zeigt für den Wahltermin unübersichtliche Konstellationen. Man nimmt die Geburtsbilder seiner »Parteifreunde« zum Vergleich und findet Anzeichen für hoffnungsvolle Gefühle und beruflichen Aufstieg. Was passiert dann tatsächlich? Gibt es einen Wahlsieg mit Ministerwürden für die Kandidaten dieser Partei – oder muß der Spitzenmann mit seinen Mitarbeitern seinen Sessel zugunsten der »Parteifreunde« räumen, weil er die Wahl *verloren* hat?
Ähnliche Schwierigkeiten im Bereich des Durchschnittsburgers: Zwei Eheleute haben für ein bestimmtes Jahr gegensätzliche Schicksale zu erwarten. Das Leben der Frau erfährt einen klaren Aufschwung, während sich der Mann gleichzeitig an einem seelischen Tiefpunkt befindet. Der Astrologe, selbstsicher angesichts solch eindeutiger Konstellationen, sagt eine Entzweiung und Ehescheidung voraus – und irrt sich, wenn es sich um ein Nachkriegsjahr gehandelt hat, in dem die Frau mit den Kindern den wirt-

schaftlichen Aufschwung erlebte, der Mann aber noch in einem Kriegsgefangenenlager festgehalten wurde.
Es hat deshalb immer einzelne Astrologen gegeben, die im Gegensatz zur Mehrzahl ihrer Kollegen offen einräumten:

> »Natürlich ist das eigentliche Prognostizieren voller Gefahren.«[67]

Sie begnügen sich mit der Ausdeutung des Geburtsbildes und der Beobachtung dessen, was sich aus ihm heraus entwickelt. Zu solchen Experimenten ist besonders das sogenannte Jahreshoroskop geeignet. Es wird gestellt auf die Rückkehr der Sonne zu ihrem alten Platz im Tierkreis. Nun kann man es auf Geburtstagsfeiern erleben, daß die Minute, in der die Geburt stattfand, als Beginn des neuen Lebensjahres begossen wird. Dies ist selbstverständlich unbegründet; denn der Sonnenlauf währt ja nicht exakt 365 Tage, sondern einen knappen Vierteltag länger. Der Stand der Sonne am Himmel ist also zu Beginn jedes neuen Lebensjahres ein anderer, und auch die Planeten nehmen wie der Mond jedesmal eine andere Stellung zueinander ein.
Zeichnet man ein solches Jahreshoroskop und vergleicht es mit dem Geburtsbild, so ergeben sich vielfältige Beziehungen. Befanden sich etwa bei der Geburt zahlreiche Zeichen im fünften Felde und sind im neuen Lebensjahr das fünfte und siebente Feld betont, so wird man verblüffend oft ein Jahr erleben, in dem sich die Ankündigung des Geburtsbildes »wichtige Liebesangelegenheiten, Kinder«, durch eine Partnerschaft realisiert.
Dies gilt ebenso in negativer Richtung. Ist im Geburtsbild das dritte Feld »unfallträchtig« besetzt, und kommt im Jahreshoroskop das sechste oder zwölfte Haus mit ungünstigen Zeichen in diesen Bereich, so wird sich im laufenden Jahr ein Unfall nicht leicht vermeiden lassen. Fast immer bleiben freilich in diesen zwölf Monaten *mehrere* Zeiträume als Gefahrenpunkte aktuell.
Wer diese astrologischen Thesen intensiv überprüft, muß verwirrt zugeben: die Sache stimmt in 60 bis 80 Prozent aller Fälle und ist mit blindem Zufall unmöglich zu erklären. Allerdings ist genausowenig zu erkennen, wie man mit solchen Erkenntnissen eine astrologische Beratung üblicher Art aufbauen kann; denn vermeiden kann niemand alle Unfallquellen für so einen langen Zeitraum. Zu befürchten ist vielmehr, daß die Beunruhigung durch eine schlechte Ankündigung deren Realisierung sogar noch erleichtert.
Ganz Kluge schlagen vielleicht vor, die negative Seite unberücksichtigt zu lassen und dem Interessierten zu errechnen, auf welche

Lebensbereiche er sich konzentrieren kann, um in einem bestimmten Jahr Fortschritte zu machen. So einfach liegen die Dinge indes nicht; denn Vor- und Nachteile einer Tätigkeit lassen sich kaum trennen. Ein sportliches Training mag zu einem Wettkampferfolg führen, aber außerdem auch zu einer Verletzung. Die Geburt von Kindern wird neben Freude mancherlei Aufregungen und Komplikationen auslösen können. Immer sind aus ein und derselben Zeichnung Chancen *und* Gefahren zu ersehen, und von einem gewissenhaften Berater wird man nicht verlangen dürfen, daß er die Warnungen, die ihm auf der Zunge liegen, einfach herunterschluckt.

Für beobachtende Untersuchungen verdienen jedoch alle genannten Phänomene höchste Aufmerksamkeit – gerade weil es so seltsam ist, daß das menschliche Wohlergehen mit den Bewegungen unendlich weit entfernter Himmelskörper zeitlich verknüpft sein soll.

Beachtung geschulter Forscher kommt auch dem Bereich der »Schicksalsgemeinschaften« zu. Dies sind einmal Staatshoroskope, die wie menschliche Geburtsbilder behandelt werden. Die Betrachtung des Staates als lebender Organismus ist ja nichts Neues. Man spricht von blühenden oder kranken Ländern, wobei die einzelnen Bürger und ihre Gruppierungen ähnliche Funktionen erfüllen wie Zellen und Gliedmaßen eines Lebewesens.

Ebenso aufschlußreich und nachprüfenswert ist die Partnerschafts-Astrologie. Freilich nicht in der schablonenhaften Betrachtungsweise der Zeitungshoroskope, wo zum Löwe-Mann die passende Widder-Frau gesucht wird. Der Stand der Sonne ist ja sowieso nur einer von zahlreichen Meßpunkten und eine Deutung, die sich auf ihn beschränkt, unterscheidet sich von der eigentlichen Sterndeutekunst stärker als das kleine Einmaleins von der höheren Mathematik.

Trotzdem kann man nicht selten hören, daß an der vereinfachten Partnerschafts-Horoskopie doch »etwas dran« sei. Die Erklärung dafür ist sehr einfach: Zwei Ehepartner, Geschäftsfreunde oder Berufskollegen kommen entweder alles in allem miteinander aus – oder nicht. Die Zufallserwartung für eine Übereinstimmung zwischen den volkstümlichen Regeln und der Wirklichkeit beträgt somit 50 Prozent.

Berücksichtigt man die gesamte astrologische Entsprechungslehre, dann ist nicht das Verhältnis der Sonnenstände in den verglichenen Geburtsbildern entscheidend, sondern das der sich jeweils ergänzenden Prinzipien (also Sonne zu Mond, Mars zu Venus und so weiter).

Der Psychologe Carl Gustav Jung, der gegenüber der Astrologie zeitlebens eine schwankende Haltung einnahm, hat in zwei Reihenversuchen die Horoskope von Ehepartnern mit den überlieferten Regeln verglichen. Beim ersten Versuch ergaben sich außergewöhnlich viele Bestätigungen, beim zweiten nicht. Jung hat darüber 1958 in der »Zeitschrift für Parapsychologie« berichtet und die Vermutung geäußert, die Übereinstimmungen seien als »sinnvolle Zufälle« zu werten.[68]

Tatsächlich fällt es schwer, die verschiedenen astrologischen Regeln in diesem Bereich zu akzeptieren und die sich dabei ergebenden Widersprüche zu übersehen. Das Trigon zwischen der Sonne im weiblichen und dem Mond im männlichen Horoskop soll das stärkste bindende Element zwischen den Geschlechtern darstellen. Doch was geschieht tatsächlich, wenn diese Gestirne im Tierkreis exakt 120 Grad voneinander entfernt stehen?

Bewegen sich Neptun oder Pluto über den Platz, den die Sonne bei Geburt der Frau einnahm, so bedeutet dies nach astrologischer Lesart »Enttäuschung durch andere Menschen«[69] oder »Trennung von einem Mann«[70] – während beim männlichen Partner *zugleich* fällig ist: »seelische Beziehungen zu Frauen«[71] und »reiches, aber einseitiges Gefühlsleben«![72] Die erwähnte astrologische Kernregel läßt sich also durch andere, ebenso wichtige ad absurdum führen.

Trotzdem soll nicht bestritten werden, daß Mitglieder einer »Schicksalsgemeinschaft« (im engeren Sinne) gradgenaue Beziehungen zwischen ihren Geburtsbildern aufzuweisen haben, deren Häufigkeit die Zufallserwartung klar übersteigt. Sympathie oder Abneigung lassen sich daraus nicht mit Sicherheit ableiten. Schlechte Winkel signalisieren offenbar gemeinsame ungünstige Erlebnisse, wobei das persönliche Band aber unberührt bleiben oder sogar gefestigt werden kann.

Eine dritte Art von gemeinschaftlichem Erleben betrifft das Unfall- und Katastrophengeschehen, das den Krieg einschließt und die alte Frage aufwirft, wie solche Massenschicksale ins Leben des einzelnen eingreifen und mit den doch recht unterschiedlichen Geburtsbildern vereinbar sind. Das astrologische Magazin »Urania« hat darauf folgende Antwort parat:

> »Das Schicksal einer Gruppe ist dem des einzelnen Individuums übergeordnet. Ein solches Los ist auch mehr als die Summe der Einzelschicksale. Wer ein Flugzeug besteigt, wird Teil einer

Schicksalsgemeinschaft. Sein eigenes Horoskop wird damit für gewisse Bereiche ›außer Kraft gesetzt‹. Wer wissen will, ob er als Flugpassagier heil das Ziel erreichen wird, sollte weniger seinem eigenen Horoskop vertrauen, vielmehr *das des Flugzeugs* kennen.«[73]

Da Flugzeughoroskope nirgendwo gehandelt werden, bedeutet dieser bizarre Ratschlag eine Garantie-Verweigerung gegenüber dem astrologischen Kunden. Er kann wohl ein Lebensdiagramm mit den Tendenzen für die nächsten zehn Jahre bestellen, aber nicht rechtzeitig erfahren, ob er nach erfolgter Unterhaltung mit dem Astrologen in einem öffentlichen Verkehrsmittel unversehrt nach Hause kommt.

Gegen das freimütige Eingeständnis von Aussagegrenzen ist zwar nichts einzuwenden, wohl aber gegen den Versuch, ein nicht ausreichend erforschtes Gebiet wie das der astrologischen Vorhersage zu Geschäftszwecken verwenden zu wollen.

Dabei ist »Der Tod im Horoskop« schon Thema gesonderter Veröffentlichungen gewesen – mit unbefriedigendem Ergebnis. Als Anzeichen für einen gewaltsamen Tod werden dort so viele Konstellationen gewertet, daß – berücksichtigt man die ebenfalls erwähnten Ausnahmen von diesen Regeln – niemand sicher sein kann, nicht auch zu den Unfallkandidaten zu gehören.

Der Wunsch, Gewißheiten über Leben und Schicksal zu gewinnen, ist der Grundgedanke des Versuchs, Sterndeute- und Handlesekunst miteinander zu kombinieren.

Der Astrologe und Arzt Georg Lomer hat über »Die Sprache der Hand« ein umfangreiches Buch geschrieben und darin behauptet, daß die Linien auf den Innenhänden in ähnlicher Weise gedeutet werden können wie ein Horoskop.

Ausgangspunkt für solche Überlegungen ist unter anderem, daß keine zwei Menschen gleiche Handlinien aufweisen (auch eineiige Zwillinge nicht!). Allerdings unterscheiden sich diese Linien ebenso bei der linken und rechten Hand jedes einzelnen.

Für den Deuter ist auch die Gesamterscheinung der Hände von Bedeutung. »Krumme Hände und Finger« signalisieren nach Issberner-Haldane (dem Großmeister dieser Zunft) »ebensolche Charaktere«.[74] Wer weiß, wie auch distanzierte Beobachter an Adolf Hitler und Joseph Goebbels deren »schöne Hände« rühmten, wird an solchen allgemeinen Festlegungen seine Zweifel hegen.

Der Zeigefinger entspricht bei den Handdeutern dem Jupiter-Prinzip, das heißt dem Erfolgsstreben. Der Mittelfinger ist dem

entgegengesetzten Saturn zugeordnet. Dem Apollo (= der Sonne) ist der Ringfinger verbunden, während der kleine Finger den Verstandesplaneten Merkur zum Schutzherrn hat und der Daumen die Venus. Berücksichtigt werden nicht nur Größe, Färbung und Linienführung der Finger, sondern zugleich die Ballen unter den einzelnen Fingern (die als Jupiter-, Saturn-, Apollo-, Merkur- und Venusberg bezeichnet werden).
Wer nun auf dem »Jupiterberg«, also dem Ballen unter dem Zeigefinger ein Kreuz, ein Dreieck oder sogar einen »Stern« aufweisen kann, dem lacht – nach Meinung der Handleser – die Glücksgöttin. Kreuze auf dem »Saturnberg« unterhalb des Mittelfingers sollen hingegen üblen Vorzeichencharakter haben. Nicht selten treten die Ballen allerdings versetzt zwischen den Fingern statt unter ihnen auf. Was dann ein Kreuz *zwischen* Jupiter- und Saturnberg aussagen soll, ist den Deutungsbüchern nicht klar zu entnehmen.
Als Hauptlinien der Innenhand kennen die Autoren die Lebens-, Schicksals-, Kopf- und Herzlinie. Die Lebenslinie verläuft geschwungen am Rande des Daumenmuskels. Wie klar sie gezeichnet ist und wie stark ausgeprägt, soll ausschlaggebend für Lebenskraft, Gesundheit und Alter sein. Unterbrechungen und Querlinien gelten als sehr negativ.
Ähnliche Beurteilungen ergeben sich für die Schicksalslinie, die senkrecht die Handmitte durchzieht. Aus ihr wird allgemein auf den Schicksalsweg geschlossen. Unterbrechungen in ihr werden meist als Änderung der Verhältnisse durch Berufswechsel oder Verlassen des Wohnortes interpretiert.
Die Herzlinie verläuft waagerecht unterhalb der Fingerballen. Heiraten und andere Liebesangelegenheiten sollen aus ihrer Zeichnung erkennbar sein. Unterhalb der Herzlinie zieht sich (ebenfalls waagerecht) die Kopflinie hin. Ihr wird zusammen mit dem kleinen Finger und dessen Ballen Vorzeichen-Charakter für geistige Fähigkeiten zugesprochen. Dreiecke auf der Kopflinie sollen günstig sein, während Unterbrechungen angeblich auf eine geistige Störung oder eine schwere Kopfverletzung hinweisen.
Die ganze Handlesekunst, die so viele Anhänger hat, wird ein wenig fadenscheinig durch die Tatsache, daß ihre Befürworter sich nicht auf einen einheitlichen Zeitschlüssel für die Festlegung von Ereignisdaten einigen können. Unfälle oder einen Wechsel des Wohnortes erleben schließlich die meisten irgendwann einmal.
Hinzu kommt, daß sich die Linien der Innenhände im Laufe des Lebens *verändern.* Sehr eindrucksvoll hat dies die Autorin Her-

tha-Hannah Munwes in einem Aufsatz dargestellt.[75] Es geht dabei um jüdische Kinder, die das Grauen des Krieges überlebt hatten, und von denen zwischen 1947 und 1961 mehrfach Handabdrücke genommen wurden. Dabei ergab sich, daß seelische Stabilisierung bei diesen Kindern einherging mit einer Klärung des Gewirrs der Linien auf den Innenhänden. All dies wird von Frau Munwes sehr anschaulich dargestellt und durch viele Abbildungen illustriert, so daß man nicht ausschließen mag, daß eine Beziehung zwischen den Handlinien und der seelischen Entwicklung eines Menschen existiert. Eine überzeugende Korrespondenz zwischen diesen Linien und dem Geburtsbild des jeweiligen Menschen ist dagegen schon deshalb nicht vorstellbar, weil das Horoskop nur eine Entwicklung vorhandener und nicht völlig neuer Elemente kennt.

5. Die »Mütter am Himmel«

Gegner der Astrologie fragen nicht selten: Warum berücksichtigt die Sterndeutung zwar die Planeten, nicht aber die Fernsonnen, von denen einige doch zu den hellsten Gestirnen am Himmel gehören? Da Entfernungen für die Astrologen keine Rolle zu spielen scheinen, wäre es doch nur konsequent, die Fixsterne einzubeziehen!

Diese Kritiker wissen nicht, daß schon im Altertum einzelne helle Sterne beachtet wurden und arabische Wissenschaftler das damals aufgestellte Regelwerk im Mittelalter fortentwickelten – mit der Folge, daß viele Fernsonnen arabische Namen tragen. In die Deutung einbezogen wurden freilich zumeist nur solche Fixsterne, die sich etwa auf der gleichen Ebene befinden wie die Planeten des irdischen Sonnensystems.

Von den Arabern übernahmen während der Kreuzzüge (und in den Jahrhunderten danach) viele europäische Astrologen die Anregung, bestimmte ferne Sonnen als Kennmarken *außergewöhnlicher* Lebensverläufe ins Geburtsbild aufzunehmen. Der bedeutende Astronom – und Sterndeuter – Tycho Brahe (1546–1601) bezeichnete diese Sterne als »Mütter«, die allein unfruchtbar blieben, aber durch eine Planeten-Konjunktion »befruchtet«, Schicksal gebären würden.[76]

Nun befinden sich heute die Sterne nicht mehr an den Stellen des Tierkreises, die sie in der Antike besetzt hielten. Der Grund dafür ist die Schiefe der Erdachse, die den Frühlingspunkt (und damit

den Beginn des Zeichens Widder) alle zweitausend Jahre um rund 28 Tierkreisgrade wandern läßt. Die Sterndeuter sind überzeugt, daß dies für die Horoskop-Deutung belanglos ist, und sich heute dieselben Entsprechungen für Tierkreis und Fixsterne finden lassen wie vor Jahrtausenden.
Aufgangspunkt, Himmelsmitte, Sonne, Mond, Planeten und Mondknoten sollen die »Natur« einer Fernsonne »vermitteln«, wenn sie bei der Geburt im selben Tierkreisgrad oder direkt benachbart standen. Berücksichtigt werden bis zu hundert Fernsonnen. Von diesen bleiben etwa zwanzig übrig, für die Stichproben und astrologische Beispielsammlungen interessante Resultate zutage fördern:

Algenib (ungefährer heutiger Standort: 9 Grad Widder)

»Erfolge bei den Massen« soll dieser Stern verheißen, wenn er denselben Tierkreisgrad wie ein wichtiger Punkt des Geburtsbildes besetzt hält.
Abraham Lincoln, der wohl populärste Präsident der Vereinigten Staaten, hatte den Aufgangspunkt und die Venus in Konjunktion mit Algenib. Die Himmelsmitte (für Ansehen und beruflichen Erfolg) befand sich bei Heinrich Zille, dem volkstümlichen Maler, an dieser Stelle. Der deutsche Dichter Heinrich Heine hatte eine Verbindung zwischen dem Stern und Jupiter dem »Großen Glück« aufzuweisen.
Beim Schweizer Schriftsteller Erich von Däniken (Weltauflage 50 Millionen Exemplare) stehen Himmelsmitte und Merkur (der Schutzgott der Schreiber) am gleichen Ort.
Hitlers Lautsprecher Joseph Goebbels, dem es an »Erfolgen bei den Massen« wahrhaftig nicht fehlte, hatte ebenfalls die Himmelsmitte bei Algenib. Goebbels Gesinnungsgenosse Hermann Göring zeigt an derselben Stelle freilich den »Übeltäter« Mars. Seine ursprünglich beachtliche Beliebtheit schmolz dahin, als die Luftwaffe die von ihrem Befehlshaber Göring in der deutschen Öffentlichkeit geweckten Erwartungen nicht erfüllte.
Saturn, das »Große Unglück« der antiken Sterndeuter, stand im Horoskop der gestürzten Kultfigur Josef Stalin bei Algenib.

El Nath (7 Grad Stier)

Der »Stoßende« bei den arabischen Astrologen. Über ihn schreiben die »Kosmobiologen« Ebertin und Hoffmann:

»In starken Verbindungen scheint er das Leben mehrfach in Gefahr zu bringen durch Auf- und Absteigen oder durch Sprung oder Sturz in die Tiefe . . . Eine am 27. 4. 1891 geborene Frau, in deren Geburtsbild die Sonne bei El-Nath stand, kam wegen Hysterie ins Krankenhaus. Am 7. 5. 1923 schrie sie, daß ihr überall so unheimlich sei – und sprang aus dem Fenster.«[77]

Bei verunglückten Bergsteigern und Fliegern wollen Sterndeuter immer wieder auf El-Nath-Konstellationen gestoßen sein. Der bekannteste Fall ist der des deutschen Fliegergenerals Udet (»Des Teufels General« in dem bekannten Theaterstück von Zuckmayer). Udet hatte die Sonne in Konjunktion mit El-Nath. Er kam bei einem Flugzeugabsturz ums Leben.

Dieselbe Konstellation hat Rudolf Heß. Er ist in gewisser Weise auch ein abgestürzter (England-)Flieger, der vom »Stellvertreter des Führers« zum letzten, aufgrund der Nürnberger Prozesse, Inhaftierten wurde. Einen anderen »Sturz in die Tiefe« tat nach Nürnberg der ehemalige deutsche Außenminister Joachim von Ribbentrop, unter dem sich 1946 die Falltür öffnete.

Einen bemerkenswerten Abstieg vom geachteten Scheidungsanwalt der gehobenen Mittelschicht zum Häftling in Stuttgart-Stammheim hat auch der ehemalige Rechtsanwalt Klaus Croissant hinter sich. Bei ihm steht Merkur bei El-Nath.

Unter sensationellen Umständen stürzte auch der 1890 unehrenhaft entlassene Reichskanzler Otto von Bismarck (Himmelsmitte bei El-Nath). Freilich fragt sich, wie weit man solche Ausdeutungen treiben kann; schließlich enden nicht wenige Politiker-Karrieren mit einem Sturz. Recht eigenwillig ist die Antwort, die der Arzt und Astrologe Georg Lomer auf dieses Problem zu haben glaubte. Lomer schrieb nämlich eine ganze Monographie über »Bismarcks Stern und Unstern«, in der er nicht weniger als 130 Fernsonnen berücksichtigte sowie Winkelverbindungen, die fast alle seine Sterndeuter-Kollegen für unbedeutend halten.

Lomer hat sich über solche Einwände hinweggesetzt und ein »Fernsonnen-Gemälde« geliefert, das Bismarcks Lebensweg in allen Einzelheiten ohne Zuhilfenahme anderer Faktoren ausleuchtet. Überzeugender wäre es sicher gewesen, das Geburtsbild einer noch lebenden Persönlichkeit zu benutzen, um dem Zweifler Gelegenheit zu geben, Ausdeutungen und laufende Ereignisse miteinander zu vergleichen. – Bezeichnenderweise hat es Lomer noch nicht einmal versucht, diesen Weg einzuschlagen. Statt dessen verfaßte er eine zweite Broschüre, betitelt »Die Prophetie der

Natur«, in der es um Vorzeichen geht, wobei der »eiserne Kanzler« wiederum als Demonstrationsobjekt herhalten muß. Eine Kostprobe:

> »Nun eine fortlaufende Kette von Ereignissen, die sich auf den letzten, *31jährigen* Weltkrieg bezogen *(1914–1945)*. I. Am Sedanstag 1911 verlor in Astern, in Sachsen, mittags um 12 Uhr, ohne jede erkennbare Ursache, der Bismarck vor dem Rathause erst das Schwert, dann den Arm. II. Am Sedanstag 1913 fiel nachts die das Reichsschwert haltende rechte Hand des Bismarckstandbildes am Kyffhäuser-Denkmal herab.«[78]

Und so weiter. Wer auch nur eine Ahnung von der Vielzahl der Bismarck-Standbilder und Gedenktafeln in früherer Zeit hat, wird davon ausgehen, daß wohl immer wieder ein Erinnerungsstück schadhaft wurde, ohne daß gleich ein Weltkrieg ausbrach (schon gar kein »31jähriger«!). Berücksichtigt man ferner, daß Lomer es hartnäckig vermieden hat, die genannten Angaben nachprüfbar zu machen, so versteht man den beißenden Spott der Gegner.

Algol (26 Grad Stier)

Das »Haupt der Medusa« hieß dieser Doppelstern bei den Griechen – nach jenem Ungeheuer, dessen bloßer Anblick die Betrachter in Stein verwandelte. Die Araber nannten ihn »Al Ghoul« (»den Teufel«; das Wort »Alkohol« ist verwandt).

> »Arabische Feldherren der Eroberungszeit hielten streng darauf, daß keine bedeutsame Kampfhandlung zur Zeit eines Algol-(Helligkeits-)Minimums begonnen wurde.«[79]

Im europäischen Mittelalter war Algol »der Satan am Himmel«. In den Geburtsbildern von Städten (gestellt auf deren Gründungstag) suchte man nach Algol-Konstellationen. Fand man sie, so war allen klar: die Stadt würde zerstört werden. Da nun aber sehr viele Städte im Laufe ihrer Geschichte Zerstörungen erlebten, manche sogar mehrmals, wird man die Ergebnisse solcher Vergleiche nicht allzu hoch veranschlagen dürfen.

Trotzdem gilt Algol vielen neuzeitlichen Astrologen für ihre Deutungen als der wichtigste (und ungünstigste) Fixstern. Nur wenige versäumen, darauf hinzuweisen, daß im Horoskop der »Sozialistischen Einheitspartei Deutschlands« (SED) Algol in Konjunktion mit der Himmelsmitte steht.

Lange Listen mit Beispielen für »Algol-Wirkungen« füllen astrologische Deutungsbücher; besonders üble Kriegsschicksale, Verbrecherkarrieren sowie Geburtsbilder von deren Opfern sind dar-

unter. Das alte Problem »Wer ist Täter, wer Opfer?« wird dabei überdeutlich; denn für die Beurteilung ist es schon ein belangvoller Unterschied, ob jemand ein ungewöhnlich schlechtes Schicksal zu erwarten hat oder anderen ein solches zufügt.
Nachträglich weiß man es natürlich: der Massenmörder Kürten (Aufgangspunkt bei Algol) war ein Täter, ebenso Haarmann, der »Mann mit dem kleinen Hackebeilchen« (Mars mit Aufgangspunkt beim selben Stern), desgleichen Martin Bormann, Hitlers Sekretär (Mars Konjunktion Algol).
Auch bei verschiedenen deutschen Terroristen war oder ist Algol durch Planeten-Konjunktion betont, so zum Beispiel bei Gudrun Ensslin, der Mitbegründerin der »Roten Armee-Fraktion«.
Im Geburtsbild von Politikern soll Algol eine – im negativen Sinne – ganz ungewöhnliche Karriere signalisieren. Der zum Rücktritt gezwungene amerikanische Präsident Richard Nixon hatte eine Verbindung zwischen »Großem Unglück« (Saturn) und Algol in dem für Staatsmänner besonders wichtigen neunten Feld.
Die Deutungsbücher erwähnen zumeist, daß der sowjetische Diktator Josef Stalin den Pluto bei Algol hatte und knüpfen daran allerlei Betrachtungen, die ungerechtfertigt sind. Pluto bewegt sich nämlich sehr langsam und überschreitet dieselbe Tierkreisstelle bis zu fünfmal. Dieselbe Pluto-Algol-Konjunktion wie Stalin hatten also Millionen anderer Menschen in aller Welt.
Einzelne Sterndeuter wollen deshalb in dieser Konstellation ein Generationen-Schicksal vieler Menschen erkennen, die beide Weltkriege miterlebten. Dies erscheint nicht schlüssig. Der Anteil der Menschen mit dieser Algol-Pluto-Verbindung war ja in Südamerika nicht geringer als in Europa – und dort tobten keine Weltkriege. Im Gegenteil, als Lieferanten von Fleisch und anderen Gütern für die Westmächte brachten es diese Länder zu (kurzen) wirtschaftlichen Blütezeiten.

Alkyone (Hauptstern der Plejaden, 29 Grad Stier)

Alkyone wird ebenfalls als negativ gewertet, freilich nicht so stark wie Algol. Der Stern soll im besonderen »blind oder verblendet« machen. Der israelische Politiker Moshe Dayan, der durch eine Verletzung ein Auge verlor, hat die Sonne bei Alkyone stehen, auch auffallend viele andere Personen mit mehr oder weniger großen Augenschäden.
Alkyone findet sich mehrfach bei Personen des terroristischen politischen Untergrundes, zum Beispiel bei Christian Klar, der

verdächtigt wird, an den Anschlägen auf den Generalbundesanwalt Buback und den Bankier Jürgen Ponto teilgenommen zu haben.

Die Hyaden (Sternhaufen; 4–6 Grad Zwillinge)

Für die »Regensterne« werden unterschiedliche Bedeutungen angegeben. Im Altertum wurden sie mit dem Wettergeschehen in Verbindung gebracht (daher der Name dieses Sternhaufens). Von den späteren Entsprechungen hat sich vor allem die durchgesetzt, welche den »Regensternen« eine Signalfunktion für besondere militärische Interessen und Befähigungen zuspricht.

Den Aufgangspunkt in den Hyaden hatte der deutsche Marinekapitän Graf Luckner. Er organisierte mit seinem Schiff »Seeadler« im Ersten Weltkrieg einen Kaperkrieg gegen britische Handelsdampfer in der Südsee. Seine Erfolge erregten sensationelles Aufsehen, das sich nach seiner abenteuerlichen Flucht aus britischer Kriegsgefangenschaft noch steigerte.

Die Sonne bei den Hyaden findet man im Geburtsbild des jugoslawischen Staatspräsidenten Tito. Er war bekanntlich Oberkommandierender der jugoslawischen Partisanen im Zweiten Weltkrieg und beschäftigte jahrelang eine ganze deutsche Armee, die ihn ebensowenig niederringen konnte wie italienische und kroatische Verbände.

Unter den Generälen, welche die Hyaden im Kosmogramm betont haben, ist vor allem Dwight D. Eisenhower ein Begriff. Ein klarer Zusammenhang mit dem Thema Kampf und Militär wird daneben erkennbar bei dem Kanonen-Fabrikanten Alfred Krupp oder bei Richard Wagner mit seinen Helden-Opern.

Häufig wird von Astrologen auch der (Wagner-Fan) Adolf Hitler genannt, bei dem freilich Neptun in Konjunktion mit den Hyaden stand – wie bei Millionen seiner Zeitgenossen.

Sirius (14 Grad Krebs)

Sirius ist einer der hellsten Fixsterne. Besondere Berühmtheit soll er im Horoskop anzeigen. Der Schöpfer der »Allgemeinen Relativitäts-Theorie«, Albert Einstein, hatte den Aufgangspunkt bei Sirius. Den Mond an gleicher Stelle zeigte Clark Gable, der König unter den Filmstars. Der seit einigen Jahren wieder sehr viel gelesene Dichter Hermann Hesse vereinte bei seiner Geburt Sonne und Mond in Konjunktion mit Sirius.

Im Tierkreis ist der Stern Canopus dem Sirius direkt benachbart. Er hat in der Astrologie die Entsprechung »weite Reisen«. Bei beiden Sternen steht die Geburtssonne des ehemaligen Außenministers und Bundespräsidenten Walter Scheel. Der unternehmungslustige und einfallsreiche Psychologe Carl Gustav Jung hatte Merkur an dieser Stelle.

Pollux (23 Grad Krebs)

Ist wieder ein Stern, der mit »schweren Schicksalen« in Zusammenhang gebracht wird, ohne Unterscheidung von Täter und Opfer. Josef Stalin soll ihn an der Himmelsmitte gehabt haben. Der Mars in Konjunktion mit Pollux findet sich bei Berija, Stalins fleißigem Henker, der schließlich selbst erschossen wurde.
Der letzte deutsche Kaiser Wilhelm II. hatte Pollux am Aufgangspunkt. Dort stand der Stern auch bei dem unglücklichen Maler Vincent van Gogh. Der deutsche Nobelpreisträger Max Planck, der im Leben mehr Sorgen als berufliche Ehrungen zu verzeichnen hatte, besaß im Kosmogramm eine Verbindung von Saturn und Pollux.

Procyon (26 Grad Krebs)

Jäher Wechsel im Leben wird durch diesen Stern versinnbildlicht. Bei Himmelsmitte und Saturn stand er im Geburtsbild des amerikanischen Präsidenten John F. Kennedy, der durch ein Attentat ums Leben kam.
Für den Charakter gilt Procyon ebenfalls als Kennmarke des Jähen, Unberechenbaren und Unbeherrschten. Adolf Hitler soll den Stern an der Himmelsmitte gehabt haben. Auch der DDR-Staatschef Walter Ulbricht hatte die Himmelsmitte (und Venus) in 25 Grad Krebs.
Als weitere Entsprechung wird für Procyon genannt: Betonte Beziehungen zu Hunden, also Hundenarren oder Leute, die Angst vor Hunden haben – was sich im täglichen Leben oft auf ganz verblüffende Weise bestätigt.

Die Eselssterne (6 bis 8 Grad Löwe)

Sie werden von vielen Astrologen mit dem Stern Präsepe zusammengefaßt und sollen einen betont sinnlichen Charakter »verleihen«. Der italienische Diktator Mussolini hatte sowohl die Sonne

als auch den Merkur in 6 Grad Löwe stehen und ist durch die erwähnte astrologische Regel ganz gut charakterisiert.
Den Aufgangspunkt bei den Eselssternen hatte die amerikanische Tänzerin Josephine Baker, deren reich besetztes »Freundschafts-Feld« schon erwähnt wurde. An gleicher Stelle befand sich bei der Geburt der Schauspielerin Marlene Dietrich (»Der blaue Engel«) der Mond. Saturn als Kennmarke »großen Unglücks« hatte SA-Chef Röhm bei den Eselssternen.

Alphard (27 Grad Löwe)

Einen Hang zur Vereinsamung soll der »Kopf der Wasserschlange« ankündigen. »El Pherd« (»der Einsame«) hieß er bei den Arabern. Als weitere Facette wird genannt: Außergewöhnliche Schäden und Aufregungen durch Frauen.
Den österreichischen Kaiser Franz Joseph I. führen die Sterndeuter gern als Paradebeispiel an. In seinem Leben finden sich tatsächlich viele Elemente, die mit der starken Betonung dieses Sterns (Sonne und Mond in Konjunktion zu Alphard) in Einklang stehen.
Eine Verbindung zwischen Alphard und Geburtssonne zeigt sich bei Napoleon Bonaparte, dem »Einsamen von Sankt Helena«. Ihm war die Liebesgöttin entschieden weniger hold als der Schlachtengott. Napoleons Briefe an seine Ehefrau und spätere Kaiserin Josephine (die in Paris herumtollte, während er halb Europa unterwarf) sind ein höchst eindrucksvolles Anschauungsmaterial zum Thema »besonderer Schaden und Aufregungen durch Frauen«.
Der Mond in Konjunktion mit Alphard findet sich im Geburtsbild von Willy Brandt, der zu diesem Komplex vermutlich einiges erzählen könnte, wenngleich nicht dasselbe wie Napoleon. Alphard entdeckt man ebenso in den Kosmogrammen von Politikern und anderen Personen des öffentlichen Lebens, bei denen eine Entsprechung zwar vorstellbar, aber nicht immer offensichtlich ist. So hat beispielsweise der ostdeutsche Staatschef Honecker Merkur bei Alphard.
Nicht nur durch, sondern auch für Frauen soll Alphard schwere Nachteile »bewirken«: Opfer von Sexualverbrechern haben diesen Stern nicht selten im Geburtsbild betont. Neben Einsamkeit durch »Vergiftung« menschlicher Kontakte wird auch die Süchtigkeit nach Rauschmitteln und Genußgiften traditionell mit Alphard in Verbindung gebracht.
Alkoholiker und Drogenkonsumenten haben diesen Stern tatsäch-

lich häufig in Konjunktion zu wichtigen Punkten des Horoskops. Manchmal ersetzen sehr schlechte Neptun-Winkel Alphard. Die stärksten Entsprechungen sind angeblich bei *gleichzeitiger* Betonung von Alphard und exakten Neptun-Quadraten zu befürchten. Beratung durch seriöse Astrologen erscheint hier von großem Nutzen, weil sie rechtzeitig konkrete Warnungen aussprechen und so verhindern können, daß die Betroffenen mit ihren Angehörigen von den »Zufällen des Lebens« überrollt werden.

Im Herbst 1978 berichtete die Zeitschrift »Stern« in einer vielbeachteten Serie über den Lebensweg einer jungen Rauschgiftabhängigen. (»Wir Kinder vom Bahnhof Zoo«, »Stern«, Nr. 40 ff.) Die junge Frau wurde am 20. 5. 1962 geboren. In ihrem Geburtsbild steht Uranus in Konjunktion zu Alphard, während Neptun enge Quadrate zu Saturn und Mondknoten wirft. Das Saturn-Neptun-Quadrat ist auf ein viertel Grad genau; die Zufallserwartung allein dieser Konstallation beträgt also 1 : 720. 1976 und 1977 ging Uranus mehrfach in Konjunktion zum Neptun des Geburtsbildes, während Saturn sein Quadrat zu Neptun wiederholte und im Herbst 1977 in Konjunktion zu Uranus (und damit zu Alphard!) trat.

In diesem Zeitraum realisierte sich nun das gesamte Spektrum von Alphard. »Ungewöhnliche Aufregungen durch Frauen« ergaben sich durch die engsten Freundinnen der Horoskopeignerin, die auf der Drogenszene starben oder im Gefängnis landeten. »Besonderer Schaden für Frauen«, nämlich für die junge Rauschgiftabhängige und ihre Mutter, kam hinzu. Heroin »vergiftete« die Umweltbeziehungen der jungen Frau in steigendem Maße, so daß sie sich immer häufiger »total einsam« fühlte. Alphard – »der Einsame«.

Regulus (29 Grad Löwe)

Der »kleine König« im Herzen des Löwen ist der nach Algol wichtigste Stern, den die Astrologen berücksichtigen. Er gilt als sehr positiv. Hans Baumgartner bemerkt:

> »Nach der Überlieferung gibt Regulus, der Königsstern, Beziehungen zu Kaisern und Mächtigen, zu den Würdenträgern und Berühmtheiten. Selbst bei Alltagsmenschen bewirkt er, wenn herausgehoben, ›Familienberühmtheit‹, ›Tagesberühmtheit‹, oder doch eine Laufbahn mit den unwahrscheinlichsten Höhepunkten.«[80]

Mars, das Symbol für Krieg und Kampf, zeigt das Staatshoroskop

Israels in Konjunktion mit Regulus. An der Himmelsmitte hatte diesen Stern der »Sonnenkönig« Ludwig XIV. Den Aufgangspunkt mit Regulus zeigt das Geburtsbild Friedrich Schillers, und den Merkur für Rede und Schrift hatte der Dichterfürst Johann Wolfgang von Goethe mit diesem Stern verbunden.
Skeptiker haben freilich eingewandt, daß weitaus mehr Menschen diese Konstellationen haben, ohne entsprechende Erfolge zu erzielen. Die einsichtigeren Sterndeuter haben darauf geantwortet, daß *ein* solches Zeichen zwar einen wichtigen Hinweis darstellt, aber immer in Zusammenhang mit dem gesamten Geburtsbild gesehen werden muß – das auch nur als eine relative Größe, eine Art Schattenriß zu betrachten ist.
Zeitumstände und Milieu können diesen Schattenriß farbig und plastisch werden lassen – oder auch nicht, wenn die Voraussetzungen dazu fehlen. Vorstellbar ist, daß ein Zeitgenosse Goethes, wie dieser mit Merkur bei Regulus versehen, auf dem Rad endete, weil er etwa als Kind einer Räuberbande geboren wurde, wo ihm sein Talent zum Dichten und Reimen nichts nutzte.
Tatsächlich findet man in Geburtsbildern manchmal Zeichen, deren Entsprechungen durch das Leben der Betreffenden nur skizziert scheinen. So hatte der belgische Dichter Charles de Coster Regulus bei der Sonne. Er schuf zwar mit »Thyl Ulenspiegel« einen Roman der Weltliteratur, doch glanzvoll verlief sein Leben nicht (»La vie pittoresque et malheureuse« ist der Titel einer Biographie Costers).
Insbesondere bestätigen sich die Regulus zugesprochenen Charakter-Signaturen häufig nicht. Edelmut und andere »königliche« Eigenschaften fehlten bestimmt bei SS-Chef Himmler (Venus bei Regulus). Doch auch er errang große Erfolge (durch Gewalt) und das, was der Astrologe Klöckler für Regulus angibt:

> »Häufig eine markante, das Durchschnittsschicksal stark überragende Daseinslaufbahn mit glänzenden oder zum mindesten ungewöhnlichen Höhepunkten, aber auch nicht unbeträchtlichen Rückschlagsgefahren.«[81]

Saturn gilt auch bei Regulus als ungünstig. Als exemplarisches Beispiel kann man den schwedischen König Gustav II. Adolf nehmen, dessen Heer 1632 die Schlacht bei Lützen gewann, aber seinen Anführer verlor. Eine Konjunktion zwischen Saturn und Regulus zeigt das Staatshoroskop der Bundesrepublik Deutschland. An gleicher Stelle steht Saturn im Kosmogramm von Bundeskanzler Helmut Schmidt.
Einige Sterndeuter beachten die wichtigsten Sterne (Algol, Regu-

lus und den noch zu besprechenden Fixstern Spica) zusätzlich in Jahreshoroskopen. Auch wenn Regulus (und Spica) dort betont sind, soll gelten, was der Astrologe Professor Uhle vor Jahrzehnten so formulierte:

> »Gibt höchste Auszeichnung oder Ehrenstaffel, selbst wenn man eines Bauern Sohn wäre.«[82]

Im Oktober 1975 standen bei James E. Carter, Sohn eines Erdnußfarmers aus Georgia, im Jahreshoroskop für die nächsten zwölf Monate Spica mit Merkur und Regulus mit Venus zusammen. Er stieg in dieser Zeit vom unbekannten Provinzpolitiker »Jimmy Who« zum (erfolgreichen) Präsidentschaftskandidaten der Vereinigten Staaten auf.

Benetnasch (26 Grad Jungfrau)

Das »Klageweib« der Araber wird noch heute in Zusammenhang gebracht mit »Frauentränen an offenen Gräbern«. In den Horoskopen von Angehörigen des Polituntergrundes der Bundesrepublik ist dieser Stern mehrfach betont. Die ehemalige Journalistin und Mitbegründerin der »Roten Armee-Fraktion« Ulrike Meinhof hatte dort zum Beispiel den Mond. (An gleicher Stelle stand der Mond im Geburtsbild von Eva Braun, der Geliebten Hitlers.)

Spica (23 Grad Waage)

Spica und der im Tierkreis direkt benachbarte Fixstern Arcturus werden als äußerst günstig angesehen. Bei vielen bekannten Persönlichkeiten sind beide Fernsonnen im Geburtsbild hervorgehoben. Die Liste der Namen reicht von Hans Christian Andersen (Himmelsmitte) über Thomas Mann (Jupiter, das »Große Glück«) bis zu dem Philosophen Friedrich Nietzsche (Sonne bei Spica).
Man braucht also keine Belege an den Haaren herbeizuziehen. Trotzdem geschieht dies. So hat der bekannte Astrologe Herbert A. Löhlein in dem Magazin »Urania« einen Artikel mit der Überschrift »Erfolg ist errechenbar!« veröffentlicht. Dort wird nun behauptet, die Sängerin Daliah Lavi habe die »Sonne (18 Grad Waage) in der Nähe des Fixsterns Spica«.[83] Ein solcher »Wirkungs-Abstand« würde bedeuten, daß etwa jeder fünfte Mensch ein günstig markierbares Zeichen (Sonne, Mond, Mondknoten, Aufgangspunkt, Himmelsmitte, Merkur, Venus und Jupiter) ebenso verheißungsvoll plaziert hätte wie die Schauspielerin – wovon doch aber nichts zu merken ist.

Wie erwähnt wird Spica im Jahreshoroskop beachtet. Steht dort ein wichtiger Punkt bei Spica und war dieser Stern womöglich schon bei der Geburt hervorgehoben, dann wird mit entsprechenden Auswirkungen gerechnet.
Etwas sehr Merkwürdiges ergibt sich dabei im Falle des Staates Israel, bei dem sich der »Kreuzpunkt« (für Krankheit und Tod) bei Spica befindet. Für das 26. Jahr dieses Landes (von Mai 1973 bis Mai 1974) stand der Mond bei Spica und damit beim »Kreuzpunkt«.
Als der Planet Uranus im Herbst 1973 diese Figur erreichte, überschritten am 6. Oktober ägyptische und syrische Truppen die Waffenstillstandslinien. Überraschend (Uranus) fand so der Tod (Kreuzpunkt) seine Opfer in diesem Volk (Mond). Freilich fehlte es nicht an der besonderen Leistung, die mit Spica stets verbunden wird: Ebenfalls unerwartet gelang es den Israelis, die Initiative wiederzugewinnen, über den Suezkanal vorzustoßen und – unter Verlusten – einen halben Sieg zu erringen.
Der Kriegsausbruch soll von israelischen Astrologen vorausgesagt worden sein.
Der nächste langsame Planet, der den »Todespunkt« im Staatshoroskop Israels erreichen wird, ist der Pluto. Er wird diese Stelle – unter anderem – Ende April/Mai 1981 überschreiten.

Das südliche Kreuz (11 Grad Skorpion)/*Gemma* (12 Grad Skorpion)

Diese Sterne sollen einen funkelnden, mitunter giftigen Einschlag verleihen, der sich vor allem in Rede und Schrift kundtut. Beide Fernsonnen sind zum Beispiel bei der Geburt des SPD-Politikers Kurt Schumacher und des Journalisten Rudolf Augstein betont gewesen (bei Schuhmacher durch Merkur, bei Augstein durch die Sonne).

Wega (15 Grad Steinbock)

Aufstieg und Berühmtheit soll Wega verheißen, allerdings auch Nachteile durch Affären und Skandale. Der deutsche Bundeskanzler Adenauer hatte die Sonne in Konjunktion mit diesem Stern. Seine Karriere führte ihn vom Sessel des Kölner Oberbürgermeisters ins Bonner Kanzleramt zum Zentrum der Macht. Sein Rücktritt wiederum, gegen den er sich lange gesträubt hatte, wurde beschleunigt durch Verwicklungen, die zur »Spiegel-Affäre« führten.

An gleicher Stelle wie bei Adenauer stand die Sonne im Geburtsbild des deutschen Kaufmanns und Altertumsforschers Heinrich Schliemann. Wie Adenauer kam Schliemann erst im fortgeschrittenen Alter dazu, lange gehegte Ideen zu verwirklichen. Auseinandersetzungen und endlose Pressefehden blieben auch ihm nicht erspart.

Atair (1 Grad Wassermann)

Der »fliegende Adler« wird in Zusammenhang gebracht mit besonderer Tapferkeit und schnellem Reaktionsvermögen. »Familie in Gefahr, Mut, Erpesser« heißt es zu diesem Stern in den 1954 erschienenen »Astrologischen Deutungs-Richtlinien« von Max Karlhuber.
Den Mars an dieser Stelle und in Beziehung zur Himmelsmitte (für äußeren Erfolg) hat Bundeskanzler Helmut Schmidt. Napoleon Bonapartes Geburtsbild zeigt eine Konjunktion zwischen Mond und Atair. Von anderen Militärs, die Atair betont haben, seien beispielhaft genannt: der schon erwähnte »Seeteufel« Graf Luckner und der amerikanische Feldherr Mac Arthur. (Beide hatten die Himmelsmitte bei Atair.) Interessant ist, was der römische Naturforscher und Sterndeuter Firmicus Maternus im Altertum über Atair schrieb, nämlich:

> »Gibt Tierbändiger und tapfere Soldaten, denen die größte Todesverachtung eigen ist.«[84]

Deneb im Schwan (5 Grad Fische)

»Kluge, erfolgreiche Studien« werden mit diesem Stern verbunden. Der Maler, Bildhauer und Erfinder Leonardo da Vinci, der seiner Zeit weit voraus war, hatte den Mond in Konjunktion zu Deneb. Bei der Geburt des Altertumsforschers Heinrich Schliemann stand hingegen die Venus im selben Tierkreisgrad wie dieser Stern. Der »Kosmobiologe« Ebertin spricht in seiner Untersuchung bei Deneb von »bekannten Künstlern und Schriftstellern« und zählt unter anderem auf:

> »So hat die Schriftstellerin Hedwig Courths-Mahler ungewöhnlich hohe Massenauflagen, 27 Millionen Exemplare, erreicht... bei ihrer Geburt stand Deneb in Konjunktion mit Merkur... Der beliebte Autor Erich Kästner erlebte von verschiedenen Büchern Auflagen von mehreren Hunderttausend, so daß die Gesamtauflage auch in die Millionen gehen kann... In seinem

Geburtsbild steht die Sonne in Konjunktion mit Deneb ... Große Buchauflagen konnten auch die schwedische Schriftstellerin Selma Lagerlöf und der Schweizer Hermann Hesse verzeichnen. Bei ihrer Geburt stand der Mondknoten mit Deneb in Konjunktion und kennzeichnet damit die vielseitigen Verbindungen mit Millionen von Lesern. Bei dem volkstümlichen Filmschauspieler Hans Söhnker steht im Kosmogramm der Fixstern am MC [Himmelsmitte].«[85]

Markab (23 Grad Fische)

ist ein Stern mit überwiegend ungünstiger Bedeutung. Er soll Gefahren durch Hiebe, Stiche oder Feuer signalisieren. Betont war er im Geburtsbild von Abraham Lincoln (der bei einem Attentat erschossen wurde) und von Johann Friedrich Struensee, dem aus Deutschland stammenden Sozialreformer Dänemarks (der enthauptet wurde). In beiden Fällen fanden auch die positiven Gaben Markabs, nämlich fortschrittsfreundliche, durchdachte Ideen, ihre Entsprechung.
Markab ist natürlich auch in Horoskopen lebender Prominenter betont, etwa im Kosmogramm des Chefs der ostdeutschen Spionage Mischa Wolf und im Geburtsbild des portugiesischen Politikers Mario Soares. (Bei Wolf steht der absteigende Mondknoten mit Markab zusammen, bei Soares ist es der »Übeltäter« Mars.)

Einige Astrologen beachten weitere Fixsterne, für die widersprüchliche Deutungen angegeben werden, und die im besonderen Maße die Eigenschaft besitzen sollen, »zu erheben, um zu stürzen« oder »Macht ohne Dauer« zu geben. Zu diesen Fernsonnen gehören:

Aldebaran (9 Grad Zwillinge)
Rigel (16 Grad Zwillinge)
Alioth (8 Grad Jungfrau)
die beiden »Wagschalen« (15 bzw. 19 Grad Skorpion)
Antares (9 Grad Schütze)
und andere mehr.

Aldebaran am Aufgangspunkt hat zum Beispiel der deutsche Politiker Franz Josef Strauß. Die Sonne bei Antares stand dagegen im Geburtsbild des englischen Premierministers Winston Churchill. Die Karriere beider Politiker ist – bei aller sonstigen Unvergleichbarkeit – von rasanten Auf- und Abschwüngen gekennzeichnet.
Die Beispiele, die sich für die Fernsonnen-Deutung finden lassen,

sind also sehr interessant und zum Teil verblüffend. Um so unverständlicher ist es, daß selbst Astrologen wie Parker kurz – und falsch – behaupten:

»Man sollte allerdings nicht in den Glauben verfallen, daß ›die Sterne‹ irgend etwas mit der Astrologie zu tun hätten – bedeutsam sind allein die Planeten.«[86]

Uhren des Lebens?

1. Wissenschaft und Sterndeutung

Im Jahre 1949 gab die »Astronomische Gesellschaft«, der Dachverband der deutschen Astronomen, eine Presseerklärung heraus, in der es unter anderem hieß:

> »Die Astronomische Gesellschaft als Vertretung der astronomischen Wissenschaft in Deutschland nimmt ihre diesjährige Tagung in Bonn zum Anlaß, die Öffentlichkeit vor dem sich immer mehr verbreitenden Unfug der Astrologie eindringlich zu warnen . . . Was heute als Astrologie, Kosmobiologie usw. auftritt, ist nichts anderes als eine Mischung von Aberglaube, Scharlatanerie und Geschäft. Zwar gibt es astrologische Kreise, die von den genormten und gedruckten Charakteranalysen und Beratungen für alle Lebenslagen abrücken, diesen Torheiten aber ihre eigene ›wissenschaftliche‹ und daher ernst sein sollende Astrologie entgegenstellen. Aber auch diese Astrologie ist den Beweis, eine Wissenschaft zu sein und mit wissenschaftlichen Methoden zu arbeiten, schuldig geblieben. Daran können auch gelegentliche Zufallstreffer astrologischer Aussagen nichts ändern.«[87]

Ähnlich lauten die Erklärungen, die andere Gruppen von Wissenschaftlern (unter ihnen zahlreiche Nobelpreisträger) bis in die Gegenwart hinein veröffentlichen und die nicht selten auch in Fachzeitschriften wiedergegeben werden.
Nun haben wir in den vorangegangenen Kapiteln zahlreiche Beispiele für Übereinstimmungen zwischen astrologischen Regeln und dem Geburtsbild einzelner Menschen angeführt. Wie stellt sich *dieses* Problem nun jenen Wissenschaftlern dar, die so bereitwillig »abschließende Urteile« über »die« Astrologie zum besten geben?
Meist gar nicht. So groß nämlich die Neigung zum Beurteilen und Verurteilen bei vielen ist, so gering ist auf der anderen Seite die Bereitschaft, den verdammten Gegenstand vorher gründlich zu prüfen. Eine solche Prüfung erübrige sich, da es sich in jedem Fall um »Zufallstreffer« handle, sagen diese Kritiker. Die Richtigkeit dieser These würde bedeuten, daß nicht die Astrologen, sondern ihre Gegner die eigentlichen Hellseher wären, da sie schon im voraus »wissen«, was eine Untersuchung ergeben würde.

Dennoch halten unzählige der auf ihre »Wissenschaftlichkeit« pochenden Autoren diesen Kurs hartnäckig durch. Schlägt man das Buch »Der moderne Okkultismus« (1976) von Professor Prokop und Richter W. Wimmer auf, so findet man an erster Stelle eine Betrachtung über die Sterndeutekunst, eingeleitet durch folgende Entschuldigung:

> »Es ist fast unwürdig, daß sich ein Hochschullehrer die Zeit nimmt, zu einer Disziplin Stellung zu nehmen, die dem finstersten Aberglauben angehört.«[88]

Folgerichtig nimmt sich dann Otto Prokop auch nicht diese Zeit, sondern haspelt auf kürzestem Raum Allgemeinplätze wie den herunter, daß das menschliche Leben schon vor der Geburt beginnt. Man sollte meinen, daß solche Erkenntnisse beim Leserkreis einer wissenschaftlichen Buchreihe vorausgesetzt werden können.

Worin die Sterndeutung im einzelnen besteht und welche Unterschiede ihre Vertreter trennen, erfährt der Interessierte aus Prokops Äußerungen nicht. Der Eindruck entsteht, es sei nicht wichtig, worum es genau geht, sondern wie Professor Prokop darüber denkt. (Dieser Eindruck verstärkt sich, wenn man Auftritte Prokops im ostdeutschen Fernsehen miterlebt.) Astrologische Fehlvorhersagen werden vorgestellt – und als typisch für »die« Astrologie ausgegeben. (Nach der Logik: Bestimmte Astrologen haben sich manchmal geirrt, also irren sich alle Astrologen immer – dieses Argument läßt sich umdrehen und gegen jede etablierte Forschungsrichtung anwenden.)

Wo starke Beweise fehlen, wächst rasch die Neigung, in starken Worten Zuflucht zu suchen. Entsprechend liest man bei Prokop, was die Anhänger der Astrologie sind, nämlich »entweder minderbegabte fanatische Psychopathen oder letztlich betrügerische Geschäftemacher«.[89] Es verdient festgehalten zu werden, daß der Mediziner Prokop hier auch über viele Standesgenossen wie die Ärzte Klöckler, Lomer oder Fidelsberger sein Urteil spricht.

Wem Otto Prokops Beweisführung nicht einleuchtet, dem verschafft er zusätzliche Erhellung, indem er die Astrologie mit völlig andersartigen Gebieten verquirlt und Scheiterhaufen im Hintergrund aufglosen läßt. Originalton:

> »Wohin es führen kann, wenn Wahnvorstellungen und Lügenmärchen durch Scheingelehrte als unbestreitbare Naturtatsachen hingestellt werden, zeigt uns in eindringlicher Weise die Vergangenheit. An den Verbrechen der Hexenverfolgungen, jener Warnungstafel der Geschichte, erkennen wir, daß in der

Wissenschaft nichts folgenlos bleibt und sei es auch der größte Blödsinn.«[90]
Sicherlich zeigen die Hexenverfolgungen auch, was im Extremfall die Konsequenz sein kann, wenn Intoleranz und Voreingenommenheit so stark werden, daß Abweichler nicht mehr die Einhaltung allgemein verbindlicher Normen beanspruchen dürfen. Prokop liefert dabei nur ein anschauliches Beispiel von vielen, wie jemand, der andere entlarven will, sich selbst entblößt.
Hier liegt eine der Erklärungen für die Tatsache, daß sich bei Meinungsumfragen ein hoher Prozentsatz der Bevölkerung zwar vom Erscheinungsbild der Geschäftsastrologie abgestoßen fühlt, aber ebensowenig mit Kritikern im Stile Prokops etwas gemein haben will. Instinktiv spüren die Menschen, daß Gegner, die logische Turnübungen statt klare Argumente vorführen, von vornherein Partei ergreifen und zur Meinungsbildung nicht viel beizutragen haben.
Dies ist wohl auch der Grund, der einige der schärfsten Astrologie-Gegner bewogen haben mag, sich doch etwas näher mit dem Gegenstand ihrer Kritik zu beschäftigen. Am bekanntesten ist damit der Fabrikant und Schriftsteller Ludwig Reiners geworden. Bei ihm finden sich gebündelt jene Einwände, die in einigen Hauptpunkten schon im Altertum vorgebracht wurden:

1. *Die Sterndeuter sprechen von Gestirns-Einflüssen, ohne deren Ursachen näher beschreiben zu können.*

Dieser Einwand trifft einen beachtlichen Teil der Astrologenschaft, die wirklich mit »Sternen-Strahlen« argumentieren. Dagegen berührt er nicht jene Minderheit, die das Geburtsbild als Anordnung von Kennmarken betrachtet, deren Entsprechungen im menschlichen Leben immer wieder beobachtet, aber nicht ursächlich erklärt werden können. Solche Erklärungen sind zwar etwas sehr Schönes, aber Tatsachen und Beobachtungen bleiben, was sie sind – auch dann, wenn der Erkenntnisstand keine plausible Beschreibung des »Wie« und »Warum« zuläßt. Bekanntlich haben elektrische Vorgänge – etwa Blitze – die Menschen seit je beschäftigt und Anlaß zu den merkwürdigsten Vermutungen gegeben. Aber erst seit 200 Jahren beginnt man das Phänomen Elektrizität schrittweise zu verstehen – wobei noch viele Fragen auf Antworten harren.

2. *Einwand: Die Astrologen reden sich bei Nichteintreffen von Ankündigungen auf »Regeln« heraus, die Ausnahmen zulassen*

und entziehen sich damit selbst exakter Nachprüfung.

Argumente wie dieses werden von Leuten vorgebracht, die unbesehen die »Wirksamkeit« von Vererbung und Milieu akzeptieren. Dabei ist offensichtlich, daß es auch dort Ausnahmen »von der Regel« gibt. Ein förderndes Milieu zeigt nicht bei allen Menschen die zu erwartenden Wirkungen. Begabungen bleiben nicht selten trotz solcher Förderung unentwickelt. Nur jene Astrologen, die von einem »Schicksalszwang« reden (und den Beweis dafür schuldig bleiben), müssen sich hier getroffen fühlen.

Die anderen, welche dem Geburtsbild nur in Zusammenhang mit Umwelt, Erbgut und freiem Willen Bedeutung beimessen, können entgegnen: Das Horoskop ist zu verstehen wie ein Filter; es filtert »sinnvolle Zufälle«. Nur diese sind nicht frei. Machen zwei Forscher etwa gleichzeitig eine Entdeckung, so kann man erleben, daß der eine ein Denkmal, der andere nur eine Fußnote in der Fachliteratur bekommt. Beide haben ähnliche Talente bewiesen und gleiche Willenskraft aufgewandt – mit völlig unterschiedlichem Resultat. Das Geburtsbild verrät, wer die besseren Erfolgsaussichten »im Spiel der Zufälle« hat – Erbgut und Milieu geben diese Auskunft nicht.

Entsprechend waren Hitler und Stalin keine Marionetten, die an irgendwelchen »Sternenstrahlen« zappelten – genausowenig wie sie reine Abziehbilder elterlicher Eigenschaften oder eine willenlose Knetmasse ihrer jeweiligen Umwelt waren.

3. *»Man braucht die Astrologen nicht zu widerlegen, sie besorgen das selbst!«*[91] (Ludwig Reiners)

Dieser Einwand trifft einen wunden Punkt. Neben dem überlieferten (und in diesem Buch erläuterten) System der »Klassischen Astrologie« gibt es nämlich eine größere Anzahl von Sonderrichtungen. Die (in Deutschland entstandene) »Hamburger Schule« rechnet etwa mit Tausenden »sensitiver Punkte« und einer ganzen Anzahl bisher nicht entdeckter Planeten. Dies hat verständlicherweise Spott (auch von anderen Sterndeutern) gefunden.

Die Richtung der »Kosmobiologen« um Reinhold Ebertin betrachtet dagegen traditionell günstige Winkel wie Trigon (120 Grad) und Sextil (60 Grad) als unwichtig und bezeichnet dafür die ungünstigen wie Quadrat (90 Grad) und Opposition (180 Grad) als teilweise positiv. – Auch Astrologen, wie Hans Genuit, geben zu, im Ausland könne man oft hören:

»Jeder deutsche Astrologe hat sein eigenes System!«[92]

Die Schlußfolgerung muß also heißen: Alle können nicht recht haben. Sie darf nicht lauten: Alle haben unrecht. Den zweiten, voreiligen und logisch nicht einwandfreien Schluß haben Reiners und andere aber mit sichtlichem Behagen gezogen – und nicht gemerkt, was sie da eigentlich behaupten. An Ungereimtheiten, Einseitigkeiten und einem Gewirr sich widersprechender »Schulen« herrscht doch in keiner etablierten Wissenschaft Mangel. Und nicht selten ist zu sehen, wie ein Forscher einem konkurrierenden anderen zwischen den Zeilen seiner Publikationen immer wieder gegen das Schienbein tritt – »streng wissenschaftlich« versteht sich.

Der gehobenen Astrologie am nächsten verwandt ist die Seelenkunde, als »Psychologie« allseits bekannt und anerkannt. Nun setzen die einzelnen Richtungen dieser Wissenschaft durchaus unterschiedliche Akzente. Anhänger Sigmund Freuds (über)betonen die Bedeutung des Sexualtriebes, Sympathisanten C. G. Jungs sehen im Menschen angelegte »Urbilder«, die nach Ausdruck streben, und Jünger Alfred Adlers betonen das »Rollenverhalten« des Menschen zur Behauptung im Existenzkampf. Wer wollte aus alledem mit Aussicht auf öffentliche Anerkennung den Schluß ziehen, die ganze Psychologie sei ein reiner Witz, da ihre Vertreter unterschiedlichen Theorien anhängen (in Reiners Worten: »sich gegenseitig widerlegen«)?

Ebenso wird man bei den besonnenen Astrologen die Übereinstimmungen nicht übersehen dürfen und die Möglichkeit, wie in der Psychologie zu einer Gesamtschau zu gelangen, die Überspitzungen einzelner Richtungen ebenso vermeidet wie unbewiesene Behauptungen und klare Denkfehler. Reiners und viele mit ihm haben eine solche Möglichkeit erst gar nicht erwogen, sondern schroff erklärt:

»Die Sterne lügen nicht, aber die Astrologen!«[93]

Um dies zu beweisen, ist offenbar jedes Mittel recht. Die Sterndeuter der Urzeit werden ausgegraben und nach Kräften für ihre Kenntnislücken geohrfeigt. Der jeweils Dümmste ist gerade richtig, vorausgesetzt, er bezeichnet sich als Astrologe und eignet sich somit als Demonstrationsobjekt für die (von manchen tatsächlich so genannten) »Okkult-Verbrecher« und »Astral-Strolche«.

Einige wenige Forscher haben es sich mit der Astrologie nicht so leicht gemacht. So hat der bekannte Volkskundler Will-Erich Peuckert dem Thema viel Mühe geopfert. Peuckerts jahrzehntelange, nach 1933 unterbrochene Forschungen beschäftigen sich

mit allen Formen des Volksglaubens. Mittelalterliche »Hexensalben« hat er selbst erprobt und die dabei aufgetretenen Halluzinationen beschrieben. Den Sagen über den »Berggeist« Rübezahl widmete er eine eigene Arbeit.
In der gehobenen Astrologie erkannte Peuckert eine urtümliche Seelenkunde mit mancherlei faszinierenden Zügen. Er betonte auch, daß widersprüchliche Aussagen nicht von vornherein gegen die Sternkunde verwendet werden dürfen. Das Leben oder der Charakter des Betreffenden können ja voller echter Widersprüche sein. Entscheidend bleibe, ob die Art der Brüche und Kontraste aus dem Geburtsbild bestimmbar sei.
Vor allem hinsichtlich der astrologischen Vorhersage-Verfahren gelangte Peuckert allerdings zu einer skeptischen Beurteilung. Er hielt diese Fragen für nicht ausreichend erforscht.
Die Psychologen Thomas Ring und Fritz Riemann kamen zu einer positiveren Wertung der Astrologie, die dem Seelenarzt zusätzliche Hinweise über Wesensstrukturen eines Patienten geben könne. Eine Kombination zwischen Astrologie und Psychologie erscheint in der Tat verlockend. Vorhersagen über die Entwicklung der jeweiligen Persönlichkeit mögen auf diese Weise einen höheren Wahrscheinlichkeitsgrad bekommen.
Einen anderen Weg, sich dem Thema zu nähern, schlug der Pariser Professor Gauquelin ein. Er versuchte, mit Hilfe von Statistiken Klarheit über astrologische Lehrsätze zu gewinnen. Zu diesem Zweck trug er die Geburtsdaten von jeweils mehreren hundert Ärzten, Sportlern, Schauspielern und Wissenschaftlern zusammen. Dabei beobachtete Gauquelin angeblich deutliche Abweichungen von der astrologischen Tradition.

Seine Schlußfolgerung:

> »Die auf abergläubischen magischen Vorstellungen beruhenden astrologischen Vorhersagen sind wissenschaftlich unhaltbar.«[94]

Und:

> »Wer aus den Sternen die Zukunft vorhersagen will, täuscht seine Mitmenschen und vielleicht sich selbst.«[95]

»Die Uhren des Kosmos gehen anders«, glaubt Gauquelin. Bei bestimmten Berufsgruppen nähmen einzelne Planeten markante Positionen zur Geburtsstunde ein. Sportler sollen demnach besonders häufig geboren werden, wenn Mars am Himmel aufgeht – also in der Nähe des Aufgangspunktes steht. Man fragt sich, wo da

der Widerspruch zur traditionellen Astrologie sein soll, mit der sich diese Beobachtung ja durchaus vereinbaren läßt.
Obendrein zeigt sich Gauquelin über das Objekt seiner Kritik noch schlecht informiert. Über die Rolle der Planeten in der Sterndeutung behauptet er:

»Von einem Land zum anderen wechselt der Symbolgehalt der Gestirne.»[96]

Das ist falsch. Die Entsprechungen der Planeten werden von den verschiedenen Astrologen ganz ähnlich aufgefaßt. – Auch gegen die Einteilung der Tierkreiszeichen polemisiert Gauquelin ganz heftig. Sie sei absolut indiskutabel, und nirgendwo bestätige sich, daß unter dem Sonnenzeichen Waage-Geborene einen höheren Prozentsatz an Künstlern hervorbrächten als andere Menschen.
Darauf läßt sich erwidern: Auf das Sonnenzeichen kommt es in der Sterndeutung nicht allein an, sondern auf die Gesamtheit aller Faktoren, wobei Mond und Aufgangspunkt als gleichberechtigte Kennmarken neben der Sonne gelten. Außerdem ist nicht einzusehen, warum Schönheitssinn (eine »Gabe« der Waage) mehr Künstler fördern sollte als Phantasie (Fische, Krebs), Sorgfalt (Jungfrau) oder Ausdauer (Stier). Entsprechend liest man in astrologischen Deutungsbüchern über die Waage:

»Das Zeichen *begünstigt* künstlerische Talente: Schauspiel, Musik und Malerei, die es an und für sich *natürlich nicht erzeugen* kann.«[97]

Dessen ungeachtet versichert der Pariser Professor Gauquelin unter dem Beifall seiner Anhänger:

»*Die Astrologie behauptet,* daß das Sternbild [!] Waage den unter diesem Zeichen Geborenen eine künstlerische Begabung *verleiht.*«[98]

– Womit der Wissenschaftler auch gleich zu erkennen gibt, daß er den Unterschied zwischen Sternbild und Tierkreiszeichen nicht begriffen hat. Das *Sternbild* Waage steht nämlich (aufgrund der erwähnten Wanderung des Frühlingspunktes) längst nicht mehr im gleichnamigen Tierkreiszeichen, sondern im Skorpion! Solche Erkenntnisse gehören zum Lehrplan einer Mittelschule, und an anderer Stelle jongliert Gauquelin sogar mit ihnen – um sie, wie man sieht, selbst durcheinander zu bringen.
Sollte Gauquelin seine Statistiken auf ähnlich großzügige Weise interpretiert haben, so ahnt man, wie die Unterschiede zu den Auswertungen zustande gekommen sind, die E. Krafft in der Schweiz, von Klöckler in Deutschland oder Choisnard in Frankreich vorgelegt haben.

Bemerkenswert unkritisch wird der sonst hyperskeptische Gauquelin, wenn es darum geht, angebliche Entdeckungen von Standesgenossen zu interpretieren. Amerikanische Wissenschaftler wollen beispielsweise an New Yorker Schulkindern, die im Mai/Juni und September/Oktober geboren wurden, einen »leicht« höheren Intelligenzquotienten festgestellt haben als bei Kindern mit anderen Geburtsmonaten.[99]

Gauquelin zeigt sich überzeugt und vergißt nicht, triumphierend darauf hinzuweisen, daß die Einteilung in Monate mit der des Tierkreises nichts zu tun hat. Der Leser fragt sich verwirrt, womit dieses Ergebnis überhaupt etwas zu tun haben soll. New York ist Einwandererstadt. Die dortigen Schulkinder sind zum Teil in Puerto Rico oder noch weiter entfernt geboren worden. Ihre Mütter lebten also während der Schwangerschaft in unvergleichbaren Klimazonen und nach völlig unterschiedlichen Ernährungsweisen.

Und schließlich: Was messen Intelligenztests? Doch nur eine recht willkürlich kombinierte Anzahl von Einzelbegabungen und auch dies lediglich einigermaßen zuverlässig bei mehreren Tests, die der wechselnden Verfassung des Geprüften an verschiedenen Tagen Rechnung tragen.

Für Gauquelin zählen solche Bedenken nicht. Er verfährt getreu seinem Motto »Die Uhren des Kosmos gehen anders«. Darunter versteht er Vorgänge, die nicht nur mit »Uhren« unvergleichbar sind, sondern obendrein höchst unregelmäßig verlaufen. Etwa die »Sonnenflecken«, deren Rhythmen um etliche Jahre vom elfjährigen Zyklus abweichen können – was Gauquelin aber nicht erwähnt. Er spricht ungerührt von »Elf-Jahresuhren«.[100]

Um das Maß voll zu machen, zitiert der französische Wissenschaftler am Schluß seines Buches seitenlang eine Astrologin, die er als »seriös« (Gauquelin: »Auch das gibt es!«) vorstellt. Diese Astrologin behauptet mit dem Segen Gauquelins nun all das, was der französische Professor im übrigen Text seines Buches vehement bestreitet, unter anderem, daß es »voraussagbare Einflüsse eines bestimmten astrologischen Zeichens« gebe.[101] Zu Beginn seiner Veröffentlichung hatte Gauquelin noch beteuert, daß dies »wissenschaftlich unhaltbare« Thesen der Astrologen seien, die ein »anachronistisches Weltbild« widerspiegelten, mit dem seine Anhänger restlos und »kläglich gescheitert« seien.[102]

Nicht zuletzt solche Sprunghaftigkeit hat es sowohl Gegnern wie Anhängern der Sterndeutung ermöglicht, sich auf Gauquelin zu berufen – woran man sieht, wozu doch ein klingender Name aus der Wissenschaft gut sein kann.

2. Astrologie im Experiment

Einen interessanten Bericht hat die »Zeitschrift für Parapsychologie« im Jahre 1972 veröffentlicht. Es ging dabei um einen Leistungsvergleich zwischen astrologischen und psychologischen Gutachten. Hans-Volker Werthmann, der diesen Versuch mit durchgeführt hatte, wählte dabei folgendes Verfahren: Dem Astrologen wurden lediglich Geschlecht und Geburtsdatum der Versuchspersonen mitgeteilt. Außerdem erhielt er einen allgemeinen Hinweis auf den Bildungsstand seiner Klienten (»mit Abitur« – »ohne Abitur«). Der Psychologe hatte ebenfalls ein »Blindgutachten« zu liefern, und zwar aufgrund umfangreichen Testmaterials über die Teilnehmer. 32 Einzelversuche wurden insgesamt angestellt. Drei von ihnen erläutert H.-V. Werthmann in seiner Arbeit, indem er sowohl die Angaben des Astrologen wie des Psychologen Punkt für Punkt mit Lebenslauf und Charakter der Beurteilten vergleicht.
Die folgende Gegenüberstellung soll in verkürzter Form die Ergebnisse zwischen der Beschreibung des Astrologen und den wirklichen Zügen einer weiblichen Versuchsperson »aus gutem Hause« wiedergeben:

Tabelle I[103]

Besonderheiten der Versuchsperson	Astrolog. »Blindgutachten«
Entstammt einer reichen Fabrikanten-Familie mit »Erzieherin, Kinderfräulein, Chauffeur, Gärtner, usw.«.	»Materiell-wirtschaftlich gute Lage des Elternhauses.«
Die Mutter war für die Tochter nach deren Angaben »unerreichbar«, weil durch andere Interessen in Anspruch genommen; den Vater »betete« die Versuchsperson »an«.	»Wahrscheinlich gesundheitliches Krisenschicksal der Mutter«; »stärkere, nicht unharmonische Vaterbindung«.
Nach einem »Wanderleben« mit wechselnden Partnerschaften und dem Versuch, künstlerische Talente auszubilden, heiratete die Versuchsperson.	»Weiß den zersplitternden Flirt . . . nicht in Übereinstimmung zu bringen mit der Ernsthaftigkeit der Freundschaftsbeziehungen«; »künstlerische Betätigung«.

Der ältere, »väterliche« Ehemann wird als »sehr tüchtig, aktiv, dynamisch und enorm kontaktfähig« beschrieben, allerdings auch als »zwielichtig« und in seinem Gebaren zum Teil »undurchsichtig«. Die Eheleute trennten sich schließlich, ohne den Kontakt völlig abzubrechen; ein »großes Trauma« blieb bei der Frau zurück.	Die Partnerwahl fällt auf einen »nicht alltäglichen, aber unruhigen Mann«; »wahrscheinlich eine Trennung der Ehe«.
Die Ehe war nach einer Fehlgeburt ohne Kinder geblieben, was die Versuchsperson als belastend empfand.	»Starker Wunsch nach Kindern«.
Das zurückgezogene Leben mit künstlerischer Beschäftigung unterbrechen »exzessive Abenteuer«. »Vergeistigungstendenzen« und »Genußsucht« stehen nebeneinander.	»Künstlerische Begabung« im »Heim«; Kunstbeschäftigung »dominiert«; »Diskrepanzen im erotischen Verhalten«, das »gestört« ist.

Sieht man von der etwas schief beschriebenen Tochter-Mutter-Beziehung ab, so sind die Erkenntnisse des astrologischen Blindgutachtens ungemein verblüffend und gehen teilweise deutlich über einen »Schattenriß« hinaus, indem sie auch Eigenheiten des Milieus richtig wiedergeben.

Ein zweites, von Werthmann vorgestelltes Gutachten erbrachte ähnlich aufsehenerregende Ergebnisse. Etwas anders fiel das Resultat beim dritten Beispiel aus. Es ging dabei um eine männliche Person, die Hans-Volker Werthmann so charakterisiert:

> »Sein Vater ist ein brutaler Tyrann, der seine Familie ungerecht behandelt und sogar die erbettelten Groschen seiner Kinder vertrinkt ... Nach einer ersten längeren Zuchthausstrafe findet er [der Sohn] den Weg ins ›bürgerliche Leben‹ nicht mehr zurück, obwohl er intelligent genug dafür gewesen wäre ... Im wesentlichen besteht sein Leben ... aus einer nahezu ununterbrochenen Kette von umsichtig und raffiniert ausgeübten Einbruchsdiebstählen.«[104]

Das astrologische Gutachten über diesen intelligenten Kriminellen faßt Werthmann folgendermaßen zusammen:

»Es handelt sich um einen sehr ehrgeizigen und erwerbstüchtigen, egoistischen Menschen, der seine Handlungsimpulse rasch in die Tat umsetzt. Aber es wird ihm kein kontinuierlicher Erfolg zugetraut ..., nicht zuletzt, weil er als wenig feinsinnig und als gefühlsarm bezeichnet wird. Er ist vielmehr streitbar, wenig kompromißbereit, auch verschwendungssüchtig und so weiter. ›Prozesse‹ und die Neigung, mit dem Gesetz in Konflikt zu kommen, liegen deswegen in den Verwirklichkeitsmöglichkeiten dieses Charakters. Alles in allem steht in dem astrologischen Gutachten kaum ein ›falsches‹ Wort, und man kann noch nicht einmal sagen, daß es vage wäre. Trotzdem ist es auch nicht genügend spezifisch, denn dieses Gutachten könnte ebensogut auf einen Kaufmann, einen Politiker, einen Militär oder einen anderen Menschen passen. Das Gutachten ist, mit anderen Worten, nicht unverwechselbar, und infolgedessen schnitt es auch bei den Zuordnungsversuchen nicht gut ab.«[105]

Allerdings betont Werthmann, daß jenes Testgutachten, das ein ausgebildeter Psychologe für dieselbe Person anfertigte, in seiner Aussagekraft noch deutlich hinter dem astrologischen »Schattenriß« zurückblieb, daß also die vielgeschmähte Astrologie einen besseren Leistungsnachweis erbrachte als die allgemein anerkannte Psychologie.

Man sollte meinen, daß solche Experimente in der Öffentlichkeit größtes Aufsehen erregen müßten. Dem ist aber nicht so. Wer die Publikationen durchblättert, die in der Zwischenzeit zu diesem Thema erschienen sind, wird meist vergeblich nach einem Kommentar zu diesen Versuchen Ausschau halten.

Der schon erwähnte Professor Otto Prokop verliert in seinem 1976 erschienenen Buch keine Silbe über solche Tests, getreu dem Wahlspruch, daß nicht sein kann, was nicht sein darf. Dabei kennt Prokop die entsprechenden Zeitschriften sehr genau und späht dort mit Argusaugen nach allem, was ein Irrtum sein könnte. (Immerhin lassen Prokop und sein Ko-Autor W. Wimmer nicht jene unbändige kindliche Freude erkennen, die andere zeigen, sobald sie bei anderen einen Fehler entdecken.)

So angebracht es ist, Fehler und Mißgriffe anzuprangern, so sehr müssen sich Kritiker wie Prokop auch fragen lassen: Ist die Geschichte der Wissenschaften nicht über weite Strecken eine Aneinanderreihung von Fehleinschätzungen und falschen Vermutungen? Gehört nicht der Irrtums-Vorbehalt zur wissenschaftlichen Aussage schlechthin? Sind Forscher, die sich getäuscht haben, »Scheingelehrte« (Prokop) oder gar geistige Verwandte der mittelalterlichen Goldmacher und Hexenjäger? Wissen Prokop und seine Gesinnungsfreunde immer alles vorher? Kann es ein angesehener Gerichtsmediziner mit seinem Ruf vereinbaren, hartnäckig nur in eine Richtung zu prüfen – in Abwandlung des alten Rechtsgrundsatzes, daß stets *beide* Parteien Gehör verdienen? Ist jemand, der gegen diese elementare Grundregel wissenschaftlichen Anstandes verstößt, befugt, mit alttestamentarischer Sprachgewalt Regelverstöße bei anderen zu geißeln?

Maßstab eines jeden Experimentes und der aus ihm abgeleiteten Vermutungen bleibt deren Überprüfbarkeit und die Wiederholbarkeit des Versuchs. Dies war der Ausgangspunkt, für dieses Buch mit einem Kreis von knapp fünfzig Interessierten astrologische Experimente anzustellen, um einen Überblick zu gewinnen, welche Schwierigkeiten und andere Erfahrungen sich in der Praxis ergeben.

Zunächst wurden Geburtsbilder von Personen aus dem Bekannten- und Verwandtenkreis des Verfassers angefertigt. Dabei bestätigte sich die alte Feststellung, daß Angaben auf den Geburtsurkunden vielfach ungenau sind. In Deutschland wird seit den Zeiten des Kanzlers Bismarck der Geburtstermin urkundlich vermerkt, häufig auf eine Viertelstunde auf- oder abgerundet.

Spricht man mit Hebammen, wann solche Eintragungen vorgenommen werden, so erhält man die Antwort: eine geraume Zeit nach der eigentlichen Geburt, wenn Mutter und Kind versorgt sind. Das läßt erwarten, daß Abweichungen zwischen den Angaben auf Geburtsurkunden und dem »stimmigen« Geburtsbild meistens in einer zu späten Uhrzeit zu suchen sind.

Diese Vermutung hat sich bei den Versuchen in großem Umfang bestätigt. Wendet man die überlieferten Korrekturverfahren zur Geburtszeit an (wobei markante Lebensereignisse zurückgerechnet werden), dann ergeben sich Abweichungen bis zu 25 Minuten zwischen amtlichen Angaben und verwertbarem Geburtsbild. Man kann annehmen, daß ungenau gehende Uhren und der Versuch, die zwischen Geburt und Ausfüllung der Urkunde verstrichene Zeit zu schätzen, manchmal die Fehlerspanne verringern, gelegentlich aber auch vergrößern.

Die »korrigierten« Geburtsbilder wurden den Betroffenen vor allem in den Richtungen interpretiert, die nicht allgemein ersichtliche Wesenszüge und Lebensbereiche umfassen. Bei vielen lösten die gebotenen Beschreibungen deutliche Überraschung, ja Verwirrung aus. Es zeigte sich, daß das Geburtsbild zusammen mit einer groben Kenntnis der Lebensverhältnisse und Veranlagungen des

Horoskopeigners ungemein farbige und plastische Lebensbeschreibungen ermöglicht.
Ergänzend wurde probiert, die überlieferten Vorhersage-Verfahren zu testen. Dabei zeigten sich unterschiedliche Resultate.
Zunächst wurden die Übergänge der Planeten über wichtige Tierkreisgrade der Geburtsbilder zeitlich markiert und nach »günstig« und »ungünstig« unterteilt. Es wurde dabei offensichtlich, daß es *mehr* solcher Übergänge der (als besonders wichtig betrachteten) langsamen Planeten gibt als bedeutungsvolle »Zufälle« und Entwicklungsschübe im menschlichen Leben.
Für die einzelnen Gestirne ließen sich folgende Beobachtungen machen:

1. *Übergänge der Sonne*

Kaum überzeugende Entsprechungen ergaben sich, wenn die Sonne einen Tierkreisgrad erreichte, der im Geburtsbild von einem Zeichen (Aufgangspunkt, Himmelsmitte, Mond und Planeten) besetzt war. Diese fehlten – entgegen einer astrologischen Tradition – auch dann, wenn im Horoskop eine enge Winkelbeziehung zwischen Sonne und diesen anderen Zeichen bestand. Erreichte die Sonne den Tierkreisgrad des Uranus oder des Mars im Geburtsbild, dann ergaben sich manchmal kleine Verletzungen oder Vergeßlichkeiten.

2. *Übergänge des Merkur und der Venus*

Bedeutungsarm. Zusammenhänge mit irgendwelchem Geschehen selbst im Alltagsleben waren oft nicht erkennbar. Anders verhielt es sich, wenn Merkur oder Venus scheinbar auf einem Tierkreisgrad »stehenblieben« (»stationär« wurden). Dies fiel häufig in Zeiten größerer Betriebsamkeit (Merkur) und Geselligkeit (Venus). Auch länger erwartete Nachrichten, etwa Briefe, trafen dann ein.

3. *Übergänge des Mars*

Bedeutsam. Der Mars benötigt etwa zweieinhalb Jahre für seinen Weg durch den Tierkreis. Seine Konstellationen zu wichtigen Punkten des Horoskopes sind also seltener als die schon erwähnten. Mars Konjunktion Sonne signalisiert eine spürbare Unfallgefährdung. In einem Fall ergab sich beispielsweise eine Handverletzung durch einen Ventilator, ein anderes Mal ein Sturz im Treppenhaus mit schmerzhaften Hautabschürfungen. Sehr eindrucksvoll fallen langsame Übergänge des Mars über den »Kreuzpunkt« des Geburtsbildes aus.

4. *Übergänge des Jupiter*

Oftmals enttäuschend, wenn man das »Große Glück« erwartet. Familienfeiern (Jupiter Konjunktion Mondknoten) oder erfolgreiche Erledigungen von Behörden-Angelegenheiten (Jupiter Trigon Mars) wurden beobachtet. Jupiter Trigon oder Konjunktion Sonne, von vielen Astrologen als besonders wichtig angesehen und nur alle vier Jahre fällig, erbrachte in den beobachteten Fällen nichts, was wesentlich über das Alltagserleben hinausgeführt hätte. Auch langsame Jupiter-Übergänge fanden zwar »fördernde«, aber keinerlei »sensationelle« Entsprechungen.

5. *Übergänge des Saturn*

Spürbare Verzögerungen bei der Durchsetzung von Plänen war die häufigste Beobachtung – aber auch langsame und »stationäre« Saturn-Konstellationen waren in keinem der Fälle mit »Großem Unglück« verbunden.

6. *Übergänge des Uranus*

Ungemein markant. Vielfach zeigten sich die Entsprechungen genau am Tage des exakten Überganges: völlig überraschende wichtige Besuche (Uranus Trigon Mondknoten); plötzliche Erkrankungen oder ernstere Verwicklungen im Verkehrsgeschehen (in einem Fall mit lebensgefährlichen Unfallfolgen) bei schlechten Uranus-Winkeln.
Uranus braucht für die Durchquerung des Tierkreises 84 Jahre und überschreitet dieselbe Stelle bis zu dreimal im Abstand von Monaten. Treffer ergaben sich im allgemeinen bei zwei dieser drei Übergänge – und stets erfolgte die konkrete Auslösung völlig unerwartet oder blitzartig –, was mit den Behauptungen der Astrologen über die »Natur« des Uranus 100%ig übereinstimmt.

7. *Übergänge des Neptun*

Reiche Phantasie-Tätigkeit, bei schlechten Winkeln oft pessimistische Einstellung, auch Leid. Neptun im Quadrat zum Mondknoten war in Zusammenhang mit anderen Konstellationen bei einem männlichen Versuchsteilnehmer auf das Verhältnis zur Ehefrau bezogen worden. Es ergaben sich jedoch nicht die erwarteten gesundheitlichen Nachteile für die Frau, sondern eine Ehekrise, die mit einer starken Enttäuschung einherging und bald zur Scheidung führte.
Positive Neptun-Winkel signalisieren oft übertriebene Erwartungen, die sich später durchaus als illusorisch herausstellen können. Manchmal steht der Planet allerdings auch für richtiges »Erahnen« von Chancen und kommenden Entwicklungen.

8. *Übergänge des Pluto*

Entsprechend seinem langsamen Umlauf (240 Jahre) ist Pluto der wichtigste Faktor für Vorhersagen. Seine Übergänge lieferten im Experiment die eindrucksvollsten Treffer: weite Reisen (Pluto Trigon Aufgangspunkt), ungewöhnliche berufliche Erfolge, Beförderungen (Pluto Trigon Himmelsmitte). Negative Winkel zeigten unter anderem Ehescheidungen an (Pluto Quadrat Sonne bei der Frau, Quadrat Mond beim Mann). Die Richtung der Auswirkung von Pluto-Konstellationen ist nicht selten durch das Horoskopfeld markiert; also etwa Pluto Konjunktion Sonne im sechsten Felde: Erkrankung des Horoskopeigners.
Freilich gab es einige empfindliche »Versager«. So wurde glaubhaft versichert, daß Zeiten, in denen Pluto bei einem Versuchsteilnehmer wiederholt ins Trigon zum Jupiter trat, völlig ereignislos verlaufen seien. (Diese sehr günstige Konstellation ist nur alle 120 Jahre zu erwarten!)
Übereinstimmungen und (einige) »Nieten« erbrachte daneben die Berücksichtigung der Mondknoten, die in rund 19 Jahren durch den Tierkreis wandern. Sie stehen für »Verbindungen« (aufsteigender Mondknoten) und »Trennungen« (absteigender Mondknoten). Auffällig viele Mondknoten-Beziehungen zeigten sich zum Beispiel bei den 30 Mitgliedern einer Gruppe, die gemeinsam unter großem Gepränge den Bezug einer Wohnung feierten.
Sehr interessant ist, daß die Spitzen der einzelnen Horoskopfelder »reagieren«, wenn sie von einem der langsamen Planeten überschritten werden, also von Saturn, Uranus, Neptun oder Pluto

sowie – manchmal – Jupiter. Bei Feld Zwei beobachtet man (häufig nachteilige) finanzielle Entwicklungen, bei Drei wichtige Nachrichten, bei Fünf Liebesangelegenheiten, bei Sechs Krankheiten oder bei Zwölf Krankenhausaufenthalte. Diese Feststellungen vermögen zu erklären, warum der Lebensweg von Zwillingen unterschiedlich verläuft. Diese unterscheiden sich ja nicht durch das Milieu, in dem sie aufwachsen, und – bei eineiigen Zwillingen – auch nicht in den Erbanlagen, sondern durch die unterschiedliche Lage der Horoskopfelder. (Als brauchbar erweist sich in mitteleuropäischen Breiten das »Feldersystem des Placidus«; der Wirkungsumkreis der Planetenübergänge scheint bis zu 2 Grad zu betragen. Andere, konkurrierende Feldersysteme fördern die genannten Übereinstimmungen nicht zutage.)

Treffer weit über der Zufallserwartung erbrachte der Versuch, wichtige Ereignisse der Vergangenheit festzustellen. Zu diesem Zweck wurden die Bewegungen der Planeten zurückgerechnet und nur solche Zeiten beachtet, in denen eine klare günstige oder ungünstige Tendenz ersichtlich wurde. In einem Fall ließ sich sogar ein bestimmter Tag für ein sehr wichtiges Ereignis in einem weiblichen Kosmogramm ermitteln – zur maßlosen Verblüffung der Betroffenen.

Für andere Experimente wurden Jahreshoroskope aufgestellt, um zu prüfen, ob sich tatsächlich ein starker Entwicklungsschub nachweisen läßt, wenn das betreffende Jahr eine deutliche Schwerpunktbildung für bestimmte Felder zu erkennen gibt (etwa Sieben = Partnerschaft oder Vier = Elternhaus, Heimat). Dies ist offenbar der Fall.

Die Hauptschwierigkeit bei allen Vorhersagen liegt freilich in der Mehrdeutigkeit der Planeten-Symbole. Übergänge der Uranus zur Venus mögen beim ersten Mal das Verhältnis des Betreffenden zur Schwester, beim zweiten Mal das zur Tochter und beim dritten Mal zur Verlobten markieren. Die Schauplätze können dabei wechseln wie im Traum, denn die Planeten-»Feen« haben zwar gewisse Konturen, aber kein Gesicht – oder anders gesagt, sie zeigen dieses Gesicht erst im Augenblick des Ereignisses.

Wir alle kennen die gelegentliche Schwierigkeit, Traumgestalten nach dem Erwachen zu benennen. Ein vertrauter Freund, mit dem wir im Schlaf glaubten irgendwo unterwegs zu sein, »verwandelt« sich während desselben Traumes in eine andere Person, die wir manchmal am nächsten Morgen nicht mehr identifizieren können (von der wir aber im allgemeinen wissen, ob sie jung oder alt, männlich oder weiblich, bekannt oder fremd war).

Zu den Kennzeichen von Träumen gehört daneben ein eigentümlicher, manchmal rasanter Wechsel der Ich-Perspektive. Der Träumer glaubt, eine Gruppe Fremder bei einem Gespräch zu beobachten, erkennt plötzlich, daß er selbst zu dieser Gruppe gehört und erlebt sich vielleicht anschließend ohne Übergang an einem ganz anderen Ort. Die Szenen können sich bekanntlich ablösen wie in einem hart geschnittenen Film.

Die Traumbilder später zeitlich exakt zu ordnen, bereitet mitunter erhebliche Schwierigkeiten, die ganz verblüffend den Problemen ähneln, die bei der chronologischen Aufgliederung von Geburtsbildern entstehen (die ebenfalls nichts anderes darstellen als ein Gewirr ineinander verschachtelter »Bilder«). Der »Standort« der eigenen Person kann auch im Horoskop verschieden ausgedrückt werden, bei einer jungen Frau etwa durch Aufgangspunkt, Himmelsmitte, Sonne, Mond und Venus. Dabei kann sich die Sonne während des Übergangs eines langsamen Planeten in den Vater (oder Ehemann), der Mond in die Mutter und die Venus in die Tochter (oder Schwester, oder Freundin) »verwandeln«.

Diese Ähnlichkeiten mit dem Traumerleben verdienen sicher größere Beachtung, wenn man eines Tages besser verstehen will, welche Lebenskräfte im Geburtsbild ihren Ausdruck finden. Vorerst fehlt dieses Verständnis und steht vor allem jede Erklärung dafür aus, warum ausgerechnet die fernen Gestirne in einem sinnvollen Zusammenhang mit dem menschlichen Leben verbunden sind.

Der Psychologe Carl Gustav Jung hat die Auffassung vertreten, es gebe eben Ereignisse, die nicht durch eine gemeinsame Ursache, sondern lediglich durch einen Sinn-Zusammenhang verknüpft sind, »sinnvolle Zufälle« also. Dies ist in der Tat eine zutreffende Beschreibung (wenngleich keine Erklärung!) der Sachlage. Das Horoskop gibt mit hoher, weit über der Erwartung »blinder« Zufälle liegender Wahrscheinlichkeit an, in welchen Bereichen es der Geborene leichter oder schwerer haben wird als andere. Es zeigt, wo ihm das Quentchen Glück zur Seite steht, das oft den Erfolg vom Mißerfolg trennt.

Wie erwähnt unterscheiden sich die intelligenteren Astrologen von ihren gleichgearteten Kritikern vor allem in der Beurteilung dessen, was Zufall ist. Für den Gegner der Sterndeutekunst ist völlig offen, wann ein Mensch heiratet, einen Unfall erlebt oder krank wird. Für die besonnenen Astrologen ist dies zwar nicht in allen Einzelheiten festgelegt, aber doch in einen bestimmten zeitli-

vorangegangene Seite:
Der »Sonnenwagen« von Trundholm (Dänemark; um 1500 v. Chr.). Die Sonnenscheibe ist mit Resten feinverzierter Goldauflage bedeckt. Auch den Griechen und Römern war die Vorstellung vom »Sonnenwagen« geläufig. In der Sterndeutung ist die Sonne Sinnbild der Lebenskraft.

Die Ruinen des Sonnentempels von Stonehenge im Mondlicht. In der Astrologie steht der Mond für das Veränderliche im Leben, für Stimmungen, Reisen und Familienbeziehungen.

Kühle Beobachtungsgabe und Distanziertheit gelten als Kennzeichen der Menschen, in deren Geburtsbild das Tierkreissymbol Jungfrau besonders betont ist. Für den Maler Caspar David Friedrich bestätigt sich diese Deutung.

Das Ungewöhnliche soll den »Wassermann« faszinieren – wie hier »der arme Poet« den Maler Carl Spitzweg.
Der Dichter Charles Dickens (ein »Wassermann« wie Spitzweg) schuf eine Reihe von Gestalten, die als literarische Gegenstücke zu Spitzwegs Käuzen gelten können.

Die Plejaden. Bestimmte Fernsonnen sollen ungewöhnliche Schicksale ankündigen, wenn sie im Geburtsbild betont sind. In Konjunktion mit der Sonne drohen die Plejaden angeblich mit Verblendung oder Blindheit (wie beim einäugigen Moshe Dayan); der Stern Spica verheißt dagegen literarischen Ruhm (wie bei Günter Grass, H. Ch. Andersen, F. Nietzsche oder Thomas Mann).

chen Rahmen gestellt, der konkrete Vermutungen zuläßt – und häufig auch bestätigt.
Das wirft natürlich die Frage auf, inwieweit der Mensch in seinen Entscheidungen frei ist. Für die gehobene Astrologie ist die Antwort ganz klar. Ihre Kunst setzt den freien Willen geradezu voraus. Wo dieser Wille eingeschränkt ist – unter den Insassen eines Gefangenenlagers oder im Millionenheer der Armen von Kalkutta –, verblaßt die Bedeutung des Geburtsbildes. Völlig aufgehoben ist es, wo auch der freie Wille, die Erbanlagen oder das Milieu keine Rolle mehr spielen – etwa in Hiroshima oder Nagasaki zur Zeit des Atombombenabwurfes.
Der mit Einsicht und eigenem Willen ausgestattete Mensch kann entsprechend die Geschenke der »Feen« zurückweisen. Ein Kaufmann, dem ein seriöser Astrologe errechnet hat, daß er wohl bald einen Geschäftspartner gewinnen kann, nach einiger Zeit aber mit Schwierigkeiten in Sachen Zusammenarbeit und Partnerschaft rechnen muß, wird manchmal (nicht immer) in der Lage sein, unter diesen Umständen von vornherein zu verzichten. Es hat aber den Anschein, daß die späteren ungünstigen Zeichen trotzdem wirksam werden und sich zum Beispiel in einer Ehekrise äußern können.
Die Aussagen der Konstellationen sind wohl am besten als »Obergrenze« zu beschreiben, die der einzelne erreichen kann – wenn er will. Ungünstige Tendenzen scheinen sich leicher zu verwirklichen; eine Sekunde der Unaufmerksamkeit kann einen Unfall mit bleibenden Folgen herbeiführen, ein guter Einfall dagegen bedarf immer noch der Realisierung.
Es ist auch nicht ganz einfach, einer Gefahr auszuweichen, die man nur in groben zeitlichen und inhaltlichen Konturen kennt. Um wieder ein Beispiel zu nehmen: Einem Geschäftsmann wird man in einer Reihe von Situationen Termine nennen können, die für eine Handelsreise ungünstig sind. Er wird dann eventuell nicht reisen – und vielleicht feststellen, daß ihm ein Konkurrent den Auftrag vor der Nase wegschnappt.
Beobachtungen wie diese haben in der Antike viele dazu gebracht, einen »Schicksalszwang« anzunehmen, bei dem zwar Entscheidungen frei sind, aber nicht deren Folgen. Demgegenüber glauben manche neuzeitlichen Sterndeuter, daß es – im Rahmen des Geburtsbildes – möglich ist, Erfolgszeiten besser zu nutzen und Gefahren, wenn nicht abzuwenden, so doch abzuschwächen. Ein beliebiges Glück sei dagegen nicht erzwingbar.
Genau dies verlangen jedoch die Gegner als Erfolgsnachweis. Lud-

wig Reiners schreibt etwa:

»Ein Mensch, der das könnte, was die Astrologen zu können behaupten, der würde im Nu über Millionen verfügen. – Sind die Astrologen nun Millionäre? Keineswegs – die meisten von ihnen sind bettelarme Schlucker. Sie wissen zwar, was die Weltgeschichte in den nächsten zwanzig Jahren bringen wird, aber sie wissen nicht, womit sie am nächsten Ersten die Miete bezahlen sollen.«[106]

Ganz so bettelarm sind die Astrologen wirklich nicht. Der Stand ernährt seine Jünger, und Reiners selbst erwähnt Fälle, die es zu beträchtlichem Wohlstand gebracht haben. Trotzdem bleibt die alte Frage nach dem Lottoglück durch die Astrologie. Mit den astrologischen Bildern läßt sich ein Gewinn mühelos beschreiben: Neptun (für Wünsche), Uranus (für Überraschungen) und Jupiter (für Erfolge) sollten schon günstig stehen.

Während dieses Buch entstand, hatte einer derjenigen, die an einzelnen Experimenten teilnahmen, Jupiter in Konjunktion zum Uranus, während gleichzeitig der laufende Uranus ins Trigon zum Jupiter des Geburtsbildes trat. Eine nachträgliche Anfrage, ob sich in diesem Zeitraum eine große Überraschung – vielleicht im Glücksspiel? – ergeben habe, wurde mit Verblüffung bejaht.

Fehlgeschlagen ist indes ein Versuch, einen solchen Gewinn im voraus zu berechnen. Man kann ihn unter anderem dann erwarten, wenn im Jahreshoroskop und durch die laufenden Planeten das zweite Feld (Finanzen) und das fünfte (Lebensfreude, z. B. durch »Spiel«) günstig und stark aspektiert sind. Allerdings wird jeder größere finanzielle Erfolg auch ein bißchen die Lebensfreude erhöhen. Jedenfalls ergab sich in dem einen Fall, der unter dem Gewinn-Gesichtspunkt vorherberechnet worden war, kein Lottoglück. Statt dessen konnte für denselben Tag ein anderer finanzieller Gewinn, der völlig überraschend eingetreten war, nachgewiesen werden.

Ein echtes Problem sind Kinderhoroskope. Sie ergeben die mit Abstand meisten Versager in der Vorhersage wie in der Charakterdeutung. Keineswegs immer ist es so, daß sich früh krümmt, was später einmal ein »Häkchen« wird. Versuche, die Entwicklung der Wesenszüge anhand des Geburtsbildes aufzugliedern, sind ohnehin nicht sehr überzeugend. Einzelne Autoren behaupten gar, jener Charakterbestandteil, der durch die Lage des Aufgangspunktes markiert wird, verändere sich im Laufe des Lebens in die Züge des gegenüberliegenden Tierkreiszeichens.

Dies würde bedeuten, daß liebenswürdige oder zaudernde Zeitgenossen (Aufgangspunkt in der Waage) im Laufe ihres Daseins regelmäßig zupackend oder gar jähzornig würden (Gegenzeichen: Widder). Andererseits müßten ein weibliches Schnatterinchen oder ein männlicher Zappel (Negativ-Varianten sowohl des Schützen wie des Gegenzeichens Zwillinge) bis zu ihrem Tode bleiben, was sie von Anfang an waren. – Von einer solchen Gesetzmäßigkeit hat man außerhalb einzelner astrologischer Studierstuben noch nie etwas gemerkt.

Daß Vorhersagen nach Planetenübergängen und anderen Methoden bei Kindern vielfach unbestätigt bleiben, ist dagegen leicht zu verstehen. Das Geburtsbild ist ja nach Lebensbereichen aufgeschlüsselt, und viele dieser Gebiete sind beim Kinde bekanntlich nicht oder nur in Ansätzen entwickelt. Vielleicht ist es ganz gut, daß sich Kinderhoroskope für Prognosen wenig eignen. Die Gefahren, welche durch einen Wahrsagebetrieb in diesem Bereich entstehen könnten, sind allzu groß.

Auch beim erwachsenen Menschen muß man einschränkend feststellen: Man kann zwar wichtige Entwicklungsschübe für bestimmte Lebensbereiche durch Jahreshoroskope ermitteln, eine genaue Aufgliederung des Jahresgeschehens nach Wochen oder gar Tagen ist dagegen fast immer gewagt. Nur in den (seltenen) Fällen, wo positive oder negative Tendenzen zeitlich klar umgrenzt überwiegen, wird man die Möglichkeit genauerer Vorhersagen in Betracht ziehen dürfen.

Es gibt also keine »Lebensuhren«. Die Zeichen am Himmel nennen fast nie Tag oder Stunde. Sie geben keine Zeit*punkte,* sondern Zeit*räume.* Sterndeuter, die das bestreiten, sind bis heute den Beweis für ihre Auffassung schuldig geblieben.

Einzelfälle, in denen es möglich ist, genauere Prognosen durch »Bilder« auszudrücken, bleiben dagegen vorstellbar. Sie werden aus allen Kulturen und Epochen unabhängig voneinander berichtet. Das Verständnis vom Schicksal, das sich aus solchen Beobachtungen ableiten läßt, ist demnach folgendes: Neben Anfang und Ende stehen im Leben bestimmte »Stationen« fest – wie die Bahnhöfe eines Streckennetzes. Sie muß der Lebenszug passieren. Dabei ist der »Lokführer« keine willenlose Marionette; er kann Umwege fahren, Abkürzungen erkennen und nutzen oder auch eine Pause einlegen, wenn er es für zweckmäßig hält. Bestimmte Hauptstationen aber muß er durchqueren.

Das Gesamtschicksal wäre somit ein elastisches Gefüge mit einzelnen festen Punkten; nicht völlig frei, aber ebensowenig starr und unbeweglich, sondern fließend und zugleich treibend wie das Wasser eines Baches. Das ist vielleicht etwas anderes, als viele erwarten, aber es ist nicht minder faszinierend.

3. Politische Astrologie

Wer sich ansieht, was sich auf dem Gebiet der politischen Astrologie tut, hat Mühe, ernst zu bleiben, versuchen doch die meisten seiner Verfechter genau das, was nicht vorstellbar ist: die kontinuierliche Voraussage zeitlich klar umrissener Ereignisse – und zwar für die ganze Welt. Es versteht sich von selbst, daß sich vor allem die niederste Form der Sterndeutung, die »Gossen-Astrologie«, dieses Themas angenommen hat. Teils in Wochenschriften, teils in Kalendern werden da Voraussagen unters Volk gebracht, die sich nicht selten total widersprechen und von tendenziösen Zügen ebenfalls nicht frei sind.
Dabei fehlt es an Weltuntergangsprognosen so wenig wie im Mittelalter, wobei das »Jüngste Gericht« jedoch nicht mehr als Auftauchen von Pest und Sintflut an die Wand gemalt wird, sondern statt dessen im zeitgemäßen Gewand des Dritten Weltkrieges auftritt. Daß ein solcher Krieg ausbrechen wird, ist für diese Propheten keine Frage. *Wann* dies der Fall sein wird, darüber gehen die Meinungen freilich weit auseinander. Bezeichnenderweise legen sich viele zeitlich nicht fest, sondern orakeln nur in dunklen Ankündigungen ohne verwertbare Zeitbezüge.
Verfolgt man politische Vorhersagen, die in bestimmten Wochenschriften für die jeweils übernächsten sieben Tage abgedruckt sind, so stellt man fest, daß angekündigte Ereignisse manchmal eintreffen – was entsprechend groß herausgestellt wird. Doch was beweist dies? Derart kurzfristige Ankündigungen kann wohl jeder halbwegs Informierte mit ähnlichen Trefferquoten zu Papier bringen.
Bekannte Sterndeuter haben sich nichtsdestoweniger an der Politischen Astrologie versucht. Neben vielen anderen hat dies E. H. Troinski aus Berlin getan, der von manchen Kollegen auch »der geniale Astrologe Troinski« genannt wird.[107] In astrologischen Fachbüchern findet man ganze Werbeseiten, die auf Veröffentlichungen Troinskis aufmerksam machen. Eine seiner Publikationen soll auf »eine mögliche Weltkatastrophe« hinweisen – und zwar aufgrund einer Vorhersagemethode von »unheimlicher Aussagekraft« (»das, was jeden Skeptiker überzeugen muß«, »unan-

fechtbare praktische Ergebnisse« und »wirklich haltbare Voraussagen«). Titel des Ganzen:

»Das Weltschicksalsjahr 1959«[108]

Der Leser fragt sich verwirrt: Was war eigentlich 1959? 1953 fand der Aufstand des 17. Juni in Ost-Berlin und der übrigen DDR statt. In den Jahren davor tobte der Koreakrieg. 1956 erschütterten die Suez- und die Ungarnkrise die politische Landschaft. 1961 wurde die Berliner Mauer gebaut; 1962 brachte die Kubakrise die Menschheit an den Rand eines Krieges; 1963 wurde Präsident Kennedy erschossen; danach zog der Vietnamkrieg immer weitere Kreise – *aber 1959*? Das »Weltschicksalsjahr«, die »mögliche Weltkatastrophe« hat die Erde offensichtlich verschlafen – wo doch die angewandten Methoden der Prognose so »unanfechtbar praktisch« und »wirklich haltbar« sein sollten . . .

Das »Weltschicksalsjahr 1959« und die Werbung dafür erschienen natürlich lange vor diesem Jahr. Aber auch danach ist der Sterndeuter Troinski nicht verstummt. 1960 sagte er in einem astrologischen »Auskunftsbogen« den Sieg Richard Nixons über John F. Kennedy voraus (es kam umgekehrt) sowie, »daß Rotchina zu einem Angriff starten wird« (was das Land aber nicht tat). Soviel Phantasterei hat dem Meister Schelte auch von Zunftgenossen wie H. Fidelsberger eingetragen – anderen gilt er aber wie erwähnt als »der geniale Astrologe Troinski«.

Gern würde man wissen: Wie sieht es dann bei anderen Astrologen aus, die womöglich weniger »genial«, aber mit demselben Thema wie Troinski befaßt sind?

Im Altertum wurden den Tierkreiszeichen bestimmte Landstriche zugeordnet. Der kriegerische Widder war etwa Sinnbild für die ähnlich veranlagten Bewohner Großbritanniens und Dänemarks. »Es soll undiskutiert bleiben, ob es so etwas wie einen Nationalcharakter der einzelnen Völker gibt«, meint Otto Rumburg in seinem Buch »Horoskope und Politik«, das 1973 herauskam.[109] Dann verweist er darauf, daß die heutigen Skandinavier sicher ein ganz anderes Erscheinungsbild bieten als zu Zeiten, in denen Sven Gabelbart und Erik der Rote auf große Fahrt gingen.

Rumburg bejaht aber die Möglichkeit einer vorsichtig gehandhabten politischen Astrologie auf der Grundlage von Staatshoroskopen. Allerdings ergibt sich hier das Problem, wann die »Geburt« eines Landes erfolgte. Zum Zeitpunkt der Unabhängigkeitserklärung? Als seine Verfassung wirksam wurde? Mit dem Zusammentreten des ersten Parlamentes? Mit der Wahl des Staatsoberhauptes?

In den meisten Fällen sei es möglich, durch ständige Vergleiche das richtige Geburtsbild eines Gemeinwesens zu ermitteln, glaubt Otto Rumburg. Seinen Lesern empfiehlt er, durch Anwendung verschiedener Vorhersagemethoden eigene Beobachtungen anzustellen. (»So stellen Sie selbst Prognosen zum Zeitgeschehen!«)
Manches an Rumburgs Ausführungen klingt einleuchtend, anderes fordert zu Kritik heraus. Die in seinem Buch abgedruckten Geburtsbilder von Politikern sind in einer Weise kommentiert, daß der Leser oft eine lange Karriere der Betreffenden erwartet. Vielfach verschwanden diese Staatsmänner aber schon bald nach Erscheinen dieser Kommentare von der politischen Bühne.
Bei dem an einer schweren Krankheit verstorbenen Präsidenten Georges Pompidou ist von einer »gesunden Sonnenstellung« die Rede, die durch andere Zeichen noch »verstärkt« werde.[110] Über den chinesischen Regierungschef Tschou En-lai, der bald nach 1973 seine Amtsgeschäfte aus Gesundheitsgründen anderen überlassen mußte, heißt es:

> »Das Fehlen von Quadraturen kann als gutes Omen gelten.«[111]

Über den Hasardeur und leidenschaftlichen Pokerspieler Richard Nixon liest man:

> »Obwohl die Sonne das fünfte Haus besetzt, ist Nixon kein Spieler und hält nicht viel von Risiken.«[112]

Über Willy Brandt konnte man wenige Monate vor dessen Rücktritt erfahren:

> »Aus kritischen Perioden gibt es rechtzeitig Auswege.«[113]

Daß auf Urkunden angegebene Geburtszeiten oft ungenau und deshalb zu korrigieren sind, müßte Otto Rumburg wissen – berücksichtigt hat er es aber nicht. Das von ihm abgebildete Horoskop Willy Brandts signalisiert für dessen triumphalen Wahlsieg am 19. November 1972 eine berufliche Katastrophe (Pluto Quadrat Himmelsmitte) und für Brandts Rücktritt am 6. Mai 1974 eine Periode der Glückseligkeit (Neptun Trigon Aufgangspunkt).
Angesichts solcher Mängel kann man nur mit Kopfschütteln registrieren, daß Rumburgs Buch in dem astrologischen Magazin »Urania« als »Standardwerk« gerühmt worden ist.[114]
In diesem Magazin sind verschiedentlich Beiträge zu Fragen der politischen Astrologie veröffentlicht worden, darunter solche von Otto Rumburg. Anders als in seinem Buch hat Rumburg dort versucht, konkrete Vorhersagen zum politischen Geschehen abzugeben. »Das Horoskop für den Herbst 1973« ist ein solcher Arti-

kel. Der Autor arbeitet wie viele andere Astrologen mit Vierteljahres-Horoskopen, die auf den Beginn von Frühjahr, Sommer, Herbst und Winter berechnet sind. Aufgangspunkt und Himmelsmitte sowie alle anderen Felderspitzen werden dabei für die Hauptstadt des jeweiligen Landes ermittelt. Das auf Bonn bezogene Herbst-Kosmogramm für die Bundesrepublik Deutschland interpretiert Rumburg freilich mit solch vagen Formulierungen, daß man von einer Prognose kaum sprechen kann.

So war laut Rumburg für Ende September bis Ende Dezember 1973 zu »erwarten, daß es im Bundestag zwar zu sehr heftigen Auseinandersetzungen kommen wird . . . aber daß letzten Endes Krisen auf verfassungsmäßige Art und Weise, durch Vernunft und diplomatische Bemühungen beigelegt werden können.«[115] Wann kann man dies nicht voraussetzen? Lohnt es sich, über solche Erkenntnisse ein Wort zu verlieren?

Freilich, in einem Punkt hat sich der Astrologe Rumburg bei allem sonstigen »einerseits, andererseits« festgelegt:

> »Jupiters Stellung im Herbsthoroskop für die Bundesrepublik läßt demnach den Schluß zu, daß neue Impulse das Wirtschaftsleben *fördern* werden. Für die Bürger der Bundesrepublik ein Anlaß *zu hoffen.*«[116]

Bekanntlich kam es ganz anders. Anfang Oktober 1973 brach im Nahen Osten ein neuer Krieg aus. Ölembargo und drastische Ölpreiserhöhungen stürzten die Bundesrepublik wie andere westliche Staaten in die Energiekrise. Die großen Wirtschaftsprobleme hatten einen Inflationsschub und einen Rückgang des Bruttosozialproduktes zur Folge. Sonntags-Fahrverbote für Autobesitzer kennzeichneten den Herbst – und nicht »neue Impulse« und Anlässe »zu hoffen«, die Rumburg vorausgesagt hatte.

Indes, nicht immer spricht eine Fehlprognose gegen die Astrologie. Rechnet man die Konstellationen nach, so ergibt sich für den Herbst 1973 nämlich etwas, das Rumburg nicht gemerkt hat: eine monatelange Konjunktion zwischen Saturn »dem Großen Unglück« und dem »Kreuzpunkt« (für Krankheit und Tod) im Staatshoroskop der Bundesrepublik Deutschland. Wirtschaftlich schwer »krank« ist der westdeutsche Staat in dieser Zeit ja geworden. Sogar das betroffene neunte Feld gibt die Ursachen richtig an: (wirtschaftliche) Beziehungen zu anderen (in diesem Fall Rohöl fördernden) Ländern.

Allgemein kann man sagen, daß in der Politischen Astrologie nicht weniger Aufschlüsse als beim einzelnen Menschen möglich sind. Voraussetzung sind Jahreshoroskope auf der Basis geprüfter und gegebenenfalls »korrigierter« Gründungsbilder. Mars am Aufgangspunkt eines Lebensjahres signalisiert dann – wie beim Menschen – zwölf ungemein kampfreiche Monate voller scharfer Konflikte. Dieses Zeichen ist sehr selten. Bei manchen Personen kommt es nicht einmal vor. Das gleiche gilt für Staaten. Eine Konjunktion zwischen Mars und Aufgangspunkt hatte die Deutsche Demokratische Republik in ihrem vierten Jahr (von Oktober 1952 auf Oktober 1953). Die zwölf Monate brachten dieses Land durch innere Unruhen und Machtkämpfe in der Führungsspitze an den Rand des Zusammenbruchs. Mars und Aufgangspunkt werden bei der DDR bald wieder zusammenfallen: vom 7. Oktober 1980 bis zum gleichen Tag 1981.

Weniger ergiebig ist der Versuch, Wahlergebnisse vorauszusagen. Die Zufallserwartung für richtige Treffer liegt bei einem politisch Informierten über 50 Prozent. Hinzu kommt, daß sich in Wahlzeiten bei den betroffenen Politikern so viele Empfindungen – Überanstrengung, Hoffnung und Beklemmung – mischen, daß eine Deutung der Konstellationen schwerfällt. Ein klares Überwiegen günstiger oder ungünstiger Zeichen ist selten. Bei dem mißglückten Versuch von Gerald Ford, ein zweites Mal Präsident Amerikas zu werden, waren sie vorhanden. Die Wahlniederlage Fords ist von den deutschen »Kosmobiologen« um R. Ebertin richtig vorhergesagt worden. Einem Skeptiker fällt es allerdings leicht, solche Bestätigungen als Zufall abzutun. Ebertin hat aber auch andere aufschlußreiche Prognosen veröffentlicht, unter anderem über eine besondere Gefahrenzeit für John F. Kennedy, in der dieser US-Präsident durch ein Attentat getötet wurde. (Die »Kosmobiologen« hatten mehr auf einen Kriegsausbruch getippt.)

Ein Gebiet ganz eigener Art ist das der astrologischen Kalender. Sie liefern das, wovon sich besonnene Sterndeuter so energisch distanzieren: Jahrmarkt und buntes Allerlei für alle, die es nicht besser haben wollen. Viele dieser Kalender gehen von einem auf den 1. Januar null Uhr Weltzeit gestellten Jahreshoroskop aus. Es soll für die ganze Erde Gültigkeit besitzen, obwohl der 1. Januar ein astronomisch irrelevanter Tag ist und viele Völker den Jahresbeginn zu anderen Terminen feiern. Deshalb nehmen einzelne Kalender das Frühjahrshoroskop als Grundlage – was natürlich zu völlig abweichenden Resultaten führt.

Diese unterschiedlichen »Geburtsbilder« des neuen Jahres werden mit den Staatshoroskopen verglichen. Prophezeiungen in den Kalendern sind meist nicht sehr originell. »Revolutionäre Tendenzen« stellte »der Neue Astrologische Kalender« für 1977 in Aussicht – für welches Jahr stimmt dies nicht? »Weiterhin Terrormaßnahmen«, lautete eine weitere Überschrift. Diese Maßnahmen wurden im einzelnen so beschrieben:

> »Aktionen der Linken sind zu befürchten . . . (Es) ist aber auch mit ideologischen Massenaktionen zu rechnen, die darauf abzielen, die Jugend anzusprechen, die ja leichter verführbar ist als Menschen mit Lebenserfahrungen . . . Man wird gut daran tun, krisenhafte Ereignisse – eventuell um Berlin – in mögliche Planungen einzubeziehen.«[117]

Solch vage Aussagen lassen sich leicht für viele Jahre machen. Als wichtigsten Tag des Jahres 1977 (und überhaupt einziges genaues Datum) nannte »der Neue Astrologische Kalender« den 23. Februar 1977. An diesem Tage sollten sich »Hochspannungen« ergeben, deren »Auswirkung noch gar nicht abzusehen ist«.[118] Nichts dergleichen geschah (auch an den benachbarten Tagen nicht).

Weitaus mehr Raum als politische Prognosen nehmen in den meisten Kalendern Geburtsbilder von Größen des Kulturlebens oder – häufiger – irgendwelcher Tingel-Tangel-Sternchen ein. Auch das Wetter ist offenbar viel leichter vorherzusagen als politische Ereignisse.

Der »Neue Astrologische Kalender« bringt gleich drei Vorhersagen des Wettergeschehens in der Bundesrepublik nebeneinander: eine »kosmobiologische Rundschau«, eine nach dem »100jährigen Kalender« und eine »allgemeine Tendenz«. Zum »100jährigen Kalender« ist zu bemerken, daß er sich unverständlicherweise der größten Beliebtheit erfreut. Unbegreiflich ist dies deswegen, weil er regelmäßig wiederholende Schwankungen des Wettergeschehens voraussetzt – obwohl die Klima- und Wetterforschung unwiderlegbar erwiesen hat, daß diese Veränderungen meist höchst unregelmäßiger Natur sind.

Solche Tatsachen zu ignorieren muß zu Fehlprognosen führen. Der vom Wetter her auffallendste Tag war 1977 der Heiligabend mit frühlingshaften Temperaturen bis 16 Grad Celsius und starken Winden: *das wärmste Weihnachten seit 146 Jahren* mit Tauwetter bis in die höchsten Gebirgslagen. Über diese Zeit behaupteten die drei Vorhersagen des »Neuen Astrologischen Kalenders« völlig Unterschiedliches.[119]

Die »kosmobiologische Vorschau«:

> »Nun greift ein Nordmeertief *mit kalter Polarluft* auf das Festland über und läßt tief hängende starke Bewölkung und *starken Schneefall* erwarten, der nur in nördlichen Gegenden westlich

des Rheins infolge Biskaya-Hoch-Einfluß ausbleiben wird.«

Der »100jährige Kalender«:

»Der Nordwind mischt sich am 19. und 20. mit Südwestluftströmungen südlich des Mains, so daß weiße Pracht im Flachland *ausbleibt* oder dahinschmilzt.«

Die »allgemeine« Vorhersage sprach wieder von »Polarluft«, die sich nur in »Industriegebieten« und »Städten« nicht recht durchsetzen sollte.

In Gesprächen mit Anhängern der Kalender-Astrologie kann man hören, man dürfe eben nicht jede beliebige Publikation auf diesem Gebiet ernstnehmen, sondern müsse – wie überall – Unterschiede beachten, die zum Beispiel im bekannten »Lorcher Astrologischen Kalender« deutlich würden. Dessen Chefredakteur, der bekannte Astrologe Alexander von Pronay, verspricht denn auch:

»Wer unsere astrologischen Prognosen zur Politik laufend verfolgt, wird feststellen, daß sie einen sehr hohen Grad an Wahrscheinlichkeit haben, und in einem Maße zutreffen, wie man es für dieses Experimentierfeld der Astrologie eigentlich gar nicht vermuten würde.«[120]

Wir wollen diese Versicherung beim Wort nehmen und vergleichen, welcher »sehr hohe Grad an Wahrscheinlichkeit« aus diesen Vorhersagen für die Bundesrepublik im Jahre 1977 ersichtlich wurde:

Tabelle II[121]

Lorcher Kalender 1977	Kommentar zu den Prognosen
»Die Aussichten nach dem Staatshoroskop sind . . . überwiegend erfreulich.«	Es war ein Jahr mit schwersten Belastungen.
Januar und Februar sollten vor allem »Erleichterungen« bringen; im März sollte sich das Verhältnis der Bundesrepublik zum Ausland »erfolgreich« gestalten.	Das Rentendebakel, die Abhöraffäre um den Atomwissenschaftler Traube, und der Höhepunkt der Proteste gegen Atomkraftwerke kennzeichneten in Wirklichkeit diese Monate.
April/Mai/Juni: »leichtere Lebensverhältnisse für die meisten Bürger«; Gesundung der	Am 7. April fiel Generalbundesanwalt Buback mit mehreren Begleitern einem Attentat

Wirtschaft und des Staates; »glückverheißende Zeichen«; »positiver Trend«; günstig für das »politische und wirtschaftliche Geschehen«.

zum Opfer; der Terrorismus beherrschte die Schlagzeilen. Die Arbeitslosenfrage blieb aktuell, da die Wirtschaft *stagnierte.*

Ende Juni: »vorübergehender Rückschlag«, der durch »Terrorismus« oder »Katastrophe« ausgelöst werden kann, aber »schon bald« überwunden werde; der Juli sollte »optimistische Erwartungen« rechtfertigen.

Der Juni blieb ruhig; der Juli rechtfertigte keine »optimistischen Erwartungen«: am 31. 7. wurde vielmehr der Bankier Jürgen Ponto bei einem Entführungsversuch erschossen.

August sollte uneinheitlich und durch »aufregende Ereignisse, etwa durch technische Mißgeschicke oder Reformen zum falschen Zeitpunkt« geprägt sein.

Im August fanden tatsächlich »aufregende Ereignisse« statt. Anlaß war allerdings die Flucht des ehemaligen Gestapochefs von Rom, Kappler, aus einem italienischen Militärhospital.

September/Oktober: »Denkbar ist, daß die Bevölkerung mit Gewalt konfrontiert wird.«

Diese Vorhersage erwies sich als richtig: Am 5. September wurde Hanns-Martin Schleyer entführt und im Oktober eine Lufthansamaschine (die am 18. 10. von deutschen Spezialisten in Mogadischu befreit wurde).

November: ausgeglichene Tendenz.

Stimmte ebenfalls; es war die Ruhe »nach Mogadischu«.

Dezember: Jahres-»Tiefpunkt«; die Zeichen sollten auf »Gewalt« stehen.

Diese Prognose war falsch; Tiefpunkte waren April und September. Der Dezember brachte die Spionageaffäre Lutze, aber keinerlei Gewalttätigkeiten.

Das wenig überzeugende Gesamtergebnis bestätigt: Kontinuierliche Vorhersagen liefern mehr klare Nieten als Treffer. Noch ungünstiger fallen die Resultate bei den für einzelne Monatsabschnitte gegebenen Prognosen aus. Die Tage um den 5. September

(an dem der Unternehmerpräsident Schleyer verschleppt wurde) sollten zum Beispiel durch »enttäuschende Spannungen« gekennzeichnet sein.[122] Mit solch wolkigen Formulierungen kann man schlechthin nichts anfangen.
Dies gilt auch für Politiker-Horoskope im Lorcher Kalender 1977. Bundeskanzler Helmut Schmidt wurde dort gleich zweimal die Zukunft gedeutet; einmal auf Seite 101 und zum zweitenmal auf Seite 182. Um die Verwirrung komplett zu machen, kamen beide Prognosen zu völlig unterschiedlichen Ereignissen.
Die eine Vorschau warnte vor zahlreichen Fehlschlägen, zum Beispiel »ab Oktober« 1977. In diesem Monat erreichte Schmidts Popularität nach der geglückten Geiselbefreiung in Mogadischu ihren *Höhepunkt*! Quer durch alle deutschen und viele ausländische Presseorgane gab es Lob für den Kanzler. Auf dem Titelbild eines »Spiegel«-Heftes war etwa ein elegant gewandeter Schmidt zu sehen – mit dem Begleittext: »Der bewunderte Deutsche«![123] Anders als man nach der Kalender-Prognose vermuten könnte, waren im Oktober 1977 für Schmidts Geburtsbild auch nicht ungünstige, sondern ein den Tatsachen entsprechendes stark günstiges Zeichen zu erkennen – nämlich für massenwirksames »Großes Glück«, das zur Mehrung des Ansehens führt (Jupiter stationär bei Pluto im zehnten Feld). Dieselbe günstige Konstellation war im September 1977 noch nicht fällig. Trotzdem behauptete derselbe Kalender, September zähle zu den wenigen Zeiten des Jahres, in denen Schmidt einen positiven »Umschwung« erreichen könne.
Die andere Vorhersage für Schmidt im »Lorcher Astrologischen Kalender« gelangte paradoxerweise genau zum entgegengesetzten Schluß. Sie kündigte an, daß der »Übergang des Saturn« über den Aufgangspunkt des Schmidt-Horoskopes im September 1977 »kritisch« werden könne. Dies scheint zunächst besser zu stimmen, da die Entführung des Arbeitgeberpräsidenten Schleyer in diesem Monat tatsächlich zu einer Staatskrise führte. Ungünstige Konstellationen für Schmidts Geburtsbild betrafen *allerdings nicht* Saturn und Aufgangspunkt! Eine Konjunktion zwischen beiden Zeichen fand nämlich weder im September noch sonst irgendwann 1977 statt! Auch dann nicht, wenn man die von den Kalenderautoren selbst angegebene Geburtszeit Schmidts als ungenau betrachtet. (Eine kurze – und deshalb als weniger bedeutend angesehene – Verbindung zwischen Aufgangspunkt und Saturn war bei Schmidt erst zu Herbstbeginn *1978* fällig. In *langsamem* Lauf wird Saturn den Aufgangspunkt Schmidts im Frühjahr 1979

zweimal überschreiten. Dies soll nach astrologischer Auffassung eine Wende zum Schlechten – Behinderungen, Lähmungen und Niedergeschlagenheit – ankündigen. Im gleichen Zeitraum sind verwirrende oder leidvolle Nachrichten für Schmidt zu erwarten. Jedenfalls überwiegen im Frühjahr 1979 die ungünstigen Konstellationen einzelne positive Zeichen.)

Besonders unergiebig ist das, was im »Lorcher Astrologischen Kalender« über außenpolitische Ereignisse des Jahres 1977 gesagt wurde. Der Krieg in Ostafrika zwischen Äthiopien und Somalia – wurde mit keiner Silbe angedeutet. Die Unruhe auf dem indischen Subkontinent – Sturz Indira Gandhis in Indien, Zulfikar Ali Bhuttos in Pakistan, Frau Bandaranaikes auf Ceylon sowie zwei Putschversuche in Bangla Desh – kam in den Vorhersagen dieses Kalenders ebensowenig vor. Die Tage des sensationellen Besuchs von Präsident Sadat in Jerusalem (vom 19. 11. 77 an) sollten »durchschnittliche Daten« sein.[124] Statt für den Nahen Osten erwarteten die Kalenderautoren im November 77 für »Brasilien, Griechenland, die europäische Türkei und die Schweiz«[125] Entwicklungsschübe. Dort ereignete sich allerdings nichts, was man auch nur entfernt mit den Geschehnissen in Jerusalem vergleichen könnte.

Es ließe sich wahrscheinlich ein ganzes Telefonbuch mit Fehlprognosen aus astrologischen Kalendern füllen. Jenen Kritikern, die sich auf diese Veröffentlichungen beschränken, ist deshalb weitgehend recht zu geben.

Zur Abrundung sei hinzugefügt, daß auch der Lorcher Kalender Wettervorhersagen veröffentlicht, allerdings nur lumpige zwei nebeneinander. Nehmen wir als Beispiel wieder den Heiligabend 1977 und die nachfolgenden Tage (wie erwähnt das wärmste Weihnachten seit 146 Jahren – mit Frühlingstemperaturen). Die eine Kalenderprognose machte für das Jahresende 1977 ohne nähere zeitliche Aufschlüsselung folgende Angaben:

> »Zuerst schneit es auf den nassen Straßen, doch gefriert es dann zu Eis *mit großer Kälte* und mit Schnee, was bis in den Februar (1978) anhält.«[126]

Die zweite Vorhersage präzisierte dies für Ende Dezember mit den Worten:

> »21. bis 24.: Durch hohen Luftdruck im Norden und Osten zunehmend kälter mit leichtem Schneefall. Rauhreif. Im Süden und Westen noch mild mit sonnigen Abschnitten. Ein Wetterwechsel kündigt sich an, 25. bis 30. Unter Vollmondeinfluß kommt es zu einem Kaltlufteinbruch von Norden bis Osten.

Diese Kältewelle ist mit Schneefall und *eisigem* Wind verbunden. Damit besteht für die meisten Landesteile die Aussicht auf weiße Weihnachten, mit Schnee- und Eisglätte, aber auch Sonnenschein, während des Nachts der Vollmond die Temperaturen *tief herabdrückt.*«[127]

... Und während am Weihnachtsabend 1977 warme Winde frühlingshafte Luft durch die Bundesrepublik bliesen, hatte der Vollmond wohl seine liebe Not, all jene zu erleuchten, die schon wieder einen neuen astrologischen Kalender im Hause hatten, voll wundersamer Dinge über Menschen und Staaten – und über das Wetter.

4. Die Zukunft in den Sternen?

Ein schwankender, aber doch immer hoher Prozentsatz der deutschen Bevölkerung bekennt sich bei Meinungsumfragen zur Astrologie. Etwa gleich zahlreich sind jene, die einen Zusammenhang zwischen Sternen- und Menschenwelt für möglich halten. Rund 50 Prozent der Befragten äußern sich freilich gegen einen Sternenglauben.

Interessanter als solche Angaben wäre allerdings eine Aufschlüsselung darüber, wie viele dieser Antworten allein mit Blick auf die Kalender- und Zeitungsastrologie gegeben wurden, deren obskures Erscheinungsbild nicht deutlich genug von der alten Sterndeutekunst unterschieden werden kann. Voraussagen nach dem Stand der Sonne im Tierkreis haben mit der Deutung eines vollständigen Geburtsbildes wie gesagt weit weniger zu tun als das kleine Einmaleins mit der höheren Mathematik.

Wesentlich wäre es auch, einen Eindruck zu gewinnen, wie viele derer, die sich einem fremden Interviewer gegenüber ablehnend zur Astrologie äußern, im Grunde gar nicht so festgelegt sind. Ganz bestimmt spielt der Gruppenzwang eine Rolle, nach dem »man« in bestimmten Kreisen von vornherein zu »wissen« hat, daß Sterndeutung Unsinn ist – oder hinnehmen muß, nicht ernstgenommen zu werden.

In diesem Buch haben wir zu zeigen versucht, daß die Dinge auch im Falle der Astrologie nicht so einfach liegen, wie es vielleicht auf den ersten Blick scheint. Jene uralte Seelenkunde, die in der Sterndeutekunst enthalten ist, verdient es nicht, daß man sie mit dem teils merkwürdigen Gebaren einzelner Geschäftsastrologen in einen Topf wirft.

Wozu aber kann sie im täglichen Leben dienen? Der Psychotherapeut F. Riemann hat sich »Über die Praxis astrologischer Beratung« in einem scharfsinnigen Aufsatz Gedanken gemacht. Ausgehend von der Feststellung, daß die Astrologie in unserer Zeit einen neuen Aufschwung erlebt, gelangt Riemann zu seiner »wichtigsten Forderung«:

> »Die klare Einsicht in ihre Aussagegrenzen – worauf unter den heutigen Astrologen vor allem Thomas Ring unermüdlich hingewiesen hat . . . Es wird eines langen wechselseitigen Erziehungsprozesses bedürfen, um diese Bedingung erfüllen zu können. Die Versuchung, aus welchen Gründen auch immer, sich die Robe des großen Magiers anzuziehen, ist für viele Astrologen recht erheblich; die Bereitschaft, sich von ihnen die Selbstverantwortung und Entscheidungen abnehmen zu lassen, ist bei vielen Ratsuchenden nicht minder erheblich. Beides . . . macht gerade auch an sich Wohlmeinende immer wieder skeptisch bezüglich der Astrologie, zumindest gegenüber ihren Vertretern. – Andererseits befinden sich die Astrologen heute noch in einer schwierigen Lage: Auf der einen Seite werden sie angegriffen, abgelehnt und bekämpft, mit oft unwürdigen Mitteln und das meist von Leuten, die sich selbst nie ernsthaft mit der Astrologie beschäftigt haben. Auf der anderen Seite sehen sie sich den . . . Erwartungen ihrer Klienten gegenüber, die meist gar nicht das erfahren wollen, was der Astrologe wirklich verantwortungsvoll aussagen kann, sondern ein Orakel erwarten.«[128]

Riemann hält einen behutsamen Gebrauch der Astrologie für vertretbar. Zusammen mit anderen Hilfsmitteln könne sie etwa in der Berufsberatung eingesetzt werden. Tatsächlich scheint es in vielen Fällen möglich, die Eignung eines Menschen für eine bestimmte Beruf*sart* aus dem Geburtsbild zu ermitteln. Ob dem Betreffenden eine Tätigkeit liegt, die penible Sorgfalt erfordert, ob er sich in eine Hierarchie mühelos einordnen kann oder ob ihm eine völlig selbstständige Tätigkeit besser entspricht, ist deutlich im voraus zu sehen. Mit einiger Wahrscheinlichkeit kann man auch Aussagen darüber machen, ob eine Hausfrau durch Ausübung eines Berufes in ihrer Entfaltung gefördert werden wird oder ob diese Tätigkeit schwere Konflikte in ihr Leben tragen würde.

Problematischer ist die Partnerschaftsberatung. Daß eine schematische Anwendung der überlieferten Regeln in Sackgassen und Fehlprognosen führen kann, wurde bereits gezeigt. Man wird immer den *Einzelfall* betrachten müssen. Angenommen bei einer jungen Frau haben Partnerschaften schon mehrfach in außergewöhnlichen Enttäuschungen geendet. Ein Blick ins Geburtsbild kann Aufschluß darüber bringen, ob ein Grundmuster vorliegt, das eine befriedigende Zweierbeziehung in die Nähe des achten Weltwunders rückt. Wenn dies so ist, raten viele Autoren zu einer »verschlüsselten« Auskunft – wie überhaupt Negatives eingekleidet und behutsam mitgeteilt werden soll.

Ein solches Verfahren setzt freilich einen intelligenten Klienten voraus, der begreift, was wirklich gemeint ist. Unter diesen Umständen sollte man doch lieber gleich die volle Wahrheit sagen. Die notwendige Einschränkung muß darin zum Ausdruck kommen, daß die Astrologie als Verfahren kenntlich gemacht wird, das lediglich *Hinweise* ermöglicht. Diese treffen zwar in hohem Maße zu, doch ist das Schicksalsgefüge eindeutig »elastisch«, das heißt innerhalb gewisser Grenzen formbar und in den meisten Punkten nicht starr festgelegt.

Eine ungünstige Auskunft abzuschwächen oder gar zu »verrätseln« führt viele Klienten schnell in die Irre. Sie sollte aber durch ermutigende Hinweise aufgewogen werden. Man wird der betreffenden Frau vielleicht die Möglichkeit befriedigender beruflicher Erfolge – etwa durch die Entfaltung und konzentrierte Förderung künstlerischer Talente – vor Augen führen können. Oder man wird ihr zu einer Tätigkeit raten dürfen, die Umgang mit Kindern mit sich bringt, und das Leben wirklich ausfüllt.

Ob ein Mensch mit Kindern auskommt oder sie (und vielleicht auch besondere andere Gruppen von Menschen) als Belastung empfindet, ist aus dem Geburtsbild ziemlich gut ablesbar und läßt sich entsprechend zeitig ankündigen. Daneben wird man oft sagen können, welche Umstellungen ein Mensch durch größere Veränderung seines Wohnortes zu erwarten hat; ob er durch sie gefördert wird oder ob er besser bleibt, wo er ist.

Zum letzten Punkt läßt sich sogar die Jahresvorhersage mit verblüffendem Erfolg heranziehen. Bekanntlich wird sie in der Weise erstellt, daß ein Horoskop für die Minute ausgearbeitet wird, in der die Sonne die Stelle im Tierkreis erreicht, die sie bei der Geburt innehatte. Aufgangspunkt, Himmelsmitte und alle anderen Felderspitzen dieses Jahreshoroskopes hängen aber vom Aufenthaltsort ab. Der Aufgangspunkt des Jahres kann durch Wechsel des Wohnortes auf der Venus oder dem Jupiter statt auf dem Saturn des Geburtsbildes stehen. Es zeigt sich immer wieder, daß dies markant unterschiedliche Jahresschicksale signalisiert – die also

erstaunlicherweise durch eine entsprechende Wahl des »richtigen« Aufenthaltsortes beeinflußt werden können. Einem Unschlüssigen, der nicht weiß, ob er für eine neue Arbeitsstelle den Wohnort wechseln soll, kann der Astrologe folglich in diesem Fall guten Gewissens konkrete Entscheidungshilfen anbieten.
Indes sieht die astrologische Praxis meist anders aus. Da Jahreshoroskope nur zeitraubend zu errechnen sind, weil sie eine Korrektur der auf Urkunden angegebenen Geburtszeit (auf eine Genauigkeit von zwei Minuten) erfordern, werden sie meist gar nicht erst ausgearbeitet. Viele Sterndeuter tun ganz so, als seien ihre Klienten in der Mehrzahl wirklich zu vollen Viertelstunden geboren worden und beachten lediglich die Übergänge der Planeten über wichtige Punkte des Geburtsbildes – manchmal allein die zur »Geburtssonne«! Gelegentlich werden dann noch Konstellationen für die Gegenwart beschrieben, die in Wahrheit fast *fünfzig Jahre* zurückliegen, das Ganze garniert durch den Hinweis:

> »Wer sich dagegen auflehnt, verschlimmert nur sein Schicksal!« (So geschehen in einem – schriftlich vorliegenden – Gutachten eines Berliner Astrologen.)[129]

Billig sind astrologische Ratschläge auch nicht gerade, wenn man von den schematisch erstellten Produkten der Computerastrologie absieht. So bot der Verlag des »Lorcher Astrologischen Kalenders« 1978 ein »einfaches Jahreshoroskop« für 85 DM an. Derselbe Verlag offerierte die Künste seiner Mitarbeiter im selben Heft auf einem Vordruck zum zweiten Mal – allerdings *»ab 320 DM«*!
Es liegt auf der Hand, daß solche Preise beim Kunden Erwartungen wecken, die der Astrologe in den meisten Fällen nicht erfüllt. Nimmt man als Gradmesser für die Leistungen beim »Lorcher Astrologischen Kalender« die dort 1978 abgedruckten Geburtsbilder Prominenter, so stellt man zum Beispiel fest: Ein auf Seite 89 wiedergegebenes Geburtsbild Erich Honeckers basiert auf unkorrigierten Angaben der Geburtszeit (»um 18 Uhr«), nennt dann aber noch nicht einmal für den Geburtstag durchgehend richtige Daten, sondern vermischt in wildem Durcheinander solche vom frühen Nachmittag und vom Abend des 24. 8. 1912 (für die Venus bzw. für die Sonne) mit solchen des 25. 8. (Mond, Mars usw.)
Daß der gleiche Kalender 1977 – aus welchen Gründen auch immer – für Helmut Schmidt zwei Prognosen (mit gänzlich unterschiedlichen Resultaten) veröffentlichte, wurde bereits erwähnt. Ebenfalls festgestellt wurde, daß diese Vorhersagen wichtige günstige Zeichen außer acht ließen (und für Schmidts Erfolgsmonat Oktober 77 Ungünstiges ankündigten) – und auf der ande-

ren Seite Konstellationen beschrieben, die bei Schmidt im ganzen Jahr nicht einmal fällig waren.
Wer nun die Stirn hat, mit solchen Arbeiten ans Licht der Öffentlichkeit zu treten – was kann man von dem erwarten, wenn es um die Abspeisung eines einzelnen Kunden geht, der Horoskope nicht selbst berechnen und entsprechend auch nicht auf ihre Richtigkeit überprüfen kann? Bei manchen Feinden der Sterndeuter, die von offensichtlichem Haß geprägt sind, gewinnt man übrigens den Eindruck, sie seien einmal Opfer unsauberer astrologischer Geschäftspraktiken geworden. Tatsächlich ist kaum abschätzbar, was an Verwirrung und Gefahr in das Leben von Menschen getragen werden kann, die unsicher und arglos in die Netze eines Geschäftsastrologen ohne Können und Skrupel geraten.
Berichten zufolge scheinen sich besonders eigenartige Szenen in mündlichen »Beratungen« abzuspielen, bei denen einzelne Astrologen Fragen nicht klar beantworten, sondern selbst Informationen »angeln« (was war denn da? Hm, ja . . .«). Nicht zu vergessen die vagen Formulierungen, die wie im Lorcher Kalender 1977 geheimnisvoll »enttäuschende Spannungen« ankündigen – was alles und nichts bedeuten kann.
Über seine Erfahrungen mit nebulös abgefaßten astrologischen Gutachten berichtet Hans Bender vom Freiburger Institut für Parapsychologie:

> »Wir erhielten im Laufe unserer Untersuchungen, bei denen wir anfänglich mit einer großen Anzahl von Astrologen arbeiteten – über hundert hatten sich bereitwillig zur Verfügung gestellt –, unzählige solcher Klischee-Gutachten, mit denen schlechterdings nichts anzufangen war. Es hat sich aber eine merkwürdige Tatsache herausgestellt, die noch weit davon entfernt ist, wissenschaftlich gesichert zu sein: Eine kleine Gruppe von Gutachtern lieferte in vielen Fällen blinddiagnostische Analysen, die in einer auffallenden Weise nur aufgrund des Horoskops die betreffende Versuchsperson richtig schilderten. Die Analysen der verschiedenen Bearbeiter stimmten miteinander überein. Ich muß gestehen, daß mich diese Resultate ziemlich perplex machten und daß ich noch nicht weiß, was davon zu halten ist.«[130]

Sollte sich dieses Ergebnis bestätigen lassen, so wäre dies nach Benders Meinung »ein für unser modernes Weltverständnis ungeheuerliches Phänomen von noch nicht überschaubaren Konsequenzen«.
Unsicherheit kennzeichnet die Einstellung zu der Frage, welche

Rolle die Astrologie im Wirtschaftsleben spielen kann. Die Honorare, die von einzelnen Unternehmern für astrologische Ratschläge und Entscheidungshilfen gezahlt werden, liegen weit über dem Üblichen. Der Astrologe benutzt dafür die Geburtsbilder des Firmenchefs und seiner wichtigsten Mitarbeiter sowie das Gründungsdatum des Unternehmens. Dieses wird also – wie Staaten – als ein Kollektivwesen betrachtet, das wachsen und gedeihen, aber auch erkranken und sterben kann. Ein Unternehmer, der seine Kraft und Mittel auf eine bestimmte Zeit konzentriert, weil er glaubt, die Zeichen stünden günstig, wird – im allgemeinen – in dieser Phase wirklich mehr Erfolge erzielen als sonst.
Im übrigen ist Skepsis angebracht. Günstige Konstellationen zur Himmelsmitte des Firmenchefs brauchen nicht der Firma zugute zu kommen, sondern können die Verleihung des Bundesverdienstkreuzes an den Betreffenden zu seinem 65. Geburtstag markieren. Das Unternehmen kann dennoch ein halbes Jahr später in Konkurs gehen. Gehobene Stimmung bei Chef und Prokurist zum selben Zeitpunkt mag mit gemeinsamen geschäftlichen Erfolgen einhergehen. Sie kann aber genauso eine Trennung bezeichnen, bei der jeder froh ist, den anderen losgeworden zu sein. Gründungsdaten von Firmen sind ebenfalls mit Vorsicht zu behandeln. Abgesehen davon, daß sich der Entstehungstermin eines Unternehmens, das vielleicht schon hundert Jahre existiert, nachträglich kaum auf zwei Minuten exakt ermitteln läßt, ist folgendes zu bedenken: Der »Charakter« einer Firma hat sich möglicherweise seit der Gründung entscheidend geändert; eine Fabrik aus Familienbesitz ist inzwischen oft Eigentum vieler Aktionäre. Neugründungen und Umwandlungen müßten von dem Astrologen berücksichtigt werden – was aber nur selten der Fall zu sein scheint.
Die Zeitschrift »Capital« hat im August 1977 in einem langen Artikel über die Beliebtheit astrologischer Entscheidungshilfen in einigen Wirtschaftskreisen berichtet. Zur Illustration druckte »Capital« den Ratschlag eines bekannten Astrologen auf die Frage ab, wann es zweckmäßig sei, Aktien des Volkswagenkonzerns zu kaufen. Die – reichlich gewundene – Antwort des Sterndeuters gab die Zeitschrift im Wortlaut wieder und versah sie mit der spöttischen Überschrift »Alles möglich«.[131]
Ein anderes wichtiges Thema bildet die Beobachtung, daß für markante Lebens- und Wesenszüge manchmal im Geburtsbild die Entsprechungen fehlen. Der umgekehrte Fall, daß ein Erwachsener Schicksale, die in seinem Horoskop markiert sind, noch nicht erlebt hat, ist verhältnismäßig einfach zu erklären: Das Leben

weist ja bis ins hohe Alter Schicksalsschübe auf, und einige erreichen – wie der Kanzler Adenauer – erst in dieser Periode den Höhepunkt ihres Wirkens.
Das gelegentliche Fehlen von Anzeichen für wichtige Ereignisse im Kosmogramm ist auf verschiedene Weise interpretiert worden. Manche Astrologen haben neue Deutungselemente eingeführt: zusätzliche Winkelbeziehungen, »sensitive Punkte«, »Schnittpunkte« oder einfach neue Planeten. Die »Hamburger Schule« arbeitet mit einer ganzen Reihe solcher nicht entdeckter Himmelskörper – und gibt damit den Gegnern der Sterndeutung den Vorwand zu sagen, diese ganze Kunst sei im wahrsten Sinne des Wortes »gegenstandslos«.
Die Existenz noch unentdeckter Planeten unseres Sonnensystems wird allerdings auch in Sternwarten und Universitäten nicht für ausgeschlossen gehalten. Bahnabweichungen der äußersten bekannten Planeten und andere Anzeichen lassen diese Möglichkeit offen. Es hat auch Versuche gegeben, die Bahn eines solchen Himmelskörpers zu errechnen – wie bereits die des Neptun hypothetisch vorher bestimmt worden war.
Der Jurist und Naturforscher Theodor Landscheidt hat diesen »Transpluto« versuchsweise in die astrologische Deutung einbezogen und Tabellen mit seiner vermuteten Bahn durch den Tierkreis veröffentlicht. Er glaubt, daß Pluto und Transpluto bei Ausbruch des Zweiten Weltkrieges in Konjunktion traten. Transpluto selbst bezeichnet er als Kennmarke für »Ereignisse, bei denen plötzlich und unter gewaltsamen Begleiterscheinungen chaoserzeugende Kräfte freigesetzt werden«.[132]
Bei Stichproben gelangt man zu Resultaten, die nicht eindeutig sind. Zwar ergeben sich Transpluto-Konstellationen für wichtige Vorgänge – zum Beispiel für die Zeit des Überfalls auf die israelischen Sportler in München 1972. Meist zeigen sich indes auch noch Winkel anderer Planeten, die zur Erklärung ausreichen. Zudem dauern Transpluto-Übergänge meist sehr lange an, was die Beziehung zu kurzen Zeiträumen doch sehr erschwert.
Ein weiteres Forschungsbiet von Theodor Landscheidt betrifft das Katastrophengeschehen auf der Erde. Nach Landscheidts Meinung sollen sich Erdbeben und andere Naturkatastrophen dann häufen, wenn bestimmte Konstellationen zwischen Jupiter und der Radioquelle Cassiopeia A vorliegen. Über taggenaue Voraussagen Landscheidts auf dieser Grundlage wurde mehrfach in der Presse, darunter in der Zeitschrift »Stern« berichtet. Sie haben angeblich eine sehr hohe Trefferquote. Sollte dies tatsächlich der Fall sein, so

stände hier ein naturwissenschaftliches Rätsel zur Diskussion. Daß irdisches Orkangeschehen und Erdbeben durch »Zeichen am Himmel« signalisiert werden sollen, führt über die eigentliche Astrologie weit hinaus.

Landscheidt hat daneben Experimente mit »Planetenknoten« angestellt, die analog zu den Mondknoten als Schnittpunkte zwischen Planeten- und scheinbarer jährlicher Sonnenbahn ermittelt werden. Der Bremer Landgerichtsrat hält diese Planetenknoten für zuverlässige Deutungshilfen. Bei Nachprüfungen ergibt sich, daß zumindest die »Knoten« des Merkur und der Venus im Geburtsbild Lücken füllen – und zwar genau in dem zu erwartenden Sinne: Merkurknoten-Winkel stehen für Meinungsaustausch, Briefwechsel etc., während der aufsteigende Venusknoten Liebesverbindungen und ganz allgemein »Umgang mit jungen Frauen« beschreibt (also auch das Verhältnis zur Tochter charakterisiert und das zu Freundinnen im weiblichen Kosmogramm). Die jährlichen Bewegungen der Planetenknoten im Tierkreis ergeben hingegen keine überzeugenden Entsprechungen. Im Jahreshoroskop fällt aber eine Veränderung in den genannten Lebensbereichen mit sinngleichen Konstellationen zusammen.

Eine andere Ergänzung hat der Astrologe Meier-Parm vorgeschlagen. Er regte an, die Sphäre der Kleinplaneten zwischen Mars und Jupiter mehr zu beachten. Dort vermutete bereits der gelehrte Johannes Kepler einen Planeten. Seit 1801 wurden in diesem Bereich des Sonnensystems tausende kleiner Himmelskörper entdeckt. Zu den größten gehören Ceres, Pallas, Juno und Vesta. Bei der Vesta glaubt Meier-Parm an eine Bedeutung für Geburtsbild und laufende Konstellationen. Ihre Bedeutung läßt sich mit »Ordnungsgefüge« wiedergeben.

Gemeint ist im menschlichen Bereich vor allem die »geordnete« Sphäre des Häuslichen und Privaten; die eigenen vier Wände sowie die Familie – auch alle damit zusammenhängenden Fragen wie Gastfreundschaft oder Ehe. Über die Beziehungen zwischen Vesta und Venus will Meier-Parm folgendes festgestellt haben:

> »Günstige Aspekte für Häuslichkeit, Einladung, Aufnahme von Gästen, kulturelle Veranstaltungen, Aufnahme in einen Betrieb, in weibliche Pflege. Gute Aspekte Vesta–Venus sind vor allem für die Belange der Venus (Ehe) durchaus förderlich, sie geben Ordnung, Dauer, Ausgleich . . . In der Vergleichsanalyse von Ehepartnern spielt Vesta eine noch stärkere Rolle als Venus. Besonders Frauen heiraten oft ›nach dem Stand ihrer Vesta‹.«[133]

Bei Stichproben bestätigen sich Meier-Parms Mitteilungen. Vesta drückt offenbar Ordnungssinn, Familienverbundenheit und Heimatliebe eines Menschen aus. Auf das Bewahren und Einordnen von Dingen bedachte Menschen weisen oft eine markante Vestastellung im Geburtsbild auf. Wesensverwandt scheint das Tierkreiszeichen Jungfrau zu sein.
In Staatshoroskopen sollte man Vesta in wichtiger Position bei solchen Ländern erwarten, die eine eher bewahrende und sichernde Politik verfolgen und dabei den »Ordnungsgedanken« hochhalten. Dies ist offensichtlich bei der Deutschen Demokratischen Republik (Vesta am Aufgangspunkt) der Fall.
Die amerikanische Astrologin Eleanor Bach hat zusammen mit dem Astronomen George Climlas Gestirnstafeln für Vesta und drei andere Kleinplaneten vorgelegt. Sie glaubt auch für Ceres, Pallas und Juno überzeugende Entsprechungen gefunden zu haben.
Ceres soll als Kennmarke für die ältere Frau (etwa die Mutter) im Geburtsbild stehen. Auch Ernst, Sorge, Trauer und andere dem Saturn verwandte Prinzipien fallen angeblich in ihren Bereich; außerdem Verbundenheit mit dem Lande, dem Ackerbau oder der freien Natur. Überprüft man dies, dann sind die Ergebnisse nicht voll befriedigend. Man muß zum Beispiel verlangen, daß Personen, die ausgesprochene Naturfreunde oder Gartenliebhaber sind, Ceres im Geburtsbild deutlich betont haben. Dies ist aber oft *nicht* so. Freilich sind einzelne Gegenproben schon von der Zahl her nicht repräsentativ.
Pallas: Dieser Kleinplanet soll im Horoskop ähnliche Bereiche wie Merkur umschreiben. Eleanor Bach verweist zur Begründung darauf, daß Menschen mit überdurchschnittlicher Intelligenz nicht immer über entsprechende Merkurverbindungen verfügen und meint, Pallas könne Merkur im Geburtsbild ersetzen. Setzt man den Kleinplaneten in verschiedene Horoskope ein, so möchte man dem nicht widersprechen. Pallas scheint aber im Gegensatz zu Merkur nicht sprachliche Ausdruckskraft und rednerisches Können zu signalisieren, sondern Einfallsreichtum und »gesunden Menschenverstand« (also auf das Praktische gerichtete Vernunft). DDR-Staatschef Erich Honecker hat Pallas an der Sonne. Die genannten Eigenschaften kommen in seinem wechselvollen Leben klar zum Ausdruck.
Juno: Für diesen Himmelskörper gibt E. Bach das an, was Juno in der antiken Mythologie verkörperte, nämlich die Ausstrahlung und das Auftreten der Gemahlin des Götterkönigs Jupiter. Dies ist allerdings etwas weit hergeholt. Der Astronom Harding, der 1804

Juno entdeckte und benannte, war sicher kein verkappter Sterndeuter, und selbst wenn er es gewesen wäre, hätte er nicht auf Anhieb die richtige Entsprechung für diesen Kleinplaneten finden können. Daß Personen mit Juno an wichtiger Stelle des Geburtsbildes stets den Glanz der römischen Himmelskönigin ausströmen, wird man auch nicht sagen können. Man denke an den DDR-Politiker Willi Stoph (Juno an der Geburtssonne), dessen Auftritte eher von einer kaum zu überbietenden Sprödigkeit sind.

Diese Beispiele sollten illustrieren, wie sehr die Astrologie noch immer davon entfernt ist, ein voll entwickeltes System anzubieten. Vielmehr handelt es sich um ein vorläufiges Regelwerk, über dessen Ergänzungsbedürftigkeit, aber auch Ergänzungsfähigkeit man mit vernünftigen Anhängern der Astrologie nicht lange zu diskutieren braucht.

Um so gefährlicher sind Angebote ans breite Publikum, das Horoskopieren wie eine Fremdsprache zu erlernen. Keines der vorliegenden Anleitungsbücher bietet einen auch nur halbwegs vollständigen Überblick der zu beachtenden Klippen. Statt dessen liefern einige Autoren ausgesprochen skurrile Informationen. Etwa über das Tierkreiszeichen Krebs:

> »Nach der Überlieferung sind die Zahlen dieses Zeichens 2 und 7, der Montag gilt als der erfolgversprechendste Tag der Woche, Norden als Glücksrichtung und Weiß und Grün als Glücksfarben. Silber, Platin, Smaragd, Koralle, Perlen werden dem Krebszeichen ebenso zugeordnet wie Krebs, Frosch, Schnecke, Eule und Muscheln. Jasmin, Tulpe, Anemone, Hyazinthe, Weide und Erle sind die Pflanzensymbole des Krebs.«[134]

Der Astrologe Pronay, aus dessen Buch »Helfen Horoskope hoffen?« dieses Zitat stammt, bietet allerdings auch anspruchsvollere Überlegungen. Der Sinn der Astrologie liegt für ihn darin, »gerechtfertigt hoffen zu lassen«.[135] Daß die Sterndeutung in Einzelfällen dazu verhilft, ist unbestreitbar. Stets zeigt sie aber neben Chancen Gefahren und drohende Einschränkungen. Enttäuschungen und die seit dem Altertum berüchtigte »Sternenfurcht« sind bei den Anhängern dieser Kunst deshalb häufiger als berechtigte Hoffnungen. Auch der Berater, der – etwa im Zuge eines Experimentes – seine Dienste völlig kostenlos anbietet, kann erleben, mit welcher Verstimmung einige reagieren, wenn ihre (manchmal phantastischen) Hoffnungen nicht erfüllt werden.

Das Geburtsbild spiegelt nur tatsächlich vorhandene Chancen wider, die zu ihrer Realisierung obendrein erhebliche eigene Anstrengungen voraussetzen. Die Begünstigung durch »Zufälle« ist dabei für die meisten erheblich geringer, als die Beratenen es erhoffen. Dies entspricht einerseits dem wirklichen Leben und macht die Astrologie überhaupt erst interessant und diskussionswürdig. Andererseits ergeben sich daraus erhebliche Probleme: Zahlreiche Zeitgenossen sind lediglich dann bereit, die Richtigkeit der Astrologie zu erwägen, wenn sie sich in einer schwierigen oder unübersichtlichen Lebenslage befinden. In solchen Situationen greifen viele zu rosaroten Phantasiewolken, um diese Zeit zu überbrücken. Von der Sterndeutung wird in oft naiver Weise erwartet, diesen Wunschträumen Substanz und Halt zu geben. Erfüllt die Astrologie diese Hoffnung nicht, so reagieren die Enttäuschten oft trotzig oder leichtfertig. Notwendige Informationen für den Berater zur Verifizierung der Geburtszeit werden nicht oder in unbrauchbarer Form gegeben.

Die Geburtszeit läßt sich dann nicht mit der erforderlichen Genauigkeit (auf zwei Minuten) feststellen. Im Abstand von 15 Minuten werden bereits Zwillinge mit ihren oft gänzlich unterschiedlichen Schicksalsverläufen geboren. Folgerichtig haben ungenaue oder falsche Geburtsangaben ebensolche Ausdeutungen und Vorhersagen zur Folge – was den Betroffenen die Möglichkeit gibt zu sagen, an der Sterndeutekunst sei eben doch nichts dran, und sich von neuem in ihre Phantasiewolken zurückzuziehen. Die Kurzsichtigkeit des eigenen Verhaltens gelangt manchen gar nicht zu Bewußtsein. Man könnte von einer Schutzreaktion tieferer Persönlichkeitsschichten sprechen – wenn es ein Schutz wäre, die Wirklichkeit nicht zur Kenntnis zu nehmen und statt dessen in Tagträume zu flüchten.

Eine weitere Schwierigkeit hängt mit der Tatsache zusammen, daß astrologische Regeln auf die Beobachtungen zurückgehen, die Sterndeuter in Jahrtausenden an den Geburtsbildern *ungewöhnlicher* Menschen gemacht haben. Nur Mächtige und Wohlhabende konnten es sich bis in die jüngere Vergangenheit leisten, ihr Horoskop ausrechnen und wirklich sachverständig deuten zu lassen. Ein hoher Anteil dieser Klientengruppe gehört zu einem eigenen Horoskoptypus, der mit dem Alltagsleben des Durchschnittsmenschen nicht ohne weiteres gleichgesetzt werden darf. Auf den Gipfeln der Berge weht ein rauherer Wind als im Tale – und der betroffene Personenkreis bekommt im allgemeinen die Wucht der »Zufälle des Lebens« recht deutlich zu spüren. Außergewöhnliche Lebensverläufe fallen zusammen mit einer Kombination seltener Zeichen im Geburtsbild. Die folgende Aufstellung mag dies für den Politiker Willy Brandt veranschaulichen. (In Klammern ist

jeweils die Zufallserwartung für bestimmte Konstellationen in Brandts Horoskop angegeben):
Aufgangspunkt zu Merkur - geschlossenes Trigon (1 : 90)
Aufgangspunkt zu Uranus – gradgenaues Sextil (1 : 180)
Sonne zu Mond – geschlossenes Trigon (1 : 120)
Merkur zu Uranus – gradgenaues Sextil (1 : 180)
Venus zu Saturn – gradgenaue Opposition (1 : 360)
Mars zu Jupiter – gradgenaue Opposition (1 : 360)
Mars zu aufsteigenden Mondknoten – geschlossenes Trigon (1 : 90)
Pluto zu Himmelsmitte – geschlossene Opposition (1 : 240)
Vesta, der Kleinplanet für das (Herkunfts-)Milieu, steht bei Brandt im ungünstigen zwölften Feld in Opposition zum anderen »Familienzeichen«, dem Mond. Diese Opposition ist bei Willy Brandt auf ein zehntel Grad genau – unter dreitausendsechshundert Menschen hat dieses Zeichen nur einer. Brandts Opposition gilt den Astrologen als »entspannt«, weil Vesta gleichzeitig ein Sextil zur Sonne wirft.
Solche »entspannten Oppositionen« sind für die Sterndeuter Kennmarken außergewöhnlicher Schicksale. Dasselbe ist über entspannte Quadrate oder die gleichzeitige Betonung günstiger und ungünstiger Fixsterne zu sagen. Sie symbolisieren etwas, das die betreffenden Menschen zeitlebens »bewegt« – wie die Unruhe einer Uhr. Etwas, das einzelne auch dann noch unter Dampf hält, wenn andere längst im Lebenskampf resigniert oder es sich bequem gemacht haben.
Vorbilder im Elternhaus oder Erwartungen von Angehörigen können einen solchen Ansporn bilden (obwohl es Dinge gibt, die viel stärker stimulieren und »bewegen« als das mitunter überschätzte »fördernde Milieu«). Erfahrungsgemäß entwickeln Personen mit einem solchen inneren Motor Begabungen und Talente viel entschiedener als andere. In alter Zeit glaubte man, daß »Dämonen« in solchen Menschen wohnen. Und das »Dämonische« mag Züge in Künstlernaturen wie van Gogh oder Michelangelo noch heute umschreiben.
Insgesamt ist das Dämonische aber eine zu düstere Vokabel, um den gemeinten Personenkreis pauschal zu etikettieren. Vielmehr handelt es sich um ein vibrierendes Lebensgefühl, das im besonderen Maße die Fähigkeit zum Staunen, Kämpfen und sich Begeistern einschließt. In dem gemeinten Umfang zeigen Durchschnittsmenschen solche Verhaltensweisen nur für eine kurze Jugendzeit, die schnell in eine bestenfalls ruhige, oft aber auch

farblose Lebensphase übergeht. Der genannte außergewöhnliche Typus weist hingegen diese »jugendlichen« Eigenschaften bis ins hohe Alter auf.

Von den gradgenauen Winkelbeziehungen, die in den Geburtsbildern dieser Menschen viel häufiger auftauchen, als nach der Zufallserwartung anzunehmen wäre, erwarten die Astrologen besondere Schicksalsschübe. Tritt ein langsamer Planet gleichzeitig in Beziehung zu mehreren Zeichen, dann ergeben sich Übersprungeffekte, die ähnlich eindrucksvoll ausfallen wie bei einem Funkenbogen.

Dies gilt ebenso für eine andere Minderheit: für die Menschen, in deren Horoskopen gradgenaue schlechte Winkel markant Negatives ankündigen, ohne daß Gegengewichte hilfreiche Begabungen und fördernde »Zufälle« verheißen.

Demgegenüber ist das Lebensbild der meisten Klienten viel ärmer an seltenen Konturen. Für die Betroffenen ist dies oft enttäuschend und überhaupt kein Anlaß zu »hoffen« – aber es ist lebensecht.

Eine vierte Gruppe tritt in den Praxen der Astrologen nicht auf: Personen mit deutlichem Überwiegen günstiger Konstellationen. Dieser Fall ist einmal sehr selten und zum anderen fehlt diesen Zeitgenossen jeglicher Anlaß, einen Sterndeuter zu konsultieren. Auch der Wille zur Macht oder zu großen Leistungen scheint auf konfliktarmem Boden nicht zu gedeihen. Jedenfalls gehören Prominente, die aufgrund eigener Fähigkeiten bekannt geworden sind, ausnahmslos der ersten und nicht der vierten Gruppe an.

Es ist also eine Menge bei der Deutung eines jeden Geburtsbildes zu beachten. Während die Beratung durch einen erfahrenen Astrologen immerhin die Chance bietet, daß nichts Wesentliches übersehen wird, drohen beim Selbststudium viele Fehleinschätzungen.

Einzelne Autoren empfehlen ihren Lesern, wenigstens den Sonnenstand in den Feldern aus ihrer Geburtszeit zu ermitteln. Die dafür angebotenen Tabellen sind freilich häufig unbrauchbar. Daß die Sonne von »10 bis 12 Uhr vormittags« im »10. Haus« (dem Berufsfeld) stehe, behauptet der Medizinalrat Fidelsberger.[136] Dies gilt natürlich nur für die wirkliche Ortszeit. Auf der Geburtsurkunde sind dagegen Stunde und Minute einer breiten Zeit*zone*, etwa der Mitteleuropäischen Zeit, genannt. Sommerzeiten, doppelte Sommerzeiten und Ungenauigkeiten der amtlichen Angaben kommen hinzu und ergeben oft ein ganz anderes Bild.

Dabei neigen viele, die erste Erfahrungen mit dem Horoskopieren gemacht haben, dazu, ihre Kenntnisse zu überschätzen oder sogar Risiken einzugehen. Ein Jupiter-Trigon verheißt für einen bestimmten Tag noch keine rauschenden Erfolge. Ein dreifacher Salto vom Zehnmeterturm kann fatal enden, wenn etwa Pluto gleichzeitig am »Kreuzpunkt« steht – über den der Verfasser des astrologischen Deutungsbuches vielleicht kein Wort verloren hat.

Enttäuschungen kann es auch geben, wenn jemand, der gerade einen Artikel oder ein Buch über »Politische Astrologie« gelesen hat, im Freundes- und Verwandtenkreis versucht, mit dem neuen Wissen den Propheten zu spielen. Hier sorgen allerdings die Astrologen selbst dafür, daß die Bäume nicht in den Himmel wachsen.

Zwar heißt es in einem Artikel des Lorcher Kalenders für 1978 »Nostradamus sagt Krieg zwischen USA und China voraus« – aber gemeint ist natürlich nicht 1978. Als Nostradamus lebte (im 16. Jahrhundert) gab es die USA überhaupt noch nicht, und der Autor des besagten Artikels kommt zu seiner Ankündigung nur durch allerlei Wortspiele mit den Versen des französischen Sehers. Im selben Heft wird daneben behauptet, es gebe einen 2100jährigen Geschichtszyklus, was beispielsweise in dem Zeitraum zum Ausdruck kommen soll, der zwischen dem Auftreten Alexanders des Großen und Napoleons liegt.

Demnach müßte die heutige Welt in überzeugender Weise jener zur Zeit des Sturms der Kimbern und Teutonen entsprechen. Dies möchte man dann doch gern näher erläutert haben. Der Kalenderartikel erklärt es auch. Allerdings nicht für 1978 oder die überschaubare Zukunft, sondern für die Zeit von »2125 bis 2300« n. Chr.[137] Dann gibt es – angeblich – eine neue Völkerwanderung.

»Das Schicksal des deutschen Volkes« heißt ein Buch, das der Wortführer der »Kosmobiologen«, Reinhold Ebertin, 1975 veröffentlicht hat. Dort wird der Standpunkt vertreten, daß das Gründungshoroskop *des deutschen Kaiserreiches* nach wie vor Gültigkeit habe – ein kauziger Gedanke, den man aber auch noch diskutieren würde, wenn Ebertin auf dieser Grundlage überprüfbare, nach Jahren gegliederte Voraussagen anböte.

Der größte Teil seiner Arbeit beschäftigt sich aber mit der Vergangenheit. Auf den wenigen Seiten, die Ebertin der deutschen Zukunft widmet, redet er stets in Einerseits-andererseits-Formulierungen. Ob es um die Wiederwahl Schmidts 1976 oder andere Themen geht, stets findet Ebertin gute und schlechte Zeichen in den Sternen, die ihn der Mühe entheben, sich festzulegen.

Manche »Prognosen« Ebertins sind dunkler als die Sprüche des Delphischen Orakels. Im Jahre 1975, so konnte man lesen:

> ». . . dürfte die Regierung versuchen, eine sehr positive Haltung einzunehmen, um sich in mancher Hinsicht gegenüber anderen Staaten besser durchsetzen zu können. Es ist möglich, daß das energische Auftreten von Bundeskanzler Schmidt 1974 bereits ein Auftakt dazu ist.«[138]

Was heißt das nun? Nimmt die Regierung in der restlichen Zeit eine negative Haltung ein? Versucht sie sich in anderen Jahren nicht durchzusetzen? Drückt sich Kanzler Schmidt sonst ängstlich in die Ecke?

Für die Jahre »1978 bis 1982« sagt Ebertin eine »größere Krise« für Deutschland voraus.[139] Nimmt man den Zeitraum 1972 bis 1977 zum Vergleich, so findet man gleich bergeweise »größere Krisen«, die sich auf fünf Jahre verteilen: das gescheiterte Mißtrauensvotum gegen Brandt und die vorzeitigen Neuwahlen 1972, das Olympia-Massaker im selben Jahr, das Anwachsen des Terrorismus, die Energiekrise, das Arbeitslosen- und das Rentenproblem, die neuen Zuspitzungen im innerdeutschen Verhältnis und so weiter und so weiter.

Die Prognose Ebertins ist im Grunde genausowenig wert, als wenn man ein Buch »Das Schicksal der deutschen Landwirtschaft« schreiben und darin lediglich feststellen würde, daß der Sommer 1980 im allgemeinen wärmer als der Winter ausfallen dürfte, wenngleich einzelne Unwetter nicht ausgeschlossen werden könnten.

Hinzu kommt, daß Ebertin völlig ungleichgewichtige Fragen wie die Scheidungsquote in der Bundesrepublik und die ungelöste gesamtdeutsche Frage durcheinander behandelt und auch nicht recht klar wird, was er unter einer »größeren Krise« eigentlich versteht. Um dergleichen voraussagen zu können, benötigt man wirklich nicht die Astrologie.

Natürlich ist aber die Frage interessant, ob man mit Hilfe der Jahreshoroskope *Tendenzen* ermitteln kann, seien sie günstiger oder ungünstiger Art.

Wie erwähnt ist das »Lebensjahr« der DDR von Oktober 1980 bis zum gleichen Monat 1981 sehr negativ markiert. Der Aufgangspunkt dieses Jahres fällt ins achte Feld, das die alten Astrologen »das Haus des Todes« nannten und das heute immer noch als überwiegend ungünstig gilt. Vesta steht wieder am Aufgangspunkt – wie bei der Gründung dieses Staates. Solche Wiederholungen sollen besonders wichtig sein.

In unserem Beispiel fallen Aufgangspunkt und Vesta in die Nähe der markantesten Stelle im Gründungsbild der DDR: die enge Konjunktion der »Übeltäter« Mars und Pluto im achten Feld. Demnach ist ein Jahr zu erwarten, das diesem Staat eine innere Zerreißprobe bringt, die *deutlich* über die Schwierigkeiten anderer Jahre hinausgeht und die Gefahr gewaltsamer Ereignisse einschließt. (Auch im Jahreshoroskop der Bundesrepublik steht der Aufgangspunkt zwischen Mai 1980 und demselben Monat 1981 ungünstig im achten Feld.)

Bei sehr schlechten Jahren gibt es bei Staaten (wie beim Menschen) meist mehrere Kristallisationspunkte. Für den Winter 1980/81 zeigen die Gründungsbilder der Bundesrepublik und der DDR unübersichtliche Konstellationen, doch überwiegen spätestens ab Ende Februar/Anfang März die ungünstigen Signale und deuten auf Unheil: unangenehme, überraschende Nachrichten, Konflikte und Erregung der »Massen« in beiden deutschen Staaten. Den astrologischen Markierungen nach zu urteilen ist eine wellenförmige Entwicklung einer ernsten Krise zu erwarten, die ihren Schwerpunkt in einem turbulenten Frühjahr 1981 zu haben scheint. »Stichtage« festzulegen, läßt die mangelnde Genauigkeit astrologischer Prognose-Systeme nicht zu. Vielleicht stellen aber die Zeiten um den 29. März, 15. April und 19. Mai negative Kristallisationspunkte im weitgehend elastischen Schicksalsgefüge dar.

Ab Ende April 1981 kommen sehr schlechte Zeichen für den Nahen Osten hinzu. Unter anderem geht Pluto über den »Kreuzpunkt« (für Krankheit und Tod) im Staatshoroskop Israels. Die Zeit um den Gründungstag dieses Landes (14. Mai) sieht besonders ungünstig aus. Die Kennmarken für die Großmächte USA und Sowjetunion lassen weltpolitische Verwicklungen aus kriegerischen Ereignissen im Nahen Osten befürchten. Es würden sich somit mehrere negative Entwicklungen überschneiden: eine Zuspitzung in Europa, speziell im innerdeutschen Raum, mit Sturmesvorboten bereits vor März 1981 und große Probleme aus dem nahöstlichen Krisengebiet mit Höhepunkten ab Ende April 1981. Auch andere unklar umrissene Schwierigkeiten scheinen hinzuzutreten.

Nach einem weiteren negativen Schub Ende Mai/Anfang Juni 1981 werden die Konstellationen wieder unübersichtlicher. Die entstandene Lage dürfte jedoch vielerlei Konflikte nach sich ziehen – über das Jahr 1981 hinaus.

Es wird jedenfalls aufschlußreich sein, diese Zeichen mit den tatsächlichen Ereignissen zu vergleichen.

Ausblick

»Alles fließt«, war die Erkenntnis der Philosophen des Altertums. Daß Leben Bewegung, Bewegung aber Zeit voraussetzt, ist jedem leicht einsichtig. In manchen Weltanschauungen bildet deshalb die Zeit, allmächtig und allwissend, den Motor des Universums. Naturwissenschaftliche Erkenntnisse der Neuzeit stehen dieser Auffassung entgegen. Auch die Zeit hat sich als eine Kraft erwiesen, deren Fluß von anderen Größen abhängig ist. Im menschlichen Bereich wechselt zudem das Zeitempfinden stark in den einzelnen Lebensaltern und Situationen.

Dennoch ist die Frage gerechtfertigt: Kommt in den Geburtsbildern vielleicht nicht das Wirken »überpersönlicher Mächte« zum Ausdruck, wie jahrtausendelang geglaubt wurde und auch einige moderne Astrologen meinen, sondern *die Zeit selbst* als den menschlichen Wünschen gegenüber blinde und taube Urkraft?

Dieses Problem ist nicht leicht zu lösen. Sicher nimmt die Zeit im Horoskop Gestalt an, doch ist diese Zeitgestalt schattenhaft und gleichsam ein *Entwurf* der Zukunft. Die späteren Ereignisse werden dieser Zeitskizze in charakteristischer Weise ähneln – aber nicht in allen Einzelheiten. Im Geburtsbild werden offenbar Ereignis*arten* auf bestimmte Zeit*räume* verteilt, jedoch nicht konkrete Geschehnisse auf Zeit*punkte,* wie manche Astrologen versprechen und viele Leute glauben. Die vollständige Lebensgleichung ist komplizierter und enthält nicht zuletzt menschliche Einsicht und freien Willen als wichtige Faktoren.

Allerdings gibt es Ausnahmen, bei denen sich astrologische Vorhersagen unabhängig von Erbgut, Umwelt und Gegenmaßnahmen des Betroffenen verwirklichen. Es sind dies die »festen Punkte« im elastischen Schicksalsgefüge, denen die Propheten aller Kulturen ihre Erfolge verdanken. Wird beispielsweise der Saturn auf dem Tierkreisgrad stationär, den der Uranus im Finanzfeld eines Horoskopes innehatte, während gleichzeitig der »Sonnenbogen« dem Abstand zwischen Uranus und Saturn im Geburtsbild entspricht, so ist eine hundertprozentig sichere Prognose möglich: Der Betreffende wird in einem auf wenige Wochen begrenzten Zeitraum durch unangenehmste Überraschungen in seinem Eigentum schwer geschädigt werden. Dieser Schaden wird auch dann eintreten, wenn der Horoskopinhaber Gegenmaßnahmen trifft, etwa als Geschäftsmann seinen Laden schließt und einen Urlaub antritt.

Beobachtungen dieser Art haben auf viele eine verständliche Faszination ausgeübt und der Argumentation Auftrieb gegeben, daß eine intelligente Kraft existieren müsse, die Gegenmaßnahmen umgehen oder durchkreuzen kann, um solche astrologischen Tendenzen durchzusetzen.
Ist diese Schlußfolgerung aber wirklich zwingend? Verlegt man einem Bach den Weg, so wird er einen neuen finden, nicht aus einsichtiger Überlegung heraus, sondern weil es zu den Eigenschaften von fließendem Wasser gehört, so zu »reagieren«. Jener Teil des Zeitstroms, der im Geburtsbild zum Ausdruck kommt, könnte sich – blind und taub – genauso verhalten.
Andererseits: Bei einigen Neptun- und Uranuskonstellationen erfüllen sich Wünsche und Befürchtungen durch eine derart abenteuerliche Verknüpfung von »Zufällen«, daß man zumindest nachempfinden kann, warum vernünftige Leute an eine Instanz glauben, die alle menschlichen Erwartungen genau kennt und – gelegentlich – berücksichtigt.
Merkwürdigerweise sind einige Kritiker, die an der These eines allgemeinen »Schicksalszwanges« berechtigten Anstoß nehmen, mit der differenzierteren Astrologie ebensowenig einverstanden. Daß die Ereignisse, die im Geburtsbild ihren Schatten vorauswerfen, manchmal vom menschlichen Willen unabhängig sind, in der Mehrheit der Fälle aber beeinflußt werden können, halten viele für eine konstruierte Erklärung. Genau dasselbe wird aber für Vererbung und Umwelt überall akzeptiert:
Kinder, deren sämtliche Vorfahren Chinesen waren, können mit absoluter Sicherheit keine Neger sein. Befinden sich aber unter den Ahnen bedeutende Musiker und Geistesgestörte, so steht das Ergebnis nicht fest. Obwohl musikalische Begabung und bestimmte Geisteskrankheiten vererbbar sind, treten hier andere Faktoren hinzu, die mit den Erbgesetzen nicht mehr zu erfassen sind. Dasselbe gilt für die »Wirkung« des Milieus. Jemand, der in einer bestimmten Umwelt an Kinderlähmung und Pocken erkrankt, wird anschließend weder sportliche Höchstleistungen noch Erfolge bei Schönheitskonkurrenzen erzielen. Der eigene Wille spielt dabei keine Rolle mehr, behält aber in anderen Bereichen durchaus seine Bedeutung.
Wie das Leben des einzelnen Menschen, so ist auch das der »Kollektivwesen« mehrpolig. Auch Staatshoroskope sind lediglich Schattenrisse. Keine Gemeinschaft konstituiert sich im luftleeren Raum, sondern jede »erbt« von ihren Vorgängern und deren Kulturkreis vielerlei Traditionen. Die Umwelt der anderen Staaten ist dabei von

entscheidender Bedeutung. Ein wirtschaftlich schwaches Land kann völlig unterschiedliche Schicksale erleben, je nachdem, ob es von angriffslustigen oder hilfsbereiten Nachbarn umgeben ist. Schließlich spielt der Wille der Staatsführung beim Einsatz der vorhandenen Kräfte keine geringere Rolle als beim Menschen.
Zu diesen Kräften gehören die im Geburtsbild markierten »Zufälle«, die frühere Zeitalter als »Feen« und »Dämonen« vermenschlichten. Von ihnen darf man keine naturgesetzliche Wirksamkeit erwarten, die auch Gemälden und Musikstücken fehlt. Kein Bildwerk oder Konzert vermittelt sich jedem in genau derselben Weise; diejenigen, die darauf ansprechen, tun dies mit unterschiedlicher Intensität. Trotzdem ist es erlaubt, bestimmte Farben als freundlich oder düster zu bezeichnen sowie einzelnen Klängen und Melodien spezielle Empfindungen zuzuordnen. Die Anziehungskräfte künstlerischer Schöpfungen wirken nicht nach Gesetzen, sondern nach Regeln, die Ausnahmen gestatten. Sie lassen sich weder in Gramm wiegen noch in Zentimetern messen und können doch Menschenmassen »bewegen«.
Und im Falle der astrologischen »Bilder« soll dies alles so unmöglich sein, daß sich jede ernsthafte Prüfung ohnehin erübrigt? Daß einzelne Zeichen mit besonderen Empfindungen verknüpft sind, wird von den Gegnern der Sterndeutekunst hohnlachend zurückgewiesen. Als selbstverständlich gilt hingegen, daß akustische Schwingungen stärkste Eindrücke vermitteln und mehr als Worte ausdrükken können – sei es in der Operette oder bei einer Trauerfeier.
Eine bodenlose Albernheit wäre für jeden die Forderung, die »Mona Lisa« müßte auf Giraffen und Krokodile »wirken«, um als Kunstwerk angesehen zu werden. Unter den Kritikern der Astrologie hält sich hingegen für besonders gescheit und geistreich, wer die Frage nach den Horoskopen der Dinosaurier aufwirft. Dabei mögen unbestreitbare Charaktereigenheiten bei Tieren höherer Arten in deren Geburtsbildern anschaulich werden. Nur wird man dabei nicht dieselben Raster wie beim Menschen anwenden dürfen. Ebenso sprechen ja manche Tiere auf Farben und Töne an (ohne deswegen gleich Brahms zu verstehen).
Die Voreingenommenheit gegenüber der gehobenen Astrologie beruht oft genug auf dem Unbehagen darüber, von Zufällen abhängig zu sein. Diese Abhängigkeit besteht jedoch auf jeden Fall, egal wie man die Sterndeutekunst beurteilt. Astrologie stellt ja lediglich den Versuch dar, »Zufälle« wenigstens teilweise berechnen und damit abmildern oder sogar nutzen zu können. Was spricht gegen dieses Unterfangen?

Noch einmal sei eingeräumt: Die Sterndeutung zeigt seit ihren Anfängen ein *zweifaches* Gesicht. Auf den ersten Blick sieht man lediglich eine Fratze, die eine Mischung aus naivem Selbstvertrauen und Bauernschläue ausstrahlt. Schaut man aber genauer hin, so werden hinter dieser aufdringlich geschminkten Maske die Züge einer uralten Seelenkunde des Menschen sichtbar, die offenbar voller Geheimnisse und verwirrender Einsichten steckt.
In Hunderten von Generationen haben sich die Sterndeuter bemüht, ein Regelwerk zu erarbeiten, um einiges von dem vorher bestimmen zu können, was wir »Schicksal« und »Zufälle des Lebens« nennen. Daß es nicht nur blinde, sondern auch »sinnvolle« vorher erkennbare Zufälle geben mag, haben wir an zahlreichen Beispielen zu diskutieren versucht. Sicher, das Geburtsbild, welches dabei die zentrale Rolle spielt, ist keine Kaffeemühle, bei der man oben nur zu drehen braucht, um unten das fertige Leben mit all seinen Farben und Formen herauszubekommen. Erbgut und Milieu sind aus einem Horoskop nicht vollständig erschließbar, höchstens einzelne Anlagen und bestimmte Arten von Umwelteinflüssen. Der eigene Wille tritt zusätzlich in Wechselbeziehung zum Schicksal, formt es mit und wird seinerseits durch die Zufälle des Lebens beeinflußt. Daß dabei ausgerechnet die fernen Gestirne als Kennmarken für Lebensimpulse deutlich werden, macht die Angelegenheit so unverständlich und unbegreiflich. Die Frage nach dem »Warum« bleibt unbeantwortet.
Freilich: Besteht der Vorteil bei anderen, unangefochtenen Tatsachen nicht letztlich darin, ein klein wenig länger »Warum?« fragen zu können? Rechtfertigt es dieser angebliche Mangel im Falle der Astrologie, Sachverhalte nicht mehr zu prüfen, da man sie anschließend sowieso nicht »erklären« könnte? Die meisten Wissenschaftler scheinen dieser Meinung zu sein. Sie ziehen es vor, bei diesem Thema wortlos zu grinsen.
Viele Astrologen machen es allerdings mit dubiosem Geschäftsgebaren ihren Gegnern leicht, sie als obskure Stammeszauberer hinzustellen, die sich ins falsche Jahrhundert verirrt haben. Daß die Kritik an zweifelhaften Praktiken und Versprechungen einzelner Geschäftsastrologen bei Teilen der Bevölkerung trotzdem so wirkungslos geblieben ist, hat mancherlei Gründe. Den wissenschaftlichen Gegnern schadet, daß sie oft ein geradezu idyllisches Bild von den Zuständen im eigenen Lager zeichnen. Das Publikum hat aber gerade in diesem Jahrhundert erlebt, was für dehnbare Begriffe »Wissenschaft« und »Forschung« sein können; wie bekannte Gelehrte wiederholt angewieselt kamen, sowie ein autori-

tärer Staat den Futternapf schwenkte, um »im Namen der Wissenschaft« haarsträubenden – aber »staatstragenden« (also regimefreundlichen) Unsinn zu verkünden. Man hat auch gesehen, wie sich dieselben Forscher später an wirklich nichts mehr erinnern konnten und auch meist nicht zur Rechenschaft gezogen wurden – und ihre Kollegen in aller Regel höfliches Schweigen an den Tag legten. Die Öffentlichkeit nimmt auch Notiz davon, wenn berechtigte Kritik an Mißständen in etablierten Wissenschaften nicht zur Beseitigung dieser Mängel führt, sondern zur Entfernung der Kritiker.

Mit anderen Worten: Der Mann auf der Straße hat den Eindruck, daß zweierlei Maß angelegt wird; daß Irrtümer und Schlimmeres außerhalb wissenschaftlicher Elfenbeintürme nicht laut genug angeprangert werden können, daß sie aber innerhalb dieser Tempel der Wissenschaft ganz anders zu beurteilen sind – und niemanden draußen etwas anzugehen haben.

Dieser Sachverhalt ist es, der berechtigten Warnungen vor Gefahren – zum Beispiel der Geschäftsastrologie – soviel von ihrer Stoßkraft raubt. Wissenschaftler, die keinen Kieselstein unbeachtet lassen und manchen Borkenkäfer mit einem Aufwand verfolgen, der in keinem Verhältnis zu den Ergebnissen steht, müssen sich vorhalten lassen, daß sie doch wahrscheinlich nicht überfordert wären, auch die Astrologie einmal *eingehend* zu untersuchen und differenziert zu beurteilen. Wo die Zeit dazu nicht reicht, dürfen auch keine Urteile gesprochen werden, schon gar nicht jene pauschalen Verdikte, die man so oft hören kann.

Gegen die Fanatiker auf beiden Seiten hat sich mit besonderer Schärfe der Astrologe und Psychologe Thomas Ring gewandt. In seinem Buch »Astrologie ohne Aberglauben« spricht er von »geistigen Gartenzwergen«, die sich gegenseitig die Argumente lieferten. Wo das Horoskop wirklich als allein bestimmendes »Schicksalsrad« angesehen wird (und dann schnell zum »Teufelskreis« werden kann) – dort haben es die Gegner leicht. Die Sensationsgier der blinden Anhänger einer unkontrollierten Geschäftsastrologie wurde schon dargestellt.

Ihr Gegenstück sind jene Fürsten der Wissenschaft, die genausowenig wie gewisse Astrologen den Versuchungen widerstehen können, die der Spezialist gegenüber einer häufig unkritischen Masse erlebt. Es verdient festgehalten zu werden, daß Diktatoren – wie man in Deutschland nach 1933 gesehen hat – gern auf die niederen Geister in *beiden* Lagern zurückgreifen. Das Schamanentum bestimmter Geschäftsastrologen und der Wissenschafts-Feudalismus

in manchen Elfenbeintürmen sind Ansatzpunkte zur wirkungsvollen Beeinflussung und Irreführung weiterer Bevölkerungskreise.
Bei Fehlentwicklungen in anerkannten Wissenschaften drückt die Öffentlichkeit später eher ein Auge zu als bei jenen, die wie die heutigen Astrologen als nicht voll gesellschaftsfähig gelten. In früheren Zeiten waren die Modeströmungen, die öffentliches Bewußtsein – und weitere Bereiche der Forschung – prägen, den Sterndeutern, (die oft zugleich bedeutende Gelehrte waren), ebenso günstig wie den Wissenschaftlern der Gegenwart. Der Nimbus der alten Astrologen beruhte auf dem Glauben an Schicksalsmächte, die als »Feen«, »Engel« und »Dämonen« bezeichnet wurden – Worte, die letztlich nur die Sprachlosigkeit der Menschen ausdrücken angesichts etwas Unfaßbarem, das wir heute ebenfalls empfinden, aber lieber aus dem Bewußtsein verdrängen.
Dieses »Etwas« existiert jedoch. Es ist weder das vollständige Leben noch der ganze Charakter, aber »etwas«, das so untrennbar zu jedem Menschen gehört wie sein Schatten.
Angebetet werden die Sterne als Verkörperung der Mächte des »Zufalls« längst nicht mehr. Warum aber beschimpft man »die« Astrologen pauschal so heftig, wo es doch einfach sein müßte, sie endgültig zu widerlegen, wenn die extremen Gegner recht hätten? Die Verweigerung einer *in die Einzelheiten* gehenden Diskussion mit Abwägung des gesamten Für und Wider wird dabei sehr merkwürdig begründet. Der Astronomie-Professor Karl Stumpff behauptet etwa:

> »Daß es unmöglich ist, durch wissenschaftliche und Vernunftsgründe, die von der astrologischen Irrlehre einmal erfaßten Kreise von ihrem Irrtum zu überzeugen, ist allen klar, die das einmal versucht haben. Durch vernünftige Beweisführung kann man niemand überzeugen, der die Denkgesetze mißachtet oder nicht anerkennt, auf denen diese Beweisführung beruht.«[140]

Ist es eine »Beweisführung«, wenn die Kritiker sorgfältig jede Fehlprognose der Astrologen registrieren – über die ebenfalls beachtlichen Treffer astrologischer Aussagen aber kein Wort verlieren? Welches »Denkgesetz« besagt, daß wenn sich von ganz unterschiedlichen Menschen, die sich mit demselben Thema befassen, einzelne irren – die anderen sich dann ebenfalls auf einem Irrweg befinden *müssen*?
In welchem Umfang werden »Denkgesetze« in den etablierten Wissenschaften beachtet? Blättert man in ihren Annalen, so ergibt sich: Unzählige bedeutsame Entdeckungen und Erfindungen sind zunächst über lange Zeiträume mit schepperndem Gelächter quit-

tiert worden – und lösten teilweise regelrechte Massenhysterien im Bereich der Wissenschaft aus. Bedeutende Naturwissenschaftler wie der Nobelpreisträger Max Planck äußerten sich noch in ihren Lebenserinnerungen verbittert darüber.[141] (»Offizielle« Biographien übergehen dergleichen meist mit Stillschweigen.)

Die roboterhafte Regelmäßigkeit, mit der gerade die Prüfung wichtiger neuer Ideen immer wieder abgelehnt wird, mutet gespenstisch an. Die häufigste – nachträgliche – Entschuldigung ist die, man habe sich die Richtigkeit und Wichtigkeit dieser Neuerungen eben nicht »vorstellen« können, weil die Zeit nicht »reif« gewesen sei. Da verschwinden die ehernen »Denkgesetze« also auf einmal aus der Argumentation!

Natürlich hat man es sich zur Jahrhundertwende nicht »vorstellen« können, daß zum Beispiel Zeit, Energie und Masse keine absoluten, sondern relative – in Wechselbeziehung stehende – Erscheinungsformen sind. Aber kann man es sich *heute* wirklich anschaulich vorstellen? Man kann es genausowenig. Der Sachverhalt läßt sich nur ermitteln und beschreiben – das ließ er sich aber schon, als diese Erkenntnisse zum ersten Mal ausgesprochen wurden. Nur waren *damals* die Fürsten der Wissenschaft auf andere Behauptungen festgelegt – und um nichts in der Welt bereit, einen entscheidenden Fehler zuzugeben. Erst die nachfolgenden Generationen, die sich noch nicht festgelegt hatten, waren damit einverstanden, vor dem Urteil zu *prüfen*.

Trotzdem geht die alte Leier weiter: Die Astrologie – zum Beispiel – ist eine »Irrlehre«, weil man sich einen Zusammenhang zwischen Menschenleben und Sternenwelt ebenfalls nicht »vorstellen« kann. Deshalb braucht sie natürlich auch nicht geprüft zu werden. Das wendet wieder einmal die Gefahr ab, einen bedeutsamen Irrtum zugeben zu müssen. Denn es ist eine große Selbsttäuschung anzunehmen, man könne wegen einzelner Fehler die überall auftauchen, wo Menschen am Werk sind, jahrtausendelange Beobachtungen vom Tisch fegen.

Die intelligenteren Astrologen mögen sich in Sprache und Auftreten anpassen, wie sie wollen. Weisen sie Treffer vor, dann tönen ihnen Schlagworte wie »Erfüllungszwang«, »Zufall« oder Ärgeres entgegen. Zeigen sie, daß Geburtsbilder ungewöhnlicher Menschen durch seltene Zeichen auffällig markiert sind, so ernten sie im besten Fall ein mildes Lächeln. Wo ihre Darlegungen mit akzeptierten Erkenntnissen konformgehen, heißt es: »Das ist nicht neu!« – wo dies nicht der Fall ist, lautet der Kommentar: »Davon hat man noch nie gehört!«

Dr. Faust und der magische Kreis;
Radierung von Rembrandt.

Wenn wirklich die »Denkgesetze« Richtschnur sein sollen, dann dürfen die Maßstäbe, die an die Sterndeutekunst anzulegen wären, nicht anders ausfallen als die bei der allseits anerkannten Psychologie. In einzelnen astrologischen Richtungen gibt es deutliche Einseitigkeiten und Verschrobenheiten – dies gilt ebenso für manche psychologische Schulen. Die gehobene Astrologie kann offenbar ähnlich gute Charakterdiagnosen liefern wie die Psychologie. (Veränderungen dieser Wesenszüge kann sie nicht zeitlich exakt vorherbestimmen – die Psychologie kann dies auch nicht.) Die Sterndeutung kann darüber hinaus einen »Schattenriß« des Lebensweges liefern und nach Jahren aufschlüsseln. *Dazu* ist die Psychologie (und jede andere etablierte Wissenschaft) außerstande . . .

Besonnene Astrologen und Psychologen sollten sich zu echtem Leistungsvergleich und ständigem Austausch von Erfahrungen zusammenfinden. Wahrscheinlich hätten beide Seiten Gewinn davon. Warnungen vor übertriebenen Erwartungen, die von einem solchen Forum an die Bevölkerung gingen, hätten Chancen, endlich ernstgenommen zu werden und möglichen Schaden zu verringern.

Eine solche Entwicklung ist allerdings nicht abzusehen. So wird es wohl die Beschäftigung einzelner bleiben, immer wieder voll Staunen Gleichnisse am Himmel zu beobachten. Gleichnisse, deren Ursache niemand kennt und die dennoch mehr und bessere Aufmerksamkeit verdienen, als sie bisher gefunden haben.

Anmerkungen

1 Rolf Müller 1970, Seite 1 f.
2 Vgl. Colin Renfrew »Carbon 14 and the Prehistory of Europe« in »Scientific American«, Oktober 1971.
3 Ernst Krause 1891, Seite 219.
4 Zitiert nach Willy Pastor 1913, Seite 88.
5 Vgl. Platons Dialoge »Timaios« und »Kritias« sowie Diodor III, 56.
6 Sibylle von Cles-Reden 1960, Seite 244.
7 Diodor IV, 27.
8 Walter B. Emery 1964, Seite 131.
9 Ebd. Seite 35.
10 Erich Zehren 1961, Seite 338.
11 L. Baltzer 1919, Seite 46.
12 Rolf Müller 1970, Seite 134.
13 Johannes Bröndstedt 1962, Seite 157.
14 Matthäus 2,1 f.

15 Lukas 2,2.
16 Matthäus 2, 9.
17 Kurt Seligman ohne Jahrgang, Seite 19.
18 Herodot II, 82.
19 Sementowsky-Kurilo 1970, Seite 61.
20 Sueton »Caesar Octavian Augustus«, 94; der Steinbock war das *Mond*-zeichen bei Augustus.
21 Bredon/Mitrophanow 1953, Seite 19.
22 Herbert Nette 1975, Seite 33 f.
23 Luther zitiert nach Reiners 1951, Seite 101.
24 Sementowsky-Kurilo 1970, Seite 249.
25 Zitiert nach Herbert Gottschalk 1965, Seite 20.
26 Warren Kenton 1976 (deutsche Übersetzung), Seite 116.
27 Golo Mann 1971, Seite 115.
28 Johannes Kepler 1971 (Neudruck), Seite 34.
29 Ebd. Seite 37.
30 Johannes Hemleben 1971, Seite 14.
31 Agrippa von Nettesheim zitiert nach Mac Neice 1965, Seite 280.
32 Vgl. »Glückssterne – Konstellationen Erfolgreicher« 1952, Seite 74.
33 Mac Neice 1965, Seite 281.
34 Ludwig Reiners 1951, Seite 26.
35 J. W. von Goethe »Dichtung und Wahrheit« in »Goethes Werke« Band IX 1955, Seite 9.
36 »Sterne als Helfer« 1933, Seite 6 f.
37 Mac Neice 1965, Seite 211.
38 Ebd. Seite 212.
39 »Huters Arisch-Mythologischer Kalender 1935«, Seite 28.
40 Ebd. Seite 71.
41 Ebd. Seite 69.
42 Ebd. Seite 70.
43 Ebd. Seite 62.
44 Ludwig Reiners 1951, Seite 145.
45 Vgl. Wilhelm Knappich in »Urania« Nr. 3 ohne Jahrgang, Seite 46; der dort nachgedruckte Artikel von Knappich erschien erstmals 1938 in der astrologischen Zeitschrift »Zenit« (Heft 7/8).
46 Kriminalrat Teichmann in einem Brief vom 8. Mai 1963, abgedruckt als Faksimile bei W. Wulff 1965, Seite 124 f.
47 Wilhelm Wulff 1968, Seite 142 f.
48 Ebd. Seite 162.
49 Joachim Herrmann 1962, Seite 55.
50 Georg Lomer 1953 (b), Seite 26.
51 Uwe Schultz 1965, Seite 49.
52 Hans Bender in »Neue Wissenschaft« Nr. 1/1964, Seite 16.
53 Fritz Riemann 1976, Seite 109.
54 Herbert A. Löhlein ohne Jahrgang, Seite 46.
55 Freiherr von Klöckler 1974, II. Bd., Seite 168 f.

56 Konrad Adenauer zitiert nach Uexküll 1976, Seite 64.
57 Palmer 1972, Seite 105.
58 Gerhard Ritter 1977, Seite 22.
59 Freiherr von Klöckler 1974, II. Bd., Seite 167 f.
60 Ernst von Xylander 1971, Seite 68.
61 Alexander von Pronay 1976, Seite 109.
62 Heinz Fidelsberger 1974, Seite 365; Fidelsberger stellt in seinem Buch noch eine Anzahl weiterer Behauptungen dieser Art auf. Im Klappentext seiner Veröffentlichung heißt es sogar: »Tragen Sie Goldschmuck auf der Haut, steigern sich Ihre Ich-Kräfte – tragen Sie dunkelrote Korallen, lieben Sie intensiver. Warum das so ist erklärte die *moderne* Astrologie, die durch die heutigen Wissenschaften erneut Bestätigung gefunden hat.«
63 Otto Rumburg 1973, Seite 72. Der Name Rumburg ist angeblich nur ein Pseudonym des Astrologen Alexander von Pronay.
64 Freiherr von Klöckler 1974, Seite 168 f.
65 Max Karlhuber 1954, Seite 44.
66 Reinhold Ebertin 1975 (a), Seite 75.
67 Fritz Riemann bei Klöckler 1974, III. Bd., Seite 191.
68 Carl Gustav Jung in: »Zeitschrift für Parapsychologie« 1958, Seite 81 ff.
69 Reinhold Ebertin 1975 (a), Seite 67.
70 Ebd. Seite 73.
71 Ebd. Seite 68.
72 Ebd. Seite 73.
73 »Der Mensch in der Schicksalsgemeinschaft«, ungezeichneter Beitrag in »Urania« Nr. 1/1973, Seite 44.
74 Issberner-Haldane ohne Jahrgang, Seite 83.
75 H. H. Munwes in: »Neue Wissenschaft« Nr. 3/1963, Seite 108 ff.
76 Tycho Brahe zitiert nach Wilhelm Knappich 1967, Seite 211.
77 Ebertin/Hoffmann 1969, Seite 17.
78 Georg Lomer ohne Jahrgang (c), Seite 34.
79 Georg Lomer 1953 (b), Seite 6.
80 Hans Baumgartner ohne Jahrgang (a), Seite 63.
81 Freiherr von Klöckler 1974, II. Bd., Seite 205.
82 Uhle ohne Jahrgang, Seite 99.
83 Herbert A. Löhlein in: »Urania« Nr. 1/1973, Seite 35.
84 Firmicus Maternus, zitiert nach Uhle ohne Jahrgang, Seite 126.
85 Ebertin/Hoffmann 1969, Seite 62.
86 Palmer 1972, Seite 66.
87 Zitiert nach J. Herrmann 1962, Seite 73.
88 Prokop/Wimmer 1976, Seite 7.
89 Ebd. Seite 12.
90 Ebd. Seite 187.
91 Ludwig Reiners 1951, Seite 131.
92 Hans Genuit in: »Urania« Nr. 1/1973, Seite 31.

93 Ludwig Reiners 1951, Seite 194.
94 M. Gauquelin 1967 (b), Seite 10.
95 Ebd. Seite 33.
96 Ebd. Seite 26.
97 Freiherr von Klöckler 1974, Bd. II, Seite 167.
98 M. Gauquelin 1967 (b), Seite 27.
99 Ebd. Seite 131.
100 Ebd. Seite 48.
101 Linda Goodman nach Gauquelin 1967, Seite 180.
102 M. Gauquelin 1967, Seite 10, 26, 33 und andernorts.
103 Nach Werthmann in: »Zeitschrift für Parapsychologie« 2/3 1972, Seite 156 ff.
104 Werthmann ebd. Seite 175.
105 Ebd. Seite 175 ff.
106 Ludwig Reiners 1951, Seite 135.
107 Heinz Antoni 1975, Seite 5.
108 »Glückssterne – Konstellationen Erfolgreicher« 1952, Seite VII.
109 Otto Rumburg 1973, Seite 15.
110 Ebd. Seite 174.
111 Ebd. Seite 196.
112 Ebd. Seite 170.
113 Ebd. Seite 127.
114 »Urania« Nr. 3 ohne Jahrgang, Seite 73; Otto Rumburg soll mit Alexander von Pronay (dem Schriftleiter von »Urania«) identisch sein, was manches erklären würde.
115 Otto Rumburg in »Urania« Nr. 1 1973, Seite 16.
116 Ebd. Seite 17.
117 »Der Neue Astrologische Kalender 1977«, Seite 130 f.
118 Ebd. Seite 128.
119 Ebd. Seite 31.
120 Alexander von Pronay im »Lorcher Astrologischen Kalender 1977«, Seite 5.
121 Unter Berücksichtigung des »Lorcher Astrologischen Kalenders 1977«, Seite 180.
122 »Lorcher Astrologischer Kalender 1977«, Seite 43.
123 »Der Spiegel« Nr. 44/1977.
124 »Lorcher Astrologischer Kalender 1977«, Seite 51.
125 Ebd. Seite 51.
126 Ebd. Seite 64.
127 Ebd. Seite 63.
128 Fritz Riemann in: »Zeitschrift für Parapsychologie«, Nr. 4/1972, Seite 209 f.
129 Aus einem schriftlichen Gutachten des Astrologen N. Gronowski.
130 Hans Bender in: »Neue Wissenschaft«, Nr. 1/1964, Seite 21.
131 »Capital« Heft 8/1977.
132 Theodor Landscheidt 1972, Seite 6.

133 Meier-Parm 1974, Seite 40.
134 Alexander von Pronay 1973, Seite 224.
135 Ebd. Seite 12.
136 Heinz Fidelsberger 1974, Seite 76.
137 »Lorcher Astrologischer Kalender 1978«, Seite 151.
138 Reinhold Ebertin 1975 (b), Seite 131.
139 Ebd. Seite 137.
140 Karl Stumpff 1955, Seite 5.
141 Vgl. Max Planck »Wissenschaftliche Selbstbiographie«, Leipzig 1948.

Benutzte Literatur

ANTONI, Heinz: »Mondknoten in Deutung und Direktion«, Warpke-Billerbeck 1954.

ARNAU, Frank: »Macht und Geheimnis der Magie«, Hannover 1965.

BACH, Eleanor: »Ephemerides of the Asteroids Ceres, Pallas, Juno, Vesta 1900–2000«, New York 1973.

BALTZER, L.: »Schwedische Felszeichnungen«, Hagen 1919.

BAUER, Paul: »Horoskop und Talisman«, Stuttgart 1963.

BAUMGARTNER, Alfons: »Die Jahresprognose«, Warpke-Billerbeck ohne Jahrgang.

BAUMGARTNER, Hans: »Die Fixsterne und ihre Deutung in der Geburts-Astrologie«, Warpke-Billerbeck ohne Jahrgang (a).

BAUMGARTNER, Hans: »Der Tod im Horoskop«, Warpke-Billerbeck ohne Jahrgang (b).

BAUMGARTNER, Hans: »Schnittpunkt-Deutungs-Tabelle«, Warpke-Billerbeck ohne Jahrgang (c).

BAUR, Franz: »Sternglaube, Sterndeutung, Sternkunde«, Frankfurt am Main 1965.

BECKERATH, Erich von: »Der Maler Caspar David Friedrich – die astrologische Bedingtheit seines Schaffens« in: »Urania« Nr. 3, Bietigheim ohne Jahrgang.

BENDER, Hans: »Astrologie und Aberglaube« in: »Neue Wissenschaft«, Nr. 1, Bern–München 1964.

BENDER, Hans/TIMM, Ulrich: »Ergebnisse einer Umfrage unter Astrologen« in: »Zeitschrift für Parapsychologie«, Band X, Bern–München 1968.

BIEDERMANN, Hans: »Handlexikon der magischen Künste«, München–Zürich 1976 (erweiterte Neuauflage).

BÖTTCHER, Helmuth, M.: »Sterne, Schicksal und Propheten«, München 1965.

BRANDLER-PRACHT, Karl: »Die sensitiven Punkte in der Astrologie«, Berlin 1936.

BREDON, Juliet/MITROPHANOW, Igor: »Das Mondjahr«, Wien 1953.

BRÖNDSTEDT, Johannes: »Nordische Vorzeit – Die Bronzezeit«, Neumünster 1962.

BRUMMUND, Ruth: »Transneptun-Ephemeride«, Hamburg 1978 (Neuauflage).
CLES-REDEN, Sibylle von: »Die Spur der Zyklopen«, Köln 1960, »Der Mensch in der Schicksalsgemeinschaft«, ungezeichneter Beitrag in »Urania« Nr. 1, Bietigheim 1973.
»Der Neue Astrologische Kalender für das Merkurjahr 1977«, München 1976.
DIODOR VON SIZILIEN: »Geschichtsbibliothek«, in: Langenscheidtsche Bibliothek sämtlicher griechischer und römischer Klassiker, Band 29, Stuttgart 1866.
EBERTIN, Reinhold/HOFFMANN, Georg: »Die Bedeutung der Fixsterne«, Aalen 1969.
EBERTIN, Reinhold: »Direktionen – Mitgestalter des Schicksals«, Aalen 1963.
EBERTIN, Reinhold: »Welcher Tag ist günstig für mich?« Aalen 1975 (a).
EBERTIN, Reinhold: »Das Schicksal des deutschen Volkes«, Aalen 1975 (b).
EISNER, Will: »Living with Astrology«, New York 1974.
EMERY, Walter B.: »Ägypten«, München 1964.
FIDELSBERGER, Heinz: »Sterne und Leben«, Wien 1974.
FISCHER, Paul: »Die Zeitrechnung nach dem Monde«, Düsseldorf ohne Jahrgang.
FREIESLEBEN, Hans-Christian: »Trügen die Sterne?« Stuttgart 1963.
GAUQUELIN, Michel: »Neue Untersuchungen über den Einfluß der Gestirne«, in: »Zeitschrift für Parapsychologie, Band III, Bern–München 1960.
GAUQUELIN, Michel: »Die planetare Heredität«, in: »Zeitschrift für Parapsychologie«, Band V, Bern–München 1962.
GAUQUELIN, Michel: »Der planetare Hereditätseffekt und der irdische Magnetismus«, in: »Zeitschrift für Parapsychologie«, Band IX, Bern–München 1967 (a).
GAUQUELIN, Michel: »Die Uhren des Kosmos gehen anders«, Bern–München 1967 (b).
GENUIT, Hans: »Was ist ›Klassische Astrologie‹?« in: »Urania«, Nr. 1, Bietigheim 1973.
»Glücks-Sterne – Konstellationen Erfolgreicher«, ungezeichneter »Sonderdruck«, Warpke-Billerbeck 195[illegible]
GOETHE, Johannes Wolfgang von: »Dichtung und Wahrheit«, in: »Goethes Werke«, Band IX, Hamburg 1955.
GOTTSCHALK, Herbert: »Der Aberglaube«, Gütersloh 1965.
GRIMM, A. M.: »Astrologische Aphorismen von Strauch-Leovitius«, Warpke-Billerbeck 1954.
GUNDEL, Wilhelm: »Sternglaube, Sternreligion und Sternorakel«, Heidelberg 1959.
HEMLEBEN, Johannes: »Kepler«, Hamburg 1971.
HERODOT: »Historien«, Stuttgart 1971.

HERRMANN, Joachim: »Das falsche Weltbild«, Stuttgart 1962.
HIRSCH, Friedrich: »Der Sonnwendbogen«, Göttingen 1965.
HÜLLE, Werner: »Die Steinmale der Bretagne«, Ludwigsburg 1967.
»Huters Arisch-Mythologischer Kalender 1935«, Dresden 1934.
ISSBERNER-HALDANE, Ernst: »Wissenschaftliche Handlesekunst«, Freiburg ohne Jahrgang.
JAMES, E. O.: »Religionen der Vorzeit«, Köln 1960.
JUNG, Carl Gustav: »Ein astrologisches Experiment«, in: »Zeitschrift für Parapsychologie«, Band I, Bern 1958.
KARLHUBER, Max: »Astrologische Deutungs-Richtlinien«, Warpke-Billerbeck 1954.
KENTON, Warren: »Astrologie«, Frankfurt am Main 1976.
KLÖCKLER, H., Freiherr von: »Kursus der Astrologie«, 3 Bände, Freiburg 1974 (Neudruck).
KEPLER, Johannes: »Warnung an die Gegner der Astrologie«, München 1971.
KNAPPICH, Wilhelm: »Geschichte der Astrologie«, Frankfurt a. M. 1967.
KNAPPICH, Wilhelm: »Von den großen Konjunktionen«, in: »Urania«, Nr. 3, Bietigheim ohne Jahrgang.
KOCH, Walter A./SCHÄCK, Elisabeth: »Häusertabellen des Geburtsortes«, Neunkirchen 1962.
KOESTLER, Arthur: »Die Wurzeln des Zufalls«, Bern–München–Wien 1972.
KRAUSE, Ernst: »Tuisko-Land«, Glogau 1891.
KÜHR, Karl Erich: »Berechnung der Ereigniszeiten«, Görlitz 1936.
KÜNDIG, Heinrich: »Astrologische Prognose«, Schwarzenburg 1976 (erweiterter Neudruck).
LANDSCHEIDT, Theodor/HAUSMANN, H.: »Transpluto«, Aalen 1972.
LANDSCHEIDT, Theodor: »Geozentrische Planetenknoten«, Aalen 1976.
LEISNER, V. u. G.: »Die Megalithgräber der Iberischen Halbinsel«, Berlin 1943.
»Liebe und Haß in den Sternen«, anonymer Sonderdruck, Warpke-Billerbeck ohne Jahrgang.
LÖHLEIN, Herbert A.: »Handbuch der Astrologie«, München ohne Jahrgang (Nachdruck).
LÖHLEIN, Herbert A.: »Erfolg ist errechenbar!« in »Urania« Nr. 1, Bietigheim 1973.
LOMER, Georg: »Die Sprache der Hand«, Warpke-Billerbeck ohne Jahrgang (a).
LOMER, Georg: »Bismarcks Stern und Unstern«, Warpke-Billerbeck 1953 (b).
LOMER, Georg: »Die Prophetie der Natur«, Warpke-Billerbeck ohne Jahrgang (c).
»LORCHER Astrologischer Kalender 1977«, Bietigheim 1976.
»LORCHER Astrologischer Kalender 1978«, Bietigheim 1977.
MACALISTER, R. A. Stewart: »The Philistines«, Chicago 1965 (Nd.)

MAC NEICE, Louis: »Astrologie«, Frankfurt am Main 1965.
MANN, Golo: »Wallenstein«, Frankfurt am Main 1971.
MEIER-PARM, Heinrich Christian: »Der Planetoid Vesta«, Aalen 1974.
»Merlins Atlas der Handlesekunst«, Hamburg ohne Jahrgang.
MÜLLER, Rolf: »Der Himmel über dem Menschen der Steinzeit«, Berlin–Heidelberg–New York 1970.
MÜLLER, Rolf: »Sonne, Mond und Sterne über dem Reich der Inka«, Berlin–Heidelberg–New York 1972.
MUNWES, Hertha-Hannah: »Chirologische Diagnose und Prognose bei asozialen Kindern«, in: »Neue Wissenschaft«, Nr. 3, Bern–München 1963.
NETTE, Herbert: »Friedrich II. von Hohenstaufen«, Hamburg 1975.
PARKER, Derek u. Julia: »Universum der Astrologie«, Hamburg 1972.
PASTOR, Willy: »Aus germanischer Vorzeit«, Wittenberg 1913 (erweiterter Neudruck).
PEUCKERT, Will-Erich: »Astrologie – Geschichte der Geheimwissenschaften«, Stuttgart 1960.
PEUCKERT, Will-Erich: »Pansophie«, Berlin 1956.
PLATON: »Gesammelte Werke«, Band V, Hamburg 1959.
PROKOP, Otto/WIMMER, Wolf: »Der moderne Okkultismus«, Stuttgart 1976.
PRONAY, Alexander von: »Helfen Horoskope hoffen?« Bietigheim 1973.
PRONAY, Alexander von: »Sterne in uns«, Bietigheim 1975.
PRONAY, Alexander von: »Die Sterne haben doch recht«, Wien–Düsseldorf 1976.
REINERS, Ludwig: »Steht es in den Sternen?« München 1951.
RIEMANN, Fritz: »Über die Praxis astrologischer Beratung«, in: »Zeitschrift für Parapsychologie«, Nr. 4, Freiburg 1972.
RIEMANN, Fritz: »Lebenshilfe Astrologie«, München 1976.
RING, Thomas: »Charakter in astrologischer Sicht«, in: »Neue Wissenschaft«, Nr. 3, Bern–München 1964.
RING, Thomas: »Astrologie ohne Aberglauben«, Düsseldorf–Wien 1972.
RITTER, Gerhard: »Das chinesische Horoskop«, München 1977.
RUMBURG, Otto: »Horoskope und Politik«, Bietigheim 1973.
RUMBURG, Otto: »Das Horoskop für den Herbst 1973«, in: »Urania« Nr. 1, Bietigheim 1973.
SANDARS, N. K.: »Prehistoric Art in Europe«, London 1968.
SCHMITT, A.: »Deutung der kleinen Aspekte«, Warpke-Billerbeck 1956.
SCHULTZ, Uwe: »Kant«, Hamburg 1965.
SELIGMANN, Kurt: »Das Weltreich der Magie«, Wiesbaden o. J.
SEMENTOWSKY-Kurilo, Nikolaus von: »Der Mensch griff nach den Sternen«, Zürich 1970.
SUETON: »Kaiserbiographien«, München 1961.
STENSON-RACHE, Holger: »Planetare Typenlehre«, Memmingen 1950, »Sterne als Helfer« (anonym), Berlin 1933.
STUMPFF, Karl: »Astronomie gegen Astrologie«, Baden-Baden 1955.
»The Complete Planetary Ephemeris 1950–2000 A. D.«, Medford 1975.

TOMPKINS, Peter: »Cheops«, Bern–München–Wien 1976.
UEXKÜLL, Gösta von: »Adenauer«, Hamburg 1976.
UHLE: »Die Fixsterne« (»Astrologische Bibliothek Band XXI«), Leipzig ohne Jahrgang.
WERTHMANN, Hans-Volker: »Astrologie und Psychologie«, Nr. 1/3, Freiburg 1972.
WINKEL, Erich: »Naturwissenschaft und Astrologie«, Augsburg 1928.
WULFF, Th. H. Wilhelm: »Tierkreis und Hakenkreuz«, Gütersloh 1968.
XYLANDER, Ernst von: »Lehrgang der Astrologie«, Zürich 1971.
ZEHREN, Erich: »Das Testament der Sterne«, Berlin 1957.
ZEHREN, Erich: »Die biblischen Hügel«, Berlin 1961.
ZWERENZ, Gerhard: »Magie, Sternenglaube, Spiritismus«, Frankfurt am Main 1974.

Namenregister